Karsten Weber, Sonja Haug, Norina Lauer, Christa Mohr, Andrea Pfingsten, Georgios Raptis, Gudrun Bahr (Hg.)
Digitale Technik für ambulante Pflege und Therapie II

Regensburger Beiträge zur Digitalisierung des Gesundheitswesens | Band 3

Editorial

Die **Regensburger Beiträge zur Digitalisierung des Gesundheitswesens** sollen über den Wandel der Gesundheitsversorgung durch den verstärkten Einsatz digitaler Technik informieren. In der Reihe erscheinen wissenschaftlich fundierte und praxisorientierte Beiträge in Gestalt von Monografien, Anthologien und hervorragenden Dissertationen. Insbesondere empirisch gelagerte Beiträge, Theoriearbeiten und normative Texte, die den Einsatz digitaler Technik im Gesundheitswesen thematisieren, geben Orientierung für alle professionellen Stakeholder.
Die Reihe wird herausgegeben von Sonja Haug, Andrea Pfingsten und Karsten Weber.

Karsten Weber (Prof. Dr. phil. habil.) ist Co-Leiter des Instituts für Sozialforschung und Technikfolgenabschätzung der Ostbayerischen Technischen Hochschule Regensburg und Direktor des Regensburg Centers of Health Sciences and Technology.
Sonja Haug (Prof. Dr. habil.) ist Professorin für empirische Sozialforschung sowie Co-Leiterin des Instituts für Sozialforschung und Technikfolgenabschätzung der Ostbayerischen Technischen Hochschule Regensburg.
Norina Lauer (Prof. Dr.) ist Professorin für Logopädie an der Ostbayerischen Technischen Hochschule Regensburg. In Lehre und Forschung beschäftigt sie sich mit erworbenen Sprach- und Sprechstörungen sowie Digitalisierung.
Christa Mohr (Prof. Dr.) ist Professorin für Pflegewissenschaft an der Ostbayerischen Technischen Hochschule Regensburg. Sie war Professorin für Pflegepädagogik an der Evangelischen Hochschule Nürnberg, arbeitete als Krankenschwester für Psychiatrie und absolvierte ein Studium der Pflegepädagogik.
Andrea Pfingsten (Prof. Dr.) ist Professorin für Physiotherapie an der Ostbayerischen Technischen Hochschule Regensburg und zweite Vorsitzende des Hochschulverbunds Gesundheitsfachberufe. Sie forscht vor allem zu physiotherapeutischen Interventionen, Assessments und Versorgung.
Georgios Raptis (Prof. Dr.) ist Professor für eHealth an der Ostbayerischen Technischen Hochschule Regensburg. Er studierte Humanmedizin und Informatik.
Gudrun Bahr (M.A.) ist Projektmanagerin und Koordinatorin der Öffentlichkeitsarbeit im Projekt »DeinHaus 4.0 Oberpfalz« an der Ostbayerischen Technischen Hochschule Regensburg. Sie studierte Leitung und Kommunikationsmanagement.

Karsten Weber, Sonja Haug, Norina Lauer, Christa Mohr, Andrea Pfingsten,
Georgios Raptis, Gudrun Bahr (Hg.)

Digitale Technik für ambulante Pflege und Therapie II

Impulse für die Praxis

[transcript]

Gefördert durch das Bayerische Staatsministerium für Gesundheit und Pflege in der Projektreihe DeinHaus 4.0

gefördert durch
Bayerisches Staatsministerium für
Gesundheit und Pflege

Bibliografische Information der Deutschen Nationalbibliothek
Die Deutsche Nationalbibliothek verzeichnet diese Publikation in der Deutschen Nationalbibliografie; detaillierte bibliografische Daten sind im Internet über http://dnb.d-nb.de abrufbar.

Erschienen 2023 im transcript Verlag, Bielefeld

Umschlaggestaltung: Maria Arndt, Bielefeld
Umschlagabbildung: Marco Linke/Manntau
Korrektorat: Robert Kreusch, Leipzig
Druck: Majuskel Medienproduktion GmbH, Wetzlar
https://doi.org/10.14361/9783839467275
Print-ISBN: 978-3-8376-6727-1
PDF-ISBN: 978-3-8394-6727-5
Buchreihen-ISSN: 2751-9929
Buchreihen-eISSN: 2751-9937

Gedruckt auf alterungsbeständigem Papier mit chlorfrei gebleichtem Zellstoff.
Besuchen Sie uns im Internet: *https://www.transcript-verlag.de*
Unsere aktuelle Vorschau finden Sie unter *www.transcript-verlag.de/vorschau-download*

Inhalt

Digitale Technik für ambulante Pflege und Therapie II – zukunftsweisende Wege
Vorwort
Sonja Haug 11

Das Projekt *DeinHaus 4.0 Niederbayern* unter dem Motto »Länger leben zuhause«
Alexandra Glufke, Horst Kunhardt, Karolin Eder 21

DeinHaus 4.0 Oberbayern
Sonja Engelhardt, Leopold Kardas, Andrea Kastl, Katharina Lüftl, Carola Nick, Yvonne Rauner 29

Zuhause besser leben
... als Antwort auf den Kollaps der Pflegeversorgung und als Chance für mehr Lebensqualität durch Selbstbestimmtheit und gemeinschaftliche soziale Fürsorge?
Cordula Kuhlmann 43

Pflege Digital: Neue Prozesse – neue Strukturen – neue Finanzierung
Johannes Zacher 57

CARE REGIO – Bayerisch Schwaben als Leitregion für Pflege Digital
Stefanie Schmid, Lisa Daufratshofer, Dominik Fuchs, Elisabeth Veronica Mess, Steffen Netzband, Nadine Seifert, Petra Friedrich 71

Akzeptanz und Gelingensfaktoren: Einführung innovativer technischer und digitaler Produkte
Ein Praxisbericht aus dem Pflegepraxiszentrum Nürnberg
Marlene Klemm, Jacqueline Preutenborbeck 83

Digitale Technik für Pflege und Gesundheit:
Wie kann eine Sorgestruktur in Zukunft gestaltet sein?
Ein Plädoyer für die notwendige Gleichzeitigkeit von lernenden und effizienzsuchenden Gestaltungsoptionen in der Pflege
Jürgen Zerth 99

Roboter als Hoffnungsträger in der Pflege
Pflegeethische Zugänge zur Einschätzung künftiger Einsatzmöglichkeiten
Constanze Giese 115

Heimübungsprogramm für Personen nach Schlaganfall mit der App MARTHA
Lena Rettinger, Andrea Greisberger, Carissa Klupper 131

Digitale Versorgung in der Logopädie/Sprachtherapie
Von der Präsenz- und Videotherapie zur Teletherapie
Juliane Leinweber 145

Onlinetherapie für Menschen mit Aphasie
Tipps und Hinweise zur Anwendung im therapeutischen Alltag
Elisabeth Meyer 153

Stärkung digitaler Gesundheitskompetenzen bei Senior*innen
Ein Praxisprojekt in der Gesundheitsregion^{plus} Regensburg
Simone Eckert 159

Digitalisierung als Schlüsselfaktor für eine
hochwertige Gesundheitsversorgung?!
Die Perspektive einer großen Krankenversicherung
Claudia Wöhler, Melina Colonna 171

JADECARE – Implementierung digital unterstützter, integrierter,
patientenzentrierter Gesundheitsversorgung in Europa
Martina Rimmele, Thomas Ewert 183

9x Ofra: Technikunterstütztes Wohnen als Beitrag zur Verbesserung
der kommunalen Daseinsvorsorge
Anton Zahneisen 199

Autor*innen-Verzeichnis 217

MediaQuelle: Dr. Thomas Huber

Sehr geehrte Leserinnen und Leser,

innovative digitale Anwendungen in die Pflege zu bringen, ist uns im Bayerischen Staatsministerium für Gesundheit und Pflege ein wichtiges Anliegen. Bayern geht in diesem Bereich voran: Mit der großen Digitalisierungsoffensive im Rahmen der Masterpläne Bayern Digital I und II fördert der Freistaat innovative Projekte – so auch die Projektreihe *Vorbildliches Pflegewohnumfeld für Pflegebedürftige: DeinHaus* 4.0. Die mit über 12,5 Millionen Euro geförderte Projektreihe wurde 2018 ins Leben gerufen und ist mit vier Einzelprojekten in Niederbayern, Oberbayern, der Oberpfalz und Unterfranken vertreten.

Ausgangspunkt für die Projektreihe ist die Einschätzung, dass die meisten Menschen auch im Alter so lang wie möglich selbstbestimmt in den eigenen vier Wänden bleiben wollen. Umfragen bestätigen uns zudem, dass auch ältere Mitbürgerinnen und Mitbürger durchaus offen sind für digitale Anwendungen in der Pflege. Die Projektreihe *DeinHaus 4.0* geht unter diesen Voraussetzungen der Frage nach, wie Pflegebedürftige mittels intelligenter

Assistenztechnik möglichst lange selbstbestimmt zuhause leben und unterstützt werden können. Jedes Einzelprojekt setzt dabei eigene Schwerpunkte bei Forschung und Technik. Gemeinsames Ziel der *DeinHaus* 4.0-Projekte ist es, praxistaugliche digitale Angebote für pflegebedürftige Menschen und Pflegende zu erforschen. »Technik im Alltag – Technik zum Leben« – das Motto des *DeinHaus* 4.0-Projekts in der Oberpfalz unter Leitung der OTH Regensburg bringt es auf den Punkt. Das oberpfälzische Projekt erprobt dabei sogenannte Telepräsenz-Roboter im häuslichen Umfeld von Schlaganfallpatientinnen und -patienten.

Was in den Projekten erfolgreich entwickelt und getestet wird, muss bekannt gemacht werden. Dem Bayerischen Staatsministerium für Gesundheit und Pflege ist deshalb auch das Thema Öffentlichkeitsarbeit sehr wichtig. Entscheidend ist nicht nur zu zeigen, was technisch möglich ist, sondern vor allem auch, welchen tatsächlichen Nutzen es für die Anwender, die Bürgerinnen und Bürger in Bayern, hat. Hierzu leistet die Projektreihe *DeinHaus* 4.0 einen herausragenden Beitrag. Dies geschieht unter anderem durch Musterwohnungen und Wohnkompetenzzentren, die es den Bürgerinnen und Bürgern möglich machen, die erforschten technischen Innovationen hautnah zu erleben. Nicht zuletzt jedoch auch mit Publikationen wie diesem Tagungsband, den ich Ihnen sehr ans Herz legen möchte. Denn Ziel ist es, die Lebenssituation von pflegebedürftigen Menschen zu verbessern. Früher oder später wird jede und jeder von uns Unterstützung brauchen. Deswegen ist es nie zu früh, sich darüber Gedanken zu machen, wie ich im Alter leben möchte. Nutzen Sie die Chancen der Digitalisierung und schauen Sie sich die Projektreihe *DeinHaus* 4.0 an!

Ich wünsche Ihnen eine anregende Lektüre.

Dr. Thomas Huber, Abteilungsleiter im Bayerischen Staatsministerium für Gesundheit und Pflege

gefördert durch
Bayerisches Staatsministerium für
Gesundheit und Pflege

Digitale Technik für ambulante Pflege und Therapie II – zukunftsweisende Wege
Vorwort

Sonja Haug

Überblick über das Buch

Das vorliegende Buch erscheint als zweiter Band in der Reihe *Regensburger Beiträge zur Digitalisierung des Gesundheitswesens*. Gleichzeitig ist es auch der Band II der dreiteiligen Serie *Digitale Technik für ambulante Pflege und Therapie*. Band I (Weber et al. 2022) stellt das Forschungsprojekt *DeinHaus 4.0 Oberpfalz – TePUS: Telepräsenzroboter für die Pflege und Unterstützung von Schlaganfallpatientinnen und -patienten und Therapie* an der Ostbayerischen Technischen Hochschule OTH Regensburg vor. In Band III werden Ergebnisse des Projekts veröffentlicht (Weber et al. 2024).

Im Jahr 2022 fand im Rahmen des Projekts in Regensburg die Fachtagung *Digitalisierung im Gesundheitswesen – Gehen Sie mit uns in eine neue Zukunft* mit dem Ziel statt, die Expertise von Forschungsinstitutionen in diesem Feld aus Bayern und darüber hinaus aus Deutschland und Österreich der Fachöffentlichkeit vorzustellen. Expert*innen aus den Bereichen Medizin, Pflege und Therapie präsentierten dabei neueste Erkenntnisse aus Forschung und Berufspraxis. Dieser Tagungsband dokumentiert die vorgestellten Projekte und Ergebnisse. Die Beiträge umfassen eine Vorstellung der Förderlinie *DeinHaus 4.0*, weiterhin Fachbeiträge zu den Themen digitale Technik für Pflege, Physiotherapie und Logopädie sowie digitale Versorgungsanwendungen in Pflege, Prävention und Gesundheitswesen.

Die Förderlinie *DeinHaus 4.0*

Die Förderlinie *DeinHaus 4.0* des Bayerischen Staatsministeriums für Gesundheit und Pflege hat das Ziel, intelligente Assistenztechnik für Pflegebedürftige zu erforschen und für die Menschen überall im Land erlebbar zu machen (siehe auch das Grußwort von Dr. Huber in diesem Band). An der OTH Regensburg wird in diesem Sinne in einer Machbarkeitsstudie Telepräsenzrobotik mit pflegerischen und therapeutischen Anwendungen bei Schlaganfall im ambulanten Setting in Haushalten in einer Längsschnittstudie erprobt. Dabei stehen auch ethische, rechtliche und soziale Aspekte im Fokus und die Frage, inwieweit Patient*innen, Angehörige und Therapiepersonal die Technik akzeptieren. Insofern leistet das interdisziplinär ausgerichtete Projekt *DeinHaus 4.0 Oberpfalz – TePUS* der Ostbayerischen Technischen Hochschule Regensburg einen Beitrag dazu, bedarfsgerechte Pflege- und Therapietechnologien zu entwickeln und zu evaluieren.

Während Band I (Weber et al. 2022) und der geplante Band III (erscheint voraussichtlich 2024) Hintergründe, Methoden und Ergebnisse des Projekts *DeinHaus 4.0 Oberpfalz – TePUS* beinhalten, werden in dem vorliegenden Band II auch die drei anderen Projekte in der Förderlinie *DeinHaus 4.0* des Bayerischen Staatsministeriums für Gesundheit und Pflege vorgestellt. Dies sind im Einzelnen *DeinHaus 4.0 Niederbayern*, *DeinHaus 4.0 Oberbayern* und *DeinHaus 4.0 Unterfranken*. Die Vorträge dazu sind im Tagungsvideo Teil 1 zu finden (siehe Hinweis zur Tagungsdokumentation unten).

Der Beitrag von Alexandra Glufke, Horst Kunhardt und Karolin Eder von der Technischen Hochschule Deggendorf mit dem Titel *Das Projekt DeinHaus 4.0 Niederbayern unter dem Motto »Länger leben zuhause«* zeigt auf, wie bei Pflege- oder Unterstützungsbedarf digitale (Assistenz-)Technik zu einem längeren Wohnen in den gewohnten vier Wänden beitragen kann. Hierzu wurden Mustereinrichtungen in Osterhofen und Deggendorf sowie ein Erlebniszentrum für Digitale Gesundheit in Deggendorf geschaffen. Weiterhin wurden Proband*innen aus Niederbayern in einer Längsschnittstudie mit einem Set aus 15 aktiven und passiven Sensoren ausgestattet, deren Messdaten ausgewertet und deren Usability erforscht wird.

An der Hochschule Rosenheim ist das Projekt *DeinHaus 4.0 Oberbayern* angesiedelt. Sonja Engelhardt, Leopold Kardas, Andrea Kastl, Katharina Lüftl, Carola Nick und Yvonne Rauner erläutern in dem Beitrag, wie an den Standorten Amerang und Freilassing eine Wohnraumanpassung durch die Ausstattung mit digitalen Assistenzsystemen erfahrbar gemacht wird. Dabei werden

Entwicklungsschritte eines innovativen Versorgungskonzepts entwickelt. Begleitend werden Wohnberater*innen mit qualitativen Forschungsmethoden befragt. Ziel der Studie ist eine Fundierung für die Patient*innen- und Familienedukation.

Das Projekt *DeinHaus 4.0 Unterfranken* als Kooperationsprojekt zwischen dem Zentrum für Telemedizin Bad Kissingen und dem Landkreis Bad Kissingen will technisch-digital gestützte Lösungen für ein möglichst langes Leben zuhause sichtbar und erlebbar machen. Hierbei geht es um die Information der Bevölkerung in der Region über Wohnassistenzsysteme, die in Alltagssituationen sowie im medizinischen und pflegerischen Bedarfsfall in der eigenen Häuslichkeit unterstützen. Cordula Kuhlmann stellt unter dem Titel *Zuhause besser leben ... als Antwort auf den Kollaps der Pflegeversorgung und als Chance für mehr Lebensqualität durch Selbstbestimmtheit und gemeinschaftliche soziale Fürsorge?* Elemente bestehend aus mobilen Ausstellungsmodulen, einer Beratungs- und Erlebniswelt in Bad Kissingen und digitale Demonstratoren vor.

Digitalisierung in der Pflege

In diesem Abschnitt werden Zentren und Projekte vorgestellt, die Digitale Technik für Pflege entwickeln und untersuchen.

Johannes Zacher als Leiter des Bayerischen Forschungszentrums Pflege Digital (BZPD) in Kempten argumentiert, dass Effekte der Digitalisierung mit der Neuordnung von Strukturen, Abläufen und Zuständigkeiten zusammenhängen. Der Beitrag *Pflege Digital: Neue Prozesse – neue Strukturen – neue Finanzierung* stellt hierzu Vorschläge aus dem Bereich Case Management und Care Management vor (siehe auch Tagungsvideo Teil 2).

Das CARE REGIO-Konsortium (Stefanie Schmid, Lisa Daufratshofer, Dominik Fuchs, Elisabeth Veronica Mess, Steffen Netzband, Nadine Seifert und Petra Friedrich sowie Sabahudin Balic, Jens Brunner, Matthias Gaßner, Milena Grieger, Volker Hammen, Andreas Hechtl, Yevgeniia Ignatenko, Lukas Kleybolte, Frank Kramer, Andreas Mahler, Dominik Merli, Matthias Regner, Claudia Reuter, Jan Schoenfelder, Walter Swoboda, Alexandra Teynor, Sabrina Tilmes, Ann-Kathrin Waibel und Sophia Yagci), das auf einer Kooperation der Hochschulen Kempten, Neu-Ulm, Augsburg mit der Universität und dem Universitätsklinikum Augsburg beruht, beschreibt unter dem Titel *CARE REGIO – Bayerisch Schwaben als Leitregion für Pflege Digital* sechs Teilprojekte. Die Ziele umfassen eine Harmonisierung von Datensammlungen (Pflege Data Lab), die Digitalisierung des Pflegeüberleitungsberichts (DigiPÜB), eine Evaluation assistiver Systeme bei der Sturzprophylaxe und eine Wissensplattform für professionell und privat Pflegende sowie Pflegeschüler*innen und -studierende (PflegeWiki).

Marlene Klemm und Jacqueline Preutenborbeck stellen in ihrem Beitrag *Akzeptanz und Gelingensfaktoren: Einführung innovativer technischer und digitaler Produkte. Ein Praxisbericht aus dem Pflegepraxiszentrum Nürnberg* vor, welche Voraussetzungen und Problematiken sich für die Implementierung innovativer technischer und digitaler Produkte vor dem Hintergrund des jeweiligen pflegerischen Settings und soziotechnischen Systems ergeben. Sie betrachten dabei die Akzeptanz und die Gelingensfaktoren auf der Ebene des Individuums, der Leistungserbringer*innen und der Hersteller*innen.

Der Beitrag von Jürgen Zerth von der Katholischen Universität Eichstätt-Ingolstadt mit dem Titel *Digitale Technik für Pflege und Gesundheit: Wie kann eine Sorgestruktur in Zukunft gestaltet sein? Ein Plädoyer für die notwendige Gleichzeitigkeit von lernenden und effizienzsuchenden Gestaltungsoptionen in der Pflege* befasst sich mit einem Konzept für eine bedarfsgerechte integrierende Versorgung. Digitalisierungsprozesse in der Pflege werden dabei als Interaktionsbeziehungen in soziotechnischen Systemen verstanden, die im Kontext von Transformationsprozessen in Organisationen umgestaltet werden.

Im Themenfeld Digitalisierung in der Pflege befasst sich der Beitrag mit dem Titel *Roboter als Hoffnungsträger in der Pflege – Pflegeethische Zugänge zur Einschätzung künftiger Einsatzmöglichkeiten* von Constanze Giese von der Katholischen Stiftungshochschule München mit robotischen Systemen aus einer Care-Perspektive. Für die Bewertung der Mensch-Technik-Interaktion bei Einrichtungen für pflegebedürftige Personen in christlicher Trägerschaft sind demzufolge Fragen des Menschenbildes zentral.

Digitalisierung in der Physiotherapie

Ein Beitrag bezieht sich auf Digitalisierung in der Physiotherapie. Lena Rettinger, Andrea Greisberger und Carissa Klupper stellen unter dem Titel *Heimübungsprogramm für Personen nach Schlaganfall mit der App MARTHA* die Entwicklung und Evaluation einer digitalen Anwendung zur Unterstützung des Heimtrainingsprogramms nach Schlaganfall in der Physio- und Ergotherapie an der Fachhochschule Wien vor. Der Fokus liegt dabei auf der Bedienungsfreundlichkeit und der Akzeptanz, die anhand qualitativer und quantitativer Methoden erhoben wurden.

Digitalisierung in der Logopädie

Zwei Beiträge werfen ein Schlaglicht auf die Digitalisierung in der Logopädie. Juliane Leinweber von der Hochschule für angewandte Wissenschaft und Kunst Göttingen zeigt mit ihrem Beitrag *Digitale Versorgung in der Logopädie/Sprachtherapie. Von der Präsenz- und Videotherapie zur Teletherapie*, ein breites Spektrum neuer Therapieformen anhand von Beispielen auf. Das ViTaL-Verbundprojekt und das Nachfolgeprojekt VitaminB befassen sich mit Chancen der Videotherapie in der Logopädie/Sprachtherapie, das Verbundprojekt TELL beinhaltet erzählbasierte Biografiearbeit zur Steigerung der Lebensqualität von Menschen mit Aphasie, und das Projekt HiSSS hat das Ziel der Entwicklung eines technikgestützten, interaktiven Therapiesystems.

Elisabeth Meyer von der Hochschule für Gesundheit Bochum geht in ihrem Beitrag zu *Onlinetherapie für Menschen mit Aphasie. Tipps und Hinweise zur Anwendung im therapeutischen Alltag* auf die Vielfalt an Umsetzungsmöglichkeiten einer Onlinetherapie für Menschen mit Aphasie ein. Hierbei gibt sie Hinweise zur Anwendung, wobei Medienkompetenz Voraussetzung einer patient*innenorientierten, datenschutzkonformen, interaktiven und kollaborativen Arbeitsweise ist.

Digitale Versorgungsanwendungen

Exemplarisch für digitale Versorgungs- und Präventionsanwendungen berichtet Simone Eckert von der Gesundheitsregion Plus Regensburg von einem Praxisprojekt zur *Stärkung digitaler Gesundheitskompetenzen bei Senioren. Ein Praxisprojekt in der Gesundheitsregion Plus Regensburg*. Dabei soll mittels zielgruppengerechter, zeit- und ortsunabhängiger digitaler Gesundheitskurse in Form der Web-App Lumoo eine wenig digital-affine Zielgruppe erreicht werden. Die Funktionen umfassen einen E-Learning-Bereich zur Erleichterung des Zugangs zur digitalen Welt und einen Vernetzungsbereich.

Claudia Wöhler und Melina Colonna umreißen die aktuelle Lage unter dem Titel *Digitalisierung als Schlüsselfaktor für eine hochwertige Gesundheitsversorgung?! Die Perspektive einer großen Krankenversicherung*. Hierbei werden das Digitalisierungspotenzial im Gesundheitsbereich und zukünftige Handlungsfelder aufgezeigt. Diese liegen in der Digitalisierung der gesetzlichen Krankenversicherungen, der Digitalisierung des Gesundheitswesens in der Versorgung sowie der Verbindung zwischen der zunehmend digitalisierten gesundheitlichen Versorgung mit der gesellschaftlichen Entwicklung einer heterogenen Bevölkerung mit unterschiedlichem Bedarf (siehe unten, Tagungsvideo Teil 5).

Martina Rimmele und Thomas Ewert vom Bayerischen Landesamt für Gesundheit und Lebensmittelsicherheit zeigen mit dem Beitrag *JADECARE – Implementierung digital unterstützter, integrierter, patientenzentrierter Gesundheitsversorgung in Europa* erste Erkenntnisse zu Potenzialen der Digitalisierung für das Gesundheitswesen. Es werden vier Best-Practice-Modelle vorgestellt, die Gesundheitsstrategie des Baskenlandes, der Open Innovation Hub Katalonien für IT-gestützte integrierte Versorgung von chronisch Erkrankten, das OptiMedis-Modell zur bevölkerungsbasierten integrierten Versorgung in fünf Ländern und die Digitale Roadmap für eine integrierte Gesundheitsversorgung der Region Süddänemark (siehe unten, Tagungsvideo Teil 5).

Anton Zahneisen von der Sozialstiftung Bamberg stellt in seinem Beitrag *9x Ofra. Technikunterstütztes Wohnen als Beitrag zur Verbesserung der kommunalen Daseinsvorsorge* ein Projekt vor, das mit qualitativen Methoden praxisorientiert untersucht, welche Rolle die Familie bzw. das Familiennetzwerk bei der Implementierung technischer Assistenzlösungen für ein selbstständiges Leben in der eigenen Häuslichkeit spielen. Kernelement ist dabei das Beratungssetting eines Familienrates.

Danksagung

Für die Initiierung und Förderung des Forschungsprojekts, aber auch für die Finanzierung der Fachtagung und der Publikation dieses Tagungsbandes danken wir dem Bayerischen Staatsministerium für Gesundheit und Pflege. Die Fakultät für Informatik und Mathematik an der Hochschule Regensburg stellte Räumlichkeiten für die Tagung zur Verfügung und das Regensburg Center of Health Sciences and Technology (RCHST) eine zusätzliche Förderung für das Catering. Die Tagung wurde durch Karsten Weber, Gudrun Bahr, Edda Currle und Debora Frommeld organisiert. Einzelne Sessions wurden durch die Teilprojektleitungen Sonja Haug, Norina Lauer, Christa Mohr, Andrea Pfingsten und Georgios Raptis geleitet. Vor Ort halfen auch die Projektmitarbeiter*innen Katrin Ettl, Nina Greiner, Natalie Kudienko, Norbert Lichtenauer, Aniko Ligeti, Christoph Popp und Laura Schmid sowie die studentischen Hilfskräfte Larissa Bauer und Carolin Richthammer mit.

Die Beiträge des vorliegenden Bandes wurden durch die Herausgeber*innen Karsten Weber, Sonja Haug, Norina Lauer, Christa Mohr, Andrea Pfingsten, Georgios Raptis und Gudrun Bahr einem internen Reviewprozess unterzogen. Karsten Weber hat alle Beiträge nach formalen Gesichtspunkten überarbeitet und gelayoutet.

Für die erneut gute Zusammenarbeit bei der Erstellung der Druckfassung danken wir auch dem Team vom transcript Verlag, Jennifer Niediek, Julia Wieczorek und Dagmar Buchwald.

Regensburg im Frühjahr 2023
Die Herausgeber*innen

Literatur

Weber, Karsten/Haug, Sonja/Lauer, Norina/Meussling-Sentpali, Annette/Mohr, Christa/Pfingsten, Andrea/Raptis, Georgios/Bahr, Gudrun (Hg.) (2022): »Digitale Technik für ambulante Pflege und Therapie. Herausforderungen, Lösungen, Anwendungen und Forschungsperspektiven«. Bielefeld, transcript.

Weber, Karsten/Haug, Sonja/Lauer, Norina/Mohr, Christa/Pfingsten, Andrea/Raptis, Georgios/Bahr, Gudrun (Hg.) (2024): »Digitale Technik für ambulante Pflege und Therapie III. Nutzung, Akzeptanz, Wirkung und Lebensqualität«. Bielefeld, transcript, in Vorbereitung.

Hinweis zur Tagungsdokumentation

Videoaufzeichnungen einiger Beiträge der Tagung *Digitalisierung im Gesundheitswesen – Gehen Sie mit uns in eine neue Zukunft* an der Ostbayerischen Technischen Hochschule (OTH) Regensburg am 6. und 7. Juli 2022 stehen auf dem YouTube-Kanal des Regensburg Center of Health Sciences and Technology (RCHST) zum Download zur Verfügung. Sie sind unter folgenden Links zu finden:

- *DeinHaus 4.0* – Tagungsvideo *Digitalisierung im Gesundheitswesen*
  Teil 1: https://www.youtube.com/watch?v=-WpaaLY7YVg
    - Moderation durch Matthias Walk
    - Begrüßung durch Prof. Dr. Ralph Schneider, Präsident der OTH Regensburg
    - Grußwort von Minister Klaus Holetschek, MdL, Bayerischer Staatsminister für Gesundheit und Pflege
    - Begrüßung durch Prof. Dr. Christoph Skornia, Dekan der Fakultät Informatik und Mathematik der OTH Regensburg
    - Grußwort von Dr. Thomas Huber, Leiter der Abteilung »Koordinierung, Digitalisierung, Innovation«, Landesprüfungsamt für Sozialversicherung des Bayerischen Staatsministeriums für Gesundheit und Pflege
    - Prof. Dr. Horst Kunhardt: Beitrag zu *DeinHaus 4.0 Niederbayern*
    - Prof. Dr. Sabine Ittlinger: Beitrag zu *DeinHaus 4.0 Oberbayern*
    - Johannes Ott: Beitrag zu *DeinHaus 4.0 Unterfranken*
    - Prof. Dr. Karsten Weber: Beitrag zu *DeinHaus 4.0 Oberpfalz*
    - Podiumsdiskussion mit allen

- *DeinHaus 4.0* – Tagungsvideo *Digitalisierung im Gesundheitswesen*
  Teil 2: https://www.youtube.com/watch?v=T_oLaWN8tuw
    - Einführung durch Prof. Dr. Karsten Weber
    - Prof. Dr. Zacher: Pflege Digital: neue Prozesse – neue Strukturen – neue Finanzierung?

- *DeinHaus 4.0* – Tagungsvideo *Digitalisierung im Gesundheitswesen*
  Teil 3: https://www.youtube.com/watch?v=Shct37OQL7c
    - Einführung durch Prof. Dr. Karsten Weber
    - Prof. Dr. Inge Eberl: Möglichkeiten und Herausforderungen bei der Einbindung digitaler und robotischer Systeme in die pflegerische Versorgung

- *DeinHaus 4.0* – Tagungsvideo *Digitalisierung im Gesundheitswesen*
  Teil 4: https://www.youtube.com/watch?v=3bvyCbZAr3o
    - Einführung durch Prof. Dr. Georgios Raptis
    - Podiumsdiskussion mit Jaqueline Preutenborbeck, Prof. Dr. Jürgen Zerth, Prof. Dr. Petra Friedrich, Anton Zahneisen, Moderation Matthias Walk

- *DeinHaus* 4.0 – Tagungsvideo *Digitalisierung im Gesundheitswesen* Teil 5: https://www.youtube.com/watch?v=jAz4ha3JiFU
  - Einführung: Prof. Dr. Karsten Weber
  - Prof. Dr. Claudia Wöhler: Digitalisierung: Schlüsselfaktor für eine hochwertige Gesundheitsversorgung?!
  - Dr. Thomas Ewert: JADECARE – Implementierung digital unterstützter integrierter Gesundheitsversorgung in Europa

- Videozusammenschnitt, Impressionen und Interviews: https://www.youtube.com/watch?v=QATlQG24iSU&list=PLnvQxOLphB5K2moZX9VpucSbuX8OVVgyA&index=15

Das Projekt *DeinHaus 4.0 Niederbayern* unter dem Motto »Länger leben zuhause«

Alexandra Glufke, Horst Kunhardt, Karolin Eder

Einführung in das Projekt DeinHaus 4.0 Niederbayern

Das Forschungsprojekt *DeinHaus 4.0 Niederbayern* wird vom Bayerischen Staatsministerium für Gesundheit und Pflege im Rahmen des Masterplans Bayern Digital II mit rund 4,5 Millionen Euro gefördert. Ein interdisziplinäres Team aus Sozial- und Pflegewissenschaftler*innen sowie Informatiker*innen und Techniker*innen beschäftigt sich an der Technischen Hochschule Deggendorf in einem Zeitraum von sechs Jahren mit der Forschungsfrage, wie digitale (Assistenz-)Technik zu einem längeren Wohnen in den gewohnten vier Wänden bei Pflege- oder Unterstützungsbedarf beitragen kann.

Der Altersdurchschnitt im demografischen Wandel Deutschlands nimmt seit Jahren zu. Die Menschen werden immer älter und zeitgleich steht der Sterberate eine im Vergleich niedrigere Geburtenrate gegenüber (Statista 2021). Folglich steigt auch die Zahl der krankheits- oder altersbedingten pflegebedürftigen Personen. Von 2001 bis 2021 hat sich die Zahl der Personen, welche nach SGB XI als pflegebedürftig eingestuft wurden, verdoppelt (Destatis 2022). Im Jahr 2021 haben knapp 4,9 Millionen Menschen in Deutschland Leistungen aus der sozialen oder einer privaten Pflegeversicherung bezogen (BMG 2022), wobei rund 80 Prozent dieser Menschen zuhause – entweder von Angehörigen oder ambulanten Pflegediensten – versorgt wurden (Destatis 2022). Dabei ergab eine Erhebung des Mikrozensus zum Thema »Wohnen« im Jahr 2018, dass nur zwei Prozent aller Bestandsbauten Kriterien erfüllen, die für ein barrierearmes Wohnen gelten. Darunter fallen z.B. breite Türen, ein ebenerdiger Zugang zur Dusche oder keine Stufen oder Schwellen im Wohnbereich (Buß 2020). Dennoch wollen laut einer im Jahr 2022 durchgeführten Studie der Deutschen Stiftung für Patient*innenschutz 88 Prozent aller befragten Personen erst dann in ein Pflegeheim, wenn der Alltag oder eine Pflege zuhause nicht mehr möglich ist (Schöppner 2022). Eine große Rolle im Pflegesetting spielen deshalb nach wie vor Angehörige, welche die Pflegebedürftigen im Alltag beispielsweise bei Haushaltsaufgaben, der Mobilität oder der Körperpflege unterstützen. Auch Aufgaben aus der Krankenversorgung nach SGB V wie die Tablettenabgabe, Blutdruck- oder Blutzuckermessungen werden oftmals von pflegenden Angehörigen übernommen (Bohnet-Joschko/Bidenko 2019). Lediglich 24 Prozent der pflegebedürftigen Menschen nahmen laut dem Statistischen Bundesamt im Jahr 2019 professionelle Dienstleistungen in Form ambulanter Pflege- oder Betreuungsdienste in Anspruch und nur weitere 20 Prozent entschieden sich für eine vollstationäre Versorgung im Heim. Somit werden mit 56 Prozent rund die Hälfte aller pflegebedürftigen Personen überwiegend von deren Angehörigen gepflegt und versorgt, um auch weiterhin zuhause in der gewohnten Umgebung wohnen zu können (Destatis 2022). Dies entlastet zwar das Gesundheitssystem, welches aufgrund des vorherrschenden Fachkräftemangels im Sozial- und Gesundheitswesen bereits an seine Grenzen stößt (Kraft 2019), kann im Gegenzug aber zu hohen physischen oder psychischen Belastungen bei den verantwortlichen Angehörigen bzw. Pflegepersonen führen, die zum Großteil zusätzlich selbst noch berufstätig sind (Bohnet-Joschko/Bidenko 2019).

Ziel des Forschungsprojekts *DeinHaus 4.0 Niederbayern* ist es, digitale und vernetzte Nachrüstmöglichkeiten im häuslichen Umfeld aufzuzeigen und zu evaluieren. Bei diesen sogenannten AAL-Lösungen (»Ambient Assisted Living«) wird insbesondere auf Einfachheit bei der Bedienung, auf die informationelle Selbstbestimmung der Betroffenen, die Datenschutzkonformität und auf ethische Aspekte geachtet. Auch der Preis der Geräte selbst und die entstehenden Kosten bei der Nachrüstung spielen eine Rolle. Durch den Einsatz digitaler Technik sollen sowohl pflegebedürftige Personen als auch deren Angehörige unterstützt sowie entlastet und zugleich ein Beitrag zu mehr Lebensqualität geleistet werden. Bei dem verfolgten systemtechnologischen Ansatz von AAL werden die einzelnen Informations- und Kommunikationstechnologien vernetzt, aufeinander abgestimmt und die »Smart-Home-Technologien« bzw. das intelligente Wohnumfeld in die medizinische und pflegerische Versorgung integriert. Durch die Mitvernetzung des persönlichen Wohnumfelds als weiteren Teil einer umfassenden Versorgungskette von zahlreichen Gesundheitsdienstleistungserbringer*innen können die gesamten erhobenen Sensordaten als Grundlage für frühzeitige Prognosen und zur Vorbeugung dienen. Langfristiges Ziel sollte es demnach sein, nachhaltige, regionale und überregionale Strukturen zu schaffen, zu fördern und damit eine Datenkontinuität vom persönlichen Wohnumfeld in die Arztpraxis, den Pflegedienst, die Klinik, die Rehabilitation und weitere Leistungsbereiche zu gewährleisten. Die einzelnen Leistungsbringer*innen werden derzeit über eine Telematikinfrastruktur (TI) vernetzt. Die TI soll eine sichere Datenkommunikation zwischen Leistungserbringer*innen bieten und stellt den Patient*innen eine ePA (elektronische Patientenakte) zur Verfügung, in der behandlungsrelevante Daten oder verordnete Rezepte gespeichert sind. Im Sinne eines kollaborativen Systems sollen Ärzt*innen und Patient*innen gemeinsam entscheiden, welche Daten in der ePA gespeichert werden. Dabei soll die Patient*innensouveränität gestärkt, aber auch die Verminderung von Redundanzen bei der Datenspeicherung erreicht werden.

Vorgehensweise

Der im Projekt *DeinHaus 4.0 Niederbayern* angewandte partizipative Ansatz verfolgt nicht nur den Austausch mit den pflegebedürftigen Personen und deren Angehörigen, sondern auch die Zusammenarbeit mit regionalen Stakeholder*innen und Multiplikator*innen aus Wirtschaft, Sozialverbänden und Kommunen. So können die Projektergebnisse auf breiter Ebene kommuniziert, disseminiert und das Projektvorhaben unmittelbar umgesetzt werden. Beispielsweise wurden Mustereinrichtungen in Osterhofen und Deggendorf mit zahlreichen Ausstellungsexemplaren, Informationstexten und Audioguides ausgestattet und der breiten Bevölkerung zur Verfügung gestellt. Außerdem finden regelmäßige Schulungen und Informationsveranstaltungen in den Mustereinrichtungen für unterschiedliche Zielgruppen wie Senior*innen, pflegende Angehörige, Wohnraumberater*innen, Verbände, kommunale Entscheidungsträger*innen oder Schüler*innen von Pflegefachschulen statt. Dadurch sollen Berührungsängste und Vorbehalte gegenüber neuen Techniken abgebaut werden, denn trotz bereits zahlreicher am Markt verfügbarer Assistenzsysteme finden diese in der häuslichen Pflege bisher nur wenig bis keine Anwendung (BMFSFJ 2020). Gründe für die fehlende Akzeptanz sind unter anderem bestehende Zweifel an der Effektivität solcher Systeme, die ungeklärte Kostenübernahme durch die gesetzlichen Kranken- und Pflegekassen oder schlichtweg der geringe Bekanntheitsgrad (ebd.).

Darüber hinaus befindet sich in den Räumlichkeiten der Fakultät Angewandte Gesundheitswissenschaften am Standort Deggendorf ein Erlebniszentrum für Digitale Gesundheit im Aufbau. Anders als in den Mustereinrichtungen liegt hier der Fokus auf der Interaktion von Menschen und Technik; außerdem werden individuelle Lösungen für unterschiedliche Krankheitsbilder vorgestellt sowie getestet. Ein direkter Austausch zwischen Nutzer*innen und Forscher*innen soll in diesem Setting erreicht werden.

Um weitere Erkenntnisse über die Nutzung, Akzeptanz und Wirksamkeit von digitalen Assistenztechniken zu erlangen und als mögliche Grundlage für die Aufnahme von AAL-Lösungen oder DiPA (Digitale Pflegeanwendungen) auf Basis des Digitalen-Versorgungs-und-Pflege-Modernisierungs-Gesetzes (DVPMG) in den Heil- und Hilfsmittelkatalog der Kranken- und Pflegekassen, wurde im Rahmen des Projekts *DeinHaus 4.0 Niederbayern* eine neunmonatige longitudinale Studie mit rund 75 Personen im Regierungsbezirk Niederbayern durchgeführt. Dabei wurde ein pragmatischer Ansatz im Rahmen einer komplexen Intervention verfolgt. Für die Durchführung der Studie wurde ein Ethikantrag bei der Gemeinsamen Ethikkommission der Hochschulen Bayerns (GEHBa) gestellt, welcher mit einem positiven Votum beschieden wurde. Zudem wurde ein Datenschutzkonzept inklusive Datenschutzfolgeabschätzung ausformuliert und mit allen Proband*innen ein Studienteilnahmevertrag geschlossen.

Die Studie beschäftigt sich unter anderem mit den Fragen, ob die Technik in Verbindung mit den konzipierten Schulungsvideos von den Studienteilnehmer*innen genutzt und akzeptiert wird und ob sich die eingesetzte Technik positiv auf die Gesundheit der Proband*innen auswirkt. Ziel ist es, eine Einschätzung des Gesundheits- und Pflegezustandes zu erhalten, noch bevor eine Verschlechterung eintritt. Das vom Forschungsteam ausgearbeitete Technik-Set beinhaltet sowohl aktive als auch passive Sensoren und besteht aus ca. 15 Geräten aus den Bereichen Gesundheit und Sicherheit. Bei der Auswahl der Sensoren wurde insbesondere auf Nutzer*innenfreundlichkeit und einfache Bedienbarkeit geachtet. Im Verlauf der Studie wurden über 24 Millionen Datensätze während des alltäglichen Lebens der Teilnehmer*innen erfasst, an eine Datenbank im Hochschulrechenzentrum der THD gesendet und mittels KI-basierten Algorithmen nach Veränderungen untersucht. Zum aktuellen Zeitpunkt werden die Daten analysiert und ausgewertet.

Folgende Abbildung zeigt die IT-Infrastruktur des Forschungsprojekts *DeinHaus 4.0 Niederbayern* und die spätere Möglichkeit der Einbindung in die ePA (elektronische Patientenakte).

Abbildung 1: Datenmodell und Integration in eine ePA im Forschungsprojekt DeinHaus 4.0 Niederbayern

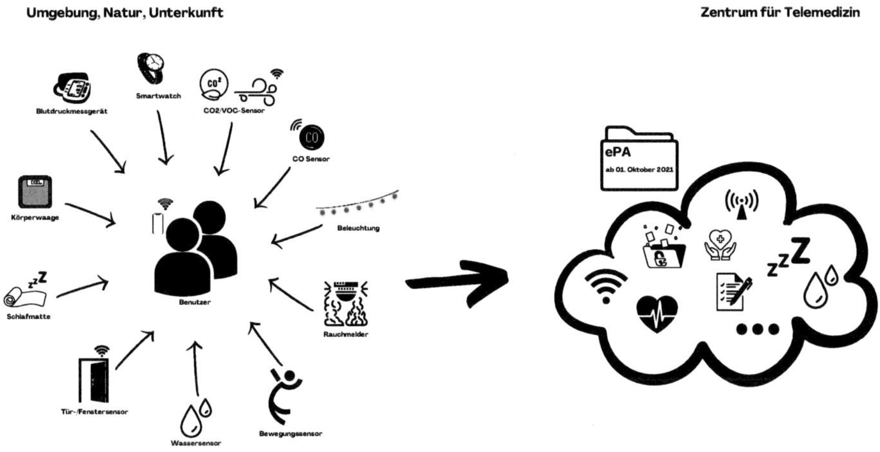

Quelle: Eigene Darstellung

Einschlusskriterien für die Teilnahme an der Studie waren:

- Mindestalter von 65 Jahren.
- Ein- oder Zweipersonenhaushalt.
- In Niederbayern lebend.
- Funktionale Einschränkungen (Erhebung mittels »Index of Independence in Activities of Daily Living« [ADL] nach Katz [1963] [KATZ-Index]).
- Verständnis der deutschen Sprache in Wort und Schrift.

Die Studienteilnehmer*innen verteilten sich niederbayernweit wie folgt:

*Abbildung 2: Verteilung Studienteilnehmer*innen der* DeinHaus 4.0-*Studie (Stand 15.11.2021)*

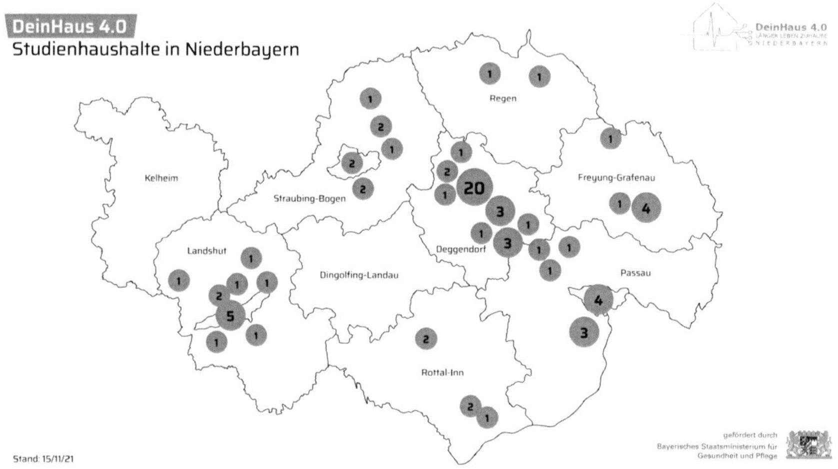

Quelle: Eigene Darstellung

Zur Beantwortung der Forschungsfragen wurden die Studienteilnehmer*innen durch eine randomisierte Gruppenzuteilung in vier Schwerpunktgruppen eingeteilt. Die Datenerhebung bestand aus qualitativen Anteilen wie bspw. Interviews und Usability-Tests sowie aus quantitativen Anteilen. Diese setzten sich aus einer durchgehenden Datenerhebung mittels Paneldaten, welche durch die Nutzung des standardisierten Technik-Sets erhoben wurden, und aus den Auswertungen der Nutzung der zehn Schulungsbausteine am zur Verfügung gestellten Tablet zusammen. Außerdem fanden Fragebogenerhebungen zu drei Messzeitpunkten statt.

Während des Studienverlaufs wurden die Proband*innen je Gruppe zu zwei zeitlich versetzten Austauschtreffen eingeladen. In diesem Rahmen konnten Fragen gestellt und Unklarheiten ausgeräumt werden. Auch Kritikpunkte und Verbesserungsvorschläge wurden dokumentiert und unter den Forscher*innen diskutiert.

Durch die erfolgte Datenerhebung im Rahmen der Studie besteht nun eine umfassende Datenbasis für eine angewandte Versorgungsforschung. Dazu können Methoden der Datenanalyse und des maschinellen Lernens genutzt werden, um Vorhersagen treffen und im Falle einer Verschlechterung des Gesundheits- oder Pflegezustandes proaktiv reagieren zu können.

Schlussbemerkungen

Die pflegerischen und medizinischen Prozesse werden sich in Zukunft verändern. Eine grundlegende Bedeutung wird dabei der Telematikinfrastruktur (TI) zukommen, welche die zahlreichen Prozesse miteinander vernetzen soll (BMG 2020). Im Projekt *DeinHaus 4.0 Niederbayern* wird eine sektorenübergreifende Vernetzung im Gesundheitswesen angestrebt, wobei das häusliche Umfeld eine bedeutende Rolle spielen wird.

Die Themen Datenschutz und Selbstbestimmtheit spielen weiterhin eine wichtige Rolle und die Betroffenen müssen über die mögliche Weitergabe ihrer persönlichen Daten informiert und aufgeklärt werden, damit sie eine bewusste Entscheidung für oder gegen AAL-Lösungen im häuslichen Umfeld treffen können. Ebenso soll das menschliche Urteilsvermögen keinesfalls durch KI-basierte Entscheidungsvorschläge ersetzt werden, sondern lediglich als Informationsgrundlage und zur Entscheidungsunterstützung dienen.

Literatur

BMFSFJ (2020): »Achter Altersbericht. Ältere Menschen und Digitalisierung«. Bundesministerium für Familie, Senioren, Frauen und Jugend. Siehe https://www.bmfsfj.de/resource/blob/159916/9f488c2a406ccc42cb1a694944230c96/achter-altersbericht-bundestagsdrucksache-data.pdf, zuletzt abgerufen am 02.03.2023.

BMG (2020): »Entwurf eines Gesetzes zur digitalen Modernisierung von Versorgung und Pflege. Referentenentwurf des Bundesministeriums für Gesundheit«. Siehe https://www.bundesgesundheitsministerium.de/fileadmin/Dateien/3_Downloads/Gesetze_und_Verordnungen/GuV/D/Referentenentwurf_DVPMG.pdf, zuletzt abgerufen am 02.03.2023.

BMG (2022): »Zahlen und Fakten zur Pflegeversicherung«. Geschäftsstatistik der Pflegekassen zum 31.12.2021 und der privaten Pflege-Pflichtversicherung zum 31.12.2020. Siehe https://www.bundesgesundheitsministerium.de/fileadmin/Dateien/3_Downloads/Statistiken/Pflegeversicherung/Za hlen_und_Fakten/Zahlen_und_Fakten_Stand_April_2022_bf.pdf, zuletzt abgerufen am 02.03.2023.

Bohnet-Joschko, Sabine/Bidenko, Katharina (2019): »Pflegende Angehörige: Hoch belastet und gefühlt allein gelassen«. Deutsches Ärzteblatt Online. DOI: 10.3238/PersOnko.2019.11.15.04.

Buß, Tanja (2020): »Barrierefreier Wohnraum: Ausnahme statt Regel. Ergebnisse Mikrozensus«. bfb barrierefrei bauen. Siehe https://www.bfb-barrierefrei-bauen.de/mikrozensus-2018-zusatzprogramm-wohnen/, zuletzt abgerufen am 02.03.2023.

Destatis (2022): »Mehr Pflegebedürftige«. Statistisches Bundesamt. Siehe https://www.destatis.de/DE/Themen/Querschnitt/Demografischer-Wandel/Hintergruende-Auswirkungen/demografie-pflege.html, zuletzt abgerufen am 02.03.2023.

Kraft, Stephanie (2019): »Welche Auswirkungen hat der Fachkräftemangel«, in: Pflege Zeitschrift 6, S. 72. DOI: 10.1007/s41906-019-0059-6.

Schöppner, Klaus-Peter (2022): »Wann geht man in ein Pflegeheim? Ergebnisse einer repräsentativen Bevölkerungsumfrage«. Deutsche Stiftung Patientenschutz für Schwerstkranke, Pflegebedürftige und Sterbende. Siehe https://www.stiftung-patientenschutz.de/uploads/docs/sonstige/Studie_Pflegeheim_zuhause_Auszug_02.09.2022.pdf, zuletzt abgerufen am 02.03.2023.

Statista (2021): »Differenz der Geburten und der Sterbefälle in Deutschland von 1950 bis 2021«. Statistisches Bundesamt. Siehe https://de.statista.com/statistik/daten/studie/880713/umfrage/differenz-von-geburten-und-sterbefaelle-in-deutschland/, zuletzt abgerufen am 02.03.2023.

DeinHaus 4.0 Oberbayern

Sonja Engelhardt, Leopold Kardas, Andrea Kastl, Katharina Lüftl, Carola Nick, Yvonne Rauner

Einleitung

Wie bei den anderen vom Bayerischen Staatsministerium für Gesundheit und Pflege geförderten Projekten der *DeinHaus* 4.0-Reihe geht es auch in Oberbayern um die Frage, wie ein selbstbestimmtes Leben zuhause gelingen kann. Dazu hat die Technische Hochschule Rosenheim (THRO) drei Wohnungen ausgestattet, in denen technische Assistenzsysteme und Hilfsmittel in einem häuslichen Setting erforsch- und erlebbar gemacht werden. Das wissenschaftliche, interdisziplinäre Projektteam aus den Bereichen Physiotherapie, Gesundheitsmanagement, Pflegewissenschaft, Innenarchitektur und Lichtgestaltung richtet sich an Senior*innen, an Menschen mit Einschränkungen, an pflegende Angehörige als auch an die interessierte Öffentlichkeit – inklusive Fachkreisen aus Pflege, Medizin und Technik.

An den Standorten Amerang und Freilassing werden Möglichkeiten zur Wohnraumanpassung inklusive der Ausstattung mit technisch-digitalen Assistenzsystemen aufgezeigt und erfahrbar gemacht. Der Ausbau und die Ausstattung der Wohnungen werden im Rahmen öffentlicher Schwerpunktveranstaltungen, Testtagen und Führungen hinsichtlich der Akzeptanz, der Wirksamkeit und des potenziellen Nutzens erforscht. Daneben dienen die Wohnkompetenzzentren auch als Forschungs-, Lern- und Erlebnisräume.

Die Durchführung des Projekts folgt einem prozessualen iterativen Ablauf aus Analyse, Feedback und Adaption. Nach der stundenweisen Erprobung mit adaptierter Wohnausstattung soll eine Testwohnphase inklusive Evaluation und Praxistransfer folgen.

Das erste Teilprojekt von *DeinHaus 4.0 Oberbayern* befasst sich mit den Bedarfen und Bedürfnissen der Zielgruppen. Die Erkenntnisse daraus dienen als Grundlage für die anderen Teilbereiche und deren zu entwickelnde Lösungsansätze. Zwei weitere Teilprojekte beleuchten den Bereich der Post-Reha-Versorgung sowie die Technologieimplementierung.

Darstellung der Entwicklungsschritte eines innovativen Versorgungskonzepts für das häusliche Setting[1]

Post-Reha-Konzept

Innerhalb des Forschungsprojekts *DeinHaus 4.0 Oberbayern* werden innovative Konzepte entwickelt, welche ein selbstbestimmtes und selbstständiges Leben in den eigenen vier Wänden gewährleisten sollen. Das Versorgungskonzept basiert auf der Analyse der individuellen Bedürfnisse und Bedarfe aller Beteiligten und wird in dem Post-Reha-Konzept mit den strukturellen und systembezogenen Versorgungsproblemen in der poststationären Rehabilitationsphase verbunden. Für die Unterstützung durch technische Lösungen in der häuslichen Versorgung, mit der Voraussetzung der Adaptierbarkeit an die individuellen Bedarfe und Bedürfnisse, und mit dem Ziel, die Wohnumgebung in ein größeres System (z.B. Versorgungskette) einzubetten, setzt das Technologiekonzept auf die Ergebnisse der vorangegangenen Bereiche auf.

Methode und Durchführung

Im Rahmen der Nutzung als Testwohnung sollen Elemente von Post-Reha-Versorgungsprozessen getestet und evaluiert werden. Hierzu soll die Wohnung so ausgestattet werden, dass diese als Point of Care für individuelle Behandlungen und Therapien unter Zuhilfenahme neuer Produkte und Technologien genutzt werden kann. Dabei müssen und sollen die individuellen Bedürfnisse und Problemlagen der Betroffenen bzw. Testwohner*innen hinsichtlich der Einrichtung und Ausstattung der Wohnung berücksichtigt werden.

Die Nutzung der eigenen Wohnung als Point of Care impliziert eine Reihe von Anforderungen, welche in der Einrichtung und Ausstattung sowie der Umsetzung und Nutzung berücksichtigt werden. So müssen aufgrund des

1 Für diesen Abschnitt zeichnen Sonja Engelhardt, Andrea Kastl und Yvonne Rauner verantwortlich.

besonderen Schutzes der Wohnung rechtliche und ethische Handlungsgrundsätze in besonderem Maße gewahrt werden. Die ethischen Grundprinzipien des Patient*innenwohls (beneficience), des Selbstbestimmungsrechts der Patient*innen (respect for autonomy), des Prinzips der Schadensvermeidung (non-maleficence) und der sozialen Gerechtigkeit (justice) müssen jederzeit berücksichtigt werden (Beauchamp/Childress 2019).

Weitere Berücksichtigung sollen auch die Bedürfnisse und Problemlagen der direkt oder indirekt involvierten Dienste und Systeme finden, wobei die zuvor beschriebenen Handlungsgrundsätze leitend bleiben. Die Berücksichtigung der Bedürfnisse und Problemlagen der ärztlichen, pflegerischen und therapeutischen Dienste sowie der Systeme der sozialen Sicherung in Deutschland soll die Nachhaltigkeit des Projekts sichern.

Ergebnis

Im Rahmen der Entwicklung eines poststationären Rehabilitationskonzepts wurden Problemfelder bestehender intersektoraler Versorgungspfade analysiert. Hierzu wurden die Ergebnisse aus Literaturrecherche, Expert*inneninterviews, Fokusgruppen und Workshops zusammengeführt und mit bestehenden Lösungsoptionen verknüpft. Hierbei konnten vier Kernelemente herausgearbeitet werden: »bedürfnisorientiert«, »selbstbestimmt«, »indikationsbezogen« und »individualisiert«. Das dem Post-Reha-Konzept zugrunde liegende Wirkungsmodell soll dem Konzept des Patient Empowerment in der Definition des Bundesverbands Managed Care e.V. (o.J.) folgen und einen Prozess der Befähigung und Stärkung von Menschen beschreiben, eigene Prioritäten und Entscheidungen zur Aufrechterhaltung oder Wiedergewinnung der eigenen Gesundheit zu setzen. Ebenso zählen hierzu die Fähigkeit, mit Krankheitssituationen eigenständig oder mit externer Hilfe umgehen zu können. Grundvoraussetzung für ein erfolgreiches Patient*innen-Empowerment stellt eine größtmögliche Individualisierung der jeweiligen Versorgungsangebote sowie die prinzipielle Fähigkeit zur Erlangung von (digitaler) Gesundheitskompetenz dar.

Mehrstufige Bedürfnis- und Bedarfsanalyse

Technische Lösungen wie Ambient Assisted Living (AAL), Smart-Home-Technologien, Informations- und Kommunikationstechnologien, Medikamentenerinnerungen und Wearables können ein selbstbestimmtes Leben im eigenen Zuhause unterstützen (Kim/Gollamudi/Steinhubl 2017; Gleisner/Rose/Trask 2022). Obwohl es viele verschiedene AAL- und Smart-Home-Technologien gibt, berücksichtigen diese Lösungen oftmals nicht ausreichend die Bedürfnisse zukünftiger Nutzer*innen sowie weiterer beteiligter Stakeholder*innen. Dies kann zu Lösungen führen, welche aufgrund fehlender Nutzer*innen-Akzeptanz und mangelhafter Usability nicht genutzt werden (Marcelino et al. 2018). Für die Entwicklung von Lösungen, die ein selbstbestimmtes Leben im eigenen Zuhause unterstützen, ist der Einbezug der Bedürfnisse zukünftiger Nutzer*innen von elementarer Bedeutung (Peek et al. 2016).

Methode und Durchführung

Daher wurde zur Erhebung dieser Bedürfnisse ein mehrstufiges Konzept entwickelt, welches qualitative Erhebungs- mit Design-Thinking-Methoden verbindet. Design Thinking beschreibt einen iterativen, interdisziplinären Prozess der Entwicklung von Innovationen. Mit den Bedürfnissen der Nutzer*innen im Mittelpunkt werden mehrere Runden von Ideengenerierung, Prototyping und Testung durchlaufen (Plattner/Meinel/Weinberg 2011). Aufgrund des Fokus auf die Nutzer*innen stellt die Design-Thinking-Methode eine wichtige Ergänzung zu qualitativen Forschungsmethoden dar. Im ersten Schritt der Bedarfs- und Bedürfnisanalyse wurden leitfadengestützte Interviews durchgeführt.

Die Interviews (n=10) wurden basierend auf einem im Rahmen des Projekts entwickelten Leitfaden mit Stakeholder*innen aus dem Sozial- und Gesundheitswesen durchgeführt, welche entweder in direktem Kontakt mit den Zielgruppen stehen oder Teil der Versorgungsprozesse sind (z.B. ambulante Pflegedienste, Betreuer*innen der offenen Hilfen, pflegende Angehörige). Die Transkription der Expert*inneninterviews erfolgte nach Kuckartz (2012), die Auswertung und qualitative Inhaltsanalyse der Experten*inneninterviews nach Mayring (2015). Anschließend wurden in einem Peer-Review-Prozess die induktiv kodierten Kategorien überprüft.

Basierend auf den Ergebnissen der Expert*inneninterviews sowie in Zusammenarbeit mit Studierenden der TH Rosenheim wurden projektspezifische Nutzer*innen-Personas entsprechend der eingangs beschriebenen Zielgruppen entwickelt. Die Persona-Methode ist ein im Design Thinking oft zum Einsatz kommendes Mittel, um in der ersten Phase »Verständnis für den Problemraum gewinnen« zu können und nach dem Prozessmodell nach Hasso Plattner die Bedürfnisse der Zielgruppen besser zu verstehen, sich mit diesen zu identifizieren und Empathie aufzubauen. Eine Persona ist ein fiktives Kund*innen- oder Nutzer*innenprofil einer Zielgruppe, welches auf der Basis von Beobachtungen, Erfahrungen und Nutzer*innendaten entwickelt wird (Kirchem/Waack 2021; LeRouge et al. 2013).

Ergebnisse

Zu den wichtigsten Erkenntnissen der bisherigen Analyse zählt, dass verschiedene Stakeholder*innen der Versorgung von Menschen mit Pflege- und Unterstützungsbedarf überlappende, miteinander verbundene Bedürfnisse und Probleme haben. Innerhalb der Kategorien »Informationsdefizite und mangelnde Gesundheitskompetenz«, »systembezogene Probleme«, »physische und psychische Belastungen und fehlende personelle Ressourcen versus Bedarf an persönlicher Betreuung«, »Bedarf an Sicherheit und Unterstützung in Notfällen« sowie »Bedarf an Beratungsleistungen und Unterstützung bei administrativen Aufgaben« konnten diese Wechselwirkungen und Abhängigkeiten festgestellt werden.

Ausblick

Die Nutzer*innen-Personas finden projektübergreifend und in den Stimuli der Fokusgruppen Einsatz. Im nächsten Schritt werden die eben genannten Stimuli für Fokusgruppen für die zweite Stufe der Bedarfs- und Bedürfnisanalyse unter Einbezug der Ergebnisse der Expert*inneninterviews entwickelt (Pohontsch et al. 2018; Schulz 2012). Die Phase der Fokusgruppen hat zum Ziel, die Bedarfe und Bedürfnisse von Senior*innen, Menschen mit Pflege- und Unterstützungsbedarf, Menschen mit Behinderung und Post-Reha-Patient*innen hinsichtlich der Versorgung im häuslichen Setting zu erheben und zu verstehen.

Technologiekonzept

Mit dem Ziel, eine Wohnumgebung so zu gestalten, dass Lösungen aufgezeigt werden, welche im Alltag unterstützen, eine Vernetzung zu externen Hilfs- und Unterstützungsstrukturen gewährleisten und die individualisiert und indikationsbezogen eingestellt werden können, wurde ein Entwurf für eine technologische Ausstattung erstellt. Zur Planung der konkreten Technologieausstattung der Testwohnung und zur Integration der jeweiligen Technologien in die Versorgungskonzepte war die Erstellung eines Technologiekonzepts notwendig.

Dabei stellt sich die Frage, wie die Schritte des Entwicklungsvorgangs für das Technologiekonzept unter Einbezug der Ergebnisse der Bedarfs- und Bedürfnisanalyse sowie der Kernelemente des Post-Reha-Versorgungskonzepts konzeptioniert werden müssen.

Methode und Entwicklung

Zunächst wurden anhand der Ergebnisse der Bedarfs- und Bedürfnisanalyse und anlehnend an die fünf Kategorien des Smart Homes (Lasquety-Reyes 2021; Byrne/Collier/O'Hare 2018; Völkel/Lorbach 2015) die vier Hauptkategorien »Komfort«, »Sicherheit und Schutz«, »Kommunikation und Unterhaltung« und »Gesundheit« gebildet. Die Kategorien dienen zur Einteilung der entwickelten Use Cases, der Bildung des individuellen Baukastenprinzips der Unterstützungsfunktionen sowie der zugehörigen Technologieauswahl. Die Use Cases wurden basierend auf den Outcomes der Bedürfnis- und Bedarfsanalysen erstellt und sind grundlegend für die spätere praktische Umsetzung des Technologiekonzepts. Zudem werden diese für die Bestimmung und Konstruktion der Schnittstellen und Prozessabläufe genutzt, um eine Einbettung in ein größeres System (z.B. Versorgungskette) zu ermöglichen. Das Technologiekonzept wird agil entwickelt, um eine individuelle Anpassung an eine heterogene Zielgruppe zu gewährleisten. In der Abbildung 1 wird am Beispiel einer Musterwohnung eine Auswahl von Use Cases des Technologiekonzepts dargestellt. Auf der rechten Seite der Abbildung ist der Grundriss der Musterwohnung zu sehen. Hier wird die theoretische Positionierung der Messpunkte zur Umsetzung der Use Cases nach den Hauptkategorien gezeigt. Diese Darstellung hilft bei der späteren Auswahl der Technologien, der Positionierung der Sensorik und der praktischen Umsetzung der zugehörigen Use Cases.

Abbildung 1: Auswahl von Use Cases für das Technologiekonzept und die theoretische Positionierung der Messpunkte zur Umsetzung von Use Cases nach den Hauptkategorien, so dass diese in das häusliche Umfeld integriert werden können

NR.	BESCHREIBUNG
1	Zutritt ermöglichen
2	Zutritt erkennen und steuern
3	Zustand der Fenster- / Türöffnung
4	Präsenz erkennen / melden
5	Warnung bei Bränden
6	Lüftungserinnerung
7	Raumtemperatursteuerung
8	Sturzerkennung
9	Wassermelder
10	Schutz vor Verbrühungen
11	Herdabschaltung
12	Notrufmöglichkeiten
13	Alles-aus-Schalter
14	Beleuchtungssteuerung
15	Zentrale Steuerung
16	Geräte zur Kommunikation
17	Unterhaltung
18	Gesundheit

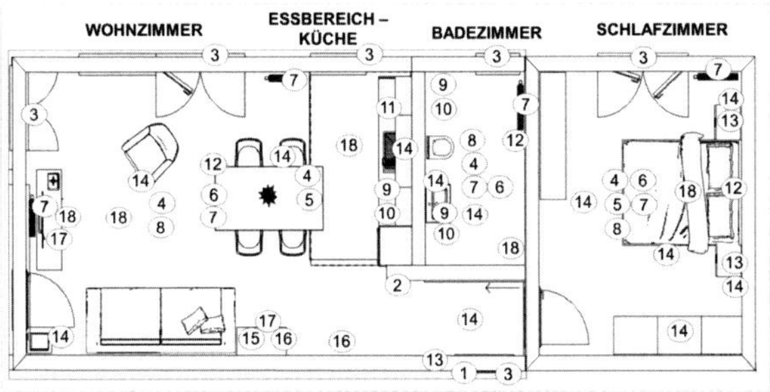

Quelle: Eigene Darstellung

Ergebnisse

Bei der Konkretisierung und Planung der praktischen Umsetzung des Technologiekonzepts wurde deutlich, dass viele Produkte und technische Lösungen zur Umsetzung der Use Cases Insellösungen darstellen. Die zentrale Herausforderung an die in einer Wohnung verbauten und angewandten Technologien ist daher die Vernetzung der jeweiligen technologie- und herstellerspezifischen Insellösungen. Vision des Projekts *DeinHaus 4.0 Oberbayern* ist es, die Voraussetzung für eine Plattform zu schaffen, die die Messung von Parametern mit ihren »Veränderungen« ermöglicht und verbindet.

Anzumerken ist, dass für die Entwicklung und Umsetzung eines Versorgungskonzepts der Einbezug aller salienten Stakeholder*innen in Bedürfnisanalysen für eine erfolgreiche Implementierung neuer (technischer) Lösungen in der häuslichen Versorgung vulnerabler Gruppen erfolgen muss. Zudem erfordert die Komplexität der individuellen Bedarfe und Bedürfnisse aller Beteiligten in Kombination mit den unterschiedlichsten häuslichen Bedingungen innovative Technologiekonzepte, welche eine größtmögliche Individualisierung der Lösungsangebote bieten und technologisch möglichst niederschwellig im Wohnumfeld umsetzbar sind.

Ausblick

Im Rahmen des Ausstattungsprozesses wurden immer wieder Führungen und Besichtigungen der Musterwohnung durchgeführt, um im Rahmen des partizipativen Ansatzes mögliche Rückmeldungen zeitnah berücksichtigen zu können. Der nächste Schritt sieht vor, Tagesbesucher*innen aus der Rehabilitationsklinik in die Testwohnung einzuladen, um durch edukative Inhalte und Demonstration des barrierefreien Wohnraums Patient*innen mögliche Unterstützungsangebote aufzuzeigen. Ziel des derzeitig entwickelten Tagesbesucher*innenkonzepts ist das Ausprobieren neuer Technologien und Angebote mit der Anbahnung digitaler Kompetenzen in einem sicheren Rahmen, um ein selbstständiges Leben mit geeigneten Hilfsmitteln nach der Entlassung zu fördern. Je nach den Outcomes der Tagesbesucher*innen werden – entsprechend dem formativen Evaluationsansatz – die umgesetzten Lösungen belassen oder angepasst.

Zwei weitere Teilprojekte von *DeinHaus 4.0 Oberbayern* legen den Fokus auf den Transfer und die nachhaltige Verankerung der Projektergebnisse in der Versorgung. Mithilfe forschungsbasierter Bildungsangebote für die Beratung im Themenfeld »Technik und Wohnen« sollen Angehörige der Sozial- und Gesundheitsberufe für die aktuellen und zukünftigen Herausforderungen der Berufswirklichkeit qualifiziert werden.

Wohnberatung als Methode für die individuelle Wohnungsanpassung im Alter

Herausforderungen im Beratungsprozess aus der Perspektive von Wohnberater*innen: eine qualitative Untersuchung[2]

Hintergrund

Das Angebot an technischen Unterstützungsmöglichkeiten für ein selbstbestimmtes Leben im Alter daheim nimmt stetig zu und variiert stark hinsichtlich technischer Komplexität und Preis. Älteren und ihren Zugehörigen fällt es dadurch schwer, für sie passende Hilfsmittel oder Geräte auszuwählen. Unterstützung bei dieser Entscheidung bieten Wohnberatungsstellen (Weidekamp-

2 Für diesen Abschnitt zeichnen Carola Nick und Katharina Lüftl verantwortlich.

Maicher et al. 2021). Dort wird zu möglichen Wohnungsanpassungsmaßnahmen beraten. Als Anpassungsmaßnahmen sind bauliche Veränderungen, Hilfsmitteleinsatz und auch – aber nicht zwingend – technische Assistenzgeräte möglich. Beratungshandeln zum Themenfeld Wohnungsanpassung ist jedoch bisher kaum theoretisch fundiert.

Forschungsziel

Beratung zur Wohnungsanpassung soll als Themenfeld der Patient*innen- und Familienedukation (Sunder/Segmüller 2017) wissenschaftlich fundiert werden. Außerdem verfolgt die geplante Forschungsarbeit das Ziel, ein Bildungsangebot für Wohnberater*innen zu entwickeln.

Forschungsfragen

Welche bedeutsamen Arbeitssituationen schildern Personen, die zur Wohnungsanpassung in der häuslichen Versorgung beratend tätig sind? Über welche Strategien verfügen Beratende, um die aus diesen Arbeitssituationen entstehenden Schlüsselprobleme der Beratung zur Wohnungsanpassung zu bewältigen?

Methode

Geplant ist ein qualitatives Forschungsvorhaben. Für die Problemanalyse soll das Konzept der beruflichen Schlüsselprobleme herangezogen werden. Darmann-Finck (2010: 188–189) definiert diese als »[d]ie empirisch identifizierten, für ein bestimmtes Handlungsfeld typischen, interdisziplinär und multidimensional angelegten, strukturell bedingten Problem-, Konflikt- oder Dilemmasituationen […]«. Berufliche Schlüsselprobleme können durch Befragung von Praktiker*innen gewonnen werden (ebd.: 189). Die Konzeptentwicklung erfolgt nach den Prinzipien von Elsbernd (2016).

Datenerhebung

Es werden leitfadengestützte Interviews durchgeführt. Dabei wird die Critical-Incident-Technique nach Flanagan (1954) mit problemzentrierten Interviews (Witzel 1985) kombiniert, um als besonders positiv und als besonders negativ wahrgenommene Edukationssituationen erheben zu können.

Datenauswertung

Die Datenauswertung ist mithilfe der qualitativen Inhaltsanalyse geplant (Mayring 2015). Als Grundlage für die deduktive Kategorienbildung dienen die Phasen des Beratungsprozesses (Schieron 2021).

Ausblick

Aus dem Datenmaterial werden Schlüsselprobleme der Wohnberatung extrahiert. Diese bilden den Ausgangspunkt für prototypische Bildungsinterventionen, die mithilfe des Design-Based-Research-Ansatzes (Euler 2014) entstehen.

Schlüsselprobleme der Patientenedukation zu technischen Assistenzsystemen in den Sozial- und Gesundheitsberufen[3]

Hintergrund

Ein Teilbereich der Wohnberatung beinhaltet Beratung zu technischen Assistenzsystemen. Technischen Assistenzsystemen wird bei der Aufrechterhaltung einer selbstbestimmten Lebensführung älterer Menschen im eigenen Haushalt ein hohes Potenzial beigemessen (Pelizäus-Hoffmeister et al. 2018). Ältere Erwachsene nehmen diese aufgrund ihres generationsspezifischen Technikkonzepts jedoch häufig als überfordernd oder zu komplex wahr, was zu Verunsicherung oder Nichtnutzung führen kann. Eine Strategie, um das Potenzial technischer Assistenz in der Pflege nutzbar zu machen, stellt die Vermittlung zwischen der Technik und der Lebenswelt ihrer potenziellen Nutzer*innen dar. Patient*innenedukation (Schieron 2021) kann als subjekt- bzw. bedürfnisorientierte Strategie innerhalb dieses Vermittlungsprozesses betrachtet werden. Pflegende benötigen hierfür aber spezifische Kompetenzen.

Fragestellung und Ziel

Vor dem Hintergrund der kritisch-konstruktiven Didaktik Klafkis und ihrer berufspädagogischen Weiterentwicklung, der Interaktionistischen Pflege-

3 Für diesen Abschnitt zeichnen Leopold Kardas und Katharina Lüftl verantwortlich.

didaktik (Darmann-Finck 2010), sollen berufliche Schlüsselprobleme in der Patient*innenedukation zu Technik in den Sozial- und Gesundheitsfachberufen erforscht werden. Berufliche Schlüsselprobleme stellen dabei »[...] typische und zentrale Probleme des Berufsfeldes [dar], anhand derer sich allgemeine Strukturen, Widersprüche, Gesetzmäßigkeiten und Zusammenhänge des Berufs aufzeigen und aneignen lassen und die multiple Sichtweisen und Handlungsoptionen ermöglichen« (Darmann 2005: 329). Diese Schlüsselprobleme können als Grundlage für empirisch fundierte, situationsorientierte Curricula und Bildungsangebote dienen.

Methode

Für die Datenerhebung wird eine Triangulation aus problemzentrierten Interviews (Witzel 1985) und der Critical-Incident-Technique (Flanagan 1954) vorgenommen, die mithilfe von leitfadengestützten Interviews und begleitenden Erhebungsinstrumenten, z.B. Kurzfragebögen, Postscripta etc., realisiert wird. Die Datenauswertung erfolgt mithilfe der Grounded-Theory-Methodologie (GTM) nach Strauss und Corbin (1996). Das Sampling erfolgt in Anlehnung an das theoretische Sampling der GTM. Die Auswertung geschieht auf Grundlage des dreischrittigen Kodierprozesses, begleitendem Memoing und Softwareunterstützung durch MAXQDA.

Ergebnisse

Als ein Schlüsselphänomen konnte die praktische Kontextualisierung technischer Eindeutigkeit rekonstruiert werden. Das Phänomen beschreibt das Aufeinandertreffen technischer Artefakte und ihrer standardisierenden Logik situationsinvarianter Reproduzierbarkeit (im Sinne von Eindeutigkeit) mit der komplexen und vieldeutigen Lebenswelt ihrer Nutzer*innen (Remmers 2019). Es stellt die zentrale Herausforderung der Akteur*innen im Handlungsfeld dar: das In-Beziehung-Setzen von formalisierenden Artefakten und Systemen mit den dynamischen und kontextsensiblen Praktiken der Lebensführung ihrer Klient*innen (im Sinne einer Kontextualisierung) unter der Bedingung, dass technischen Artefakten und Systemen aber durch ihre Tendenz zur Eindeutigkeit eine gewisse Widerständigkeit gegenüber ihrer Kontextualisierung innewohnt.

Diskussion

Das Phänomen weist Bezüge zur Strukturlogik professionellen Handelns (Oevermann 1996) bzw. zur doppelten Handlungslogik des Pflegeberufs (Darmann-Finck 2010) auf, die es als potenzielles berufliches Schlüsselproblem im Handlungsfeld ausweisen.

Literatur

Beauchamp, Tom L./Childress, James F. (2019): »Principles of biomedical ethics«. 8. Auflage. New York: Oxford University Press.

Bundesverband Managed Care e.V. (o.J.): »Positionspapier der Arbeitsgruppe Patienten-Empowerment«. Siehe https://www.bmcev.de/wp-content/uploads/Positionspapier-AG-Patienten-Empowerment-4.pdf, zuletzt abgerufen am 22.02.2023.

Byrne, Caroline/Collier, Rem/O'Hare, Gregory (2018): »A review and classification of assisted living systems«, in: Information 9(7), S. 182. DOI: 10.3390/info9070182.

Darmann, Ingrid (2005): »Pflegeberufliche Schlüsselprobleme als Ausgangspunkt für die Planung von fächerintegrativen Unterrichtseinheiten und Lernsituationen«, in: PR-Internet 6(5), S. 329–335.

Darmann-Finck, Ingrid (2010): »Interaktion im Pflegeunterricht. Begründungslinien der Interaktionistischen Pflegedidaktik«. Frankfurt a.M.: Peter Lang.

Elsbernd, Astrid (2016): »Konzepte für die Pflegepraxis: Theoretische Einführung in die Konzeptentwicklung pflegerischer Arbeit«, in: Annette Riedel/Sonja Lehmeyer (Hg.), Einführung von ethischen Fallbesprechungen: Ein Konzept für die Pflegepraxis. Ethisch begründetes Handeln praktizieren, stärken und absichern. Lage: Jacobs, S. 13–36.

Euler, Dieter (2014): »Design research – a paradigm under development«, in: Dieter Euler/Peter F.E. Sloane (Hg.), Design-based research. Stuttgart: Steiner, S. 15–44.

Flanagan, John C. (1954): »The critical incident technique«, in: Psychological Bulletin 51(4), S. 327–358. DOI: 10.1037/h0061470.

Gleisner, AnnaKlara Stenberg/Rose, Linda/Trask, Catherine (2022): »Towards safety and autonomy in the home bathroom: Identifying challenges, needs and gaps«, in: Applied Ergonomics 105, S. 103865. DOI: 10.1016/j.apergo.2022.103865.

Kim, Kwang-il/Gollamudi, Shreya S./Steinhubl, Steven (2017): »Digital technology to enable aging in place«, in: Experimental Gerontology 88, S. 25–31. DOI: 10.1016/j.exger.2016.11.013.

Kirchem, Sabine/Waack, Juliane (2021): »Personas entwickeln für Marketing, Vertrieb und Kommunikation. Grundlagen, Konzept und praktische Umsetzung«. Wiesbaden: Springer Gabler.

Kuckartz, Udo (2012): »Qualitative Inhaltsanalyse. Methoden, Praxis, Computerunterstützung«. Weinheim: Beltz Juventa.

Lasquety-Reyes, Jeremiah (2021): »Smart Home Report 2021. Statista Digital Market Outlook – Market Report«. Siehe https://de.statista.com/statistik/studie/id/41155/dokument/smart-home-report/, zuletzt abgerufen am 22.02.2023.

LeRouge, Cynthia/Ma, Jiao/Sneha, Sweta/Tolle, Kristin (2013): »User profiles and personas in the design and development of consumer health technologies«, in: International Journal of Medical Informatics 82(11), S. e251-e268. DOI: 10.1016/j.ijmedinf.2011.03.006.

Marcelino, Isabel/Laza, Rosalía/Domingues, Patrício/Gómez-Meire, Silvar/Fdez-Riverola, Florentino/Pereira, António (2018): »Active and assisted living ecosystem for the elderly«, in: Sensors 18(4), S. 1246. DOI: 10.3390/s18041246.

Mayring, Philipp (2015): »Qualitative Inhaltsanalyse. Grundlagen und Techniken«. Weinheim: Beltz.

Oevermann, Ulrich (1996): »Theoretische Skizze einer revidierten Theorie professionalisierten Handelns«, in: Werner Helsper/Arno Combe (Hg.), Pädagogische Professionalität. Untersuchungen zum Typus pädagogischen Handelns. Frankfurt a.M.: Suhrkamp, S. 70–182.

Peek, Sebastiaan T.M./Wouters, Eveline J.M./Luijkx, Katrien G./Vrijhoef, Hubertus J.M. (2016): »What it takes to successfully implement technology for aging in place: Focus groups with stakeholders«, in: Journal of Medical Internet Research 18(5), S. e98. DOI: 10.2196/jmir.5253.

Pelizäus-Hoffmeister, Helga/Birken, Thomas/Schweiger, Petra/Sontheimer, Rainer (2018): »Technik für ein selbstbestimmtes Leben im Alter: Eine Forschungsstrategie zur kontextintegrierenden und praxiszentrierten Bedarfsanalyse«, in: Forum Qualitative Sozialforschung 19(1), S. 1–28. DOI: 10.17169/fqs-19.1.2871.

Plattner, Hasso/Meinel, Christoph/Weinberg, Ulrich (2011): »Design Thinking. Innovation lernen – Ideenwelten öffnen«. München: mi-Wirtschaftsbuch.

Pohontsch, Nadine J./Müller, Veronika/Brandner, Susanne/Karlheim, Christoph/Jünger, Saskia/Klindtworth, Katharina/Stamer, Maren/Höfling-Engels, Nicole/Kleineke, Vera/Brandt, Benigna/Xyländer, Margret/Patzelt, Christiane/Meyer, Thorsten (2018): »Gruppendiskussionen in der Versorgungsforschung – Teil 1: Einführung und Überlegungen zur Methodenwahl und Planung«, in: Gesundheitswesen 80(10), S. 864–870. DOI: 10.1055/s-0043-104379.

Remmers, Hartmut (2019): »Pflege und Technik. Stand der Diskussion und zentrale ethische Fragen«, in: Ethik in der Medizin 31(4), S. 407–430. DOI: 10.1007/s00481-019-00545-2.

Schieron, Martin (2021): »Grundlagen der Beratung«, in: Martin Schieron/Christa Büker/Angela Zegelin (Hg.), Patientenedukation und Familienedukation in der Pflege. Praxishandbuch zur Information, Schulung und Beratung. Bern: Hogrefe, S. 167–206.

Schulz, Marlen (2012): »Fokusgruppen in der empirischen Sozialwissenschaft. Von der Konzeption bis zur Auswertung«. Wiesbaden: VS Verlag für Sozialwissenschaften.

Strauss, Anselm L./Corbin, Juliet M. (1996): »Grounded Theory: Grundlagen qualitativer Sozialforschung«. Weinheim: Beltz.

Sunder, Nadine/Segmüller, Tanja (2017): »Pflegebezogene Patientenedukation in Deutschland – ein deskriptives Update«, in: Tanja Segmüller (Hg.), Beraten, Informieren und Schulen. Ausgewählte Beiträge der Sektionsarbeit. Sektion BIS–Beraten, Informieren, Schulen. Deutsche Gesellschaft für Pflegewissenschaft (DGP) e.V. Duisburg, S. 5–34.

Völkel, Frank/Lorbach, Ingrid (2015): »Smart Home. Bausteine für Ihr intelligentes Zuhause«. Freiburg, München: Haufe.

Weidekamp-Maicher, Manuela/Wojciechowski, Manfred/Tyll, Susanne/Drewniok, Arthur/Helmes, Ina/Pohlmann, Wolf Eric (2021): »Technikberatung als Baustein der Wohnberatung: Erfahrungen, Rahmenbedingungen und aktuelle Entwicklungstrends«. Düsseldorf: Hochschule Düsseldorf. DOI: 10.20385/978-3-941334-33-5.

Witzel, Andreas (1985): »Das problemzentrierte Interview«, in: Gerd Jüttemann (Hg.), Qualitative Forschung in der Psychologie. Grundfragen, Verfahrensweisen, Anwendungsfelder. Weinheim, Basel: Beltz, S. 227–255.

Zuhause besser leben

... als Antwort auf den Kollaps der Pflegeversorgung und als Chance für mehr Lebensqualität durch Selbstbestimmtheit und gemeinschaftliche soziale Fürsorge?

Cordula Kuhlmann

Einleitung

Mit rasanten medizinischen und technischen Fortschritten hat die Gesellschaft in den letzten Jahrzehnten an Lebensqualität und Lebenserwartung gewonnen. Von Jahr zu Jahr steigt das durchschnittliche Alter, zugleich sinken Mortalität und Morbidität, während die Geburtenrate stark abnimmt. Von den ab dem Jahr 2000 Geborenen haben voraussichtlich 50 Prozent eine Lebenserwartung von mehr als 100 Jahren. Man spricht von der gesellschaftlichen Entwicklung einer doppelten Überalterung mit zunehmendem Durchschnittsalter und zunehmendem Anteil der Älteren an der Bevölkerung. Diese Entwicklungen sind seit mehr als zwei Jahrzehnten bekannt und in der Fachwelt diskutiert. Umso weniger nachvollziehbar ist die unzureichende Vorbereitung auf diese Gesamtsituation, auf die es mehr denn je gilt, Antworten zu finden.

2020 betrug der Gesamtquotient (Summe von Alten- und Jugendquotient) in Bayern noch 64,5; für 2040 ist ein Quotient von 80,3 prognostiziert. Besonders in ländlichen Gebieten wird ein noch deutlich stärkerer Anstieg des Gesamtquotienten erwartet, mit beispielsweise über 109 für Kommunen im Landkreis Bad Kissingen (vgl. Bayerisches Landesamt für Statistik 2022). Immer weniger Menschen im erwerbsfähigen Alter müssen immer mehr Leistungen für Menschen im nicht erwerbsfähigen Alter erbringen. Gesamtgesellschaftlich betrachtet ergeben sich daraus nicht umkehrbare Folgen für alle Wirtschafts- und Lebensbereiche. Es muss alles darangesetzt werden, diejenigen, die diese nicht ersetzbaren Leistungen erbringen, ganzheitlich und nachhaltig in der Leistungserbringung zu unterstützen und gleichzeitig junge Generationen zu motivieren, sich präventiv mit eigener Selbstsorge zu beschäftigen.

Nach den geschilderten Prognosen ist ein deutlicher gesamtgesellschaftlicher Anstieg des Pflegebedarfs mit zunehmend auch komplexen Krankheitsbildern der Hochaltrigen anzunehmen. Mit höher werdender Lebenserwartung steigt bspw. auch der Anteil der betreuungsintensiven Demenzerkrankten. Laut Deutscher Alzheimergesellschaft ist der derzeit einzige gesicherte Zusammenhang – bezüglich der Entstehung einer Demenz – das Alter (vgl. Deutsche Alzheimer Gesellschaft e.V. 2022). Für das Jahr 2030 ist für den Landkreis Bad Kissingen ein Anteil demenziell Erkrankter prognostiziert, der in etwa dem Anteil der Drei- bis Fünfjährigen entspricht. Man möge sich vorstellen, jedes Kind im Kindergarten wäre an Demenz erkrankt und benötigte 24/7 eine Betreuung.

Der Ernst der Lage zeigt sich dabei neben den Prognosen zur demografischen Entwicklung auch in Beobachtungen des angespannten Arbeitsmarktes im Bereich der Fachpflege. Mehrwöchige Wartezeiten, um nur auf eine Warteliste eines Pflegedienstes oder einer Einrichtung zu kommen, oder das Aufgeben der Führung von Wartelisten sind mittlerweile keine Seltenheit mehr. Einrichtungen müssen aufgrund des Fachkräftemangels schließen oder kündigen ambulante Versorgungsverträge. Auch die bislang gemachten Erfahrungen mit der Personalbeschaffung aus Drittstaaten zeigen, dass dies nur mit großen Anstrengungen und insbesondere in größeren Städten zu Abmilderungen führen kann. Erfahrungen aus Österreich weisen darüber hinaus darauf hin, dass eine Verbesserung der Gehaltssituation nicht nur zu einer höheren Zufriedenheit, sondern auch zu kürzeren Arbeitszeiten führt.

Ganzheitliche Betrachtung

Alle Maßnahmen zur Verbesserung der Pflege- und Betreuungssituation dürfen dabei nicht nur die Fachpflege berücksichtigen. Viel mehr als bislang müssen die pflegenden An- und Zugehörigen sowie das weitere helfende Umfeld (ehrenamtliche und professionelle Unterstützung) als wichtige Partner*innen und vulnerable, nicht ersetzbare Leistungsträger*innen einbezogen werden, denen gleichzeitig Fachqualifikation sowie Angebote der Psychohygiene und

Entlastung zukommen müssen. Der Anteil der ambulanten Dienste bei der Leistung der häuslichen Pflege wird dabei häufig überschätzt. Über 77 Prozent der zu Pflegenden in Bayern werden zuhause versorgt, wobei hier nur zu ca. 25 Prozent ein ambulanter Pflegedienst in Anspruch genommen wird (vgl. Gesundheitsberichterstattung des Bundes 2022). Selbst diese Unterstützungsleistung oder auch sozialräumliche Nachbarschaftshilfe ist aufgrund des Arbeitskraftmangels und überbordender administrativer Vorschriften bedroht: Vor besondere Herausforderungen sind dabei ländliche Gebiete mit weiten Wegen und dünner Besiedelung gestellt. Überhaupt ist es erforderlich, sich bei allen Anstrengungen um Situationsverbesserungen auch mit den verschiedenen Gebietsstrukturen und Gesetzmäßigkeiten lokaler und regionaler Beziehungen der Daseinsvorsorge zu beschäftigen und diese zur Erarbeitung von Lösungsmodellen zu clustern. So weist beispielsweise der Regierungsbezirk Unterfranken, mit 27 Prozent, eine im Vergleich zu Oberbayern, mit 40,5 Prozent, deutlich niedrigere Quote der Vollbeschäftigten in der ambulanten Pflege auf (Vereinigung der Pflegenden Bayerns 2020). Vor besondere Herausforderungen werden Pflege und Betreuung auch hinsichtlich der Pflege von Menschen mit Migrationshintergrund gestellt. Pflege- und Betreuungsbedürftigkeit ist hier häufig tabuisiert und Demenz kann zum Verlust der erst im späten Alter erworbenen deutschen Sprache führen.

Damit steht die Gesellschaft einer Entwicklung gegenüber, die schon jetzt notfallähnliche drastische Auswirkungen hat. Letztendlich trifft es die Bürger*innen, sowohl die Betroffenen als auch ihr Umfeld, wenn sie trotz langjähriger Einzahlung in die Pflege-, Kranken- und Rentenversicherung einer unbefriedigenden Versorgungssituation gegenüberstehen. Es nehmen Bedenken um die eigene Selbstständigkeit und Selbstbestimmtheit zu. Nicht vergessen werden sollte dabei, dass hiervon nicht nur ältere, sondern auch junge pflegebedürftige Menschen betroffen sind, die wiederum auch andere Bedarfe als Ältere haben.

Zu beobachten ist in diesem Zusammenhang bei Beratungsstellen eine steigende Anzahl an Suizidandrohungen und die wachsende Sorge um die Verwahrlosung beeinträchtigter und pflegebedürftiger Menschen. Nach einer Veröffentlichung im Deutschen Ärzteblatt 2019 im Zusammenhang mit der Studie *ZipA – Zielgruppenspezifische Unterstützungsangebote für pflegende Angehörige* fühlten sich 70 Prozent der Befragten stark belastet und alleingelassen (vgl. Bohnet-Joschko/Bidenko 2019). Im Vergleich zu Gleichaltrigen schätzten 42 Prozent ihren Gesundheitszustand als schlechter ein. Vor allem aber verursacht die Angehörigenpflege emotionale Belastungen: 72 Prozent fühlten sich psychisch stark belastet, 30 Prozent hielten sich darüber hinaus bei der Suche nach einem Arbeitsplatz für benachteiligt und mehr als 20 Prozent berichteten, dass ihre Leistungsfähigkeit an ihrem Arbeitsplatz beeinträchtigt ist. Es entstehen weitere fatale gesamtgesellschaftliche Folgen, wie bspw. Stundenreduzierung am ersten Arbeitsplatz oder auch längere Krankenstände. Die Negativspirale dreht sich weiter.

Aus dieser Perspektive heraus sind mehr denn je innovative Wege gefordert, die sehr deutlich Angebote an Versorgungsleistungen als ein atmendes, resilientes System begreifen, das einer bewusst agil gestalteten Vorgehensweise bedarf.

Zuhause besser leben

Wohnen im Alter oder mit Pflegebedarf – ein Thema, mit dem sich viele Menschen beschäftigen, sei es aus dem grundsätzlichen Wunsch heraus, in der Häuslichkeit zu verbleiben, oder angesichts der Sorge, überhaupt einen adäquaten Pflegeplatz zu finden. Das Projekt *DeinHaus 4.0 Unterfranken* hat es sich zur Aufgabe gemacht, durch erlebnisorientierte, unabhängige Aufklärung technisch-digital gestützte Lösungen für ein möglichst langes Leben zuhause im Alter bzw. im Pflegefall sichtbar zu machen und vorzustellen. Wohnassistenzsysteme können dabei in Alltagssituationen sowie bei Pflege und Medizin in der eigenen Häuslichkeit unterstützen, den Mangel an personellen Ressourcen abfedern und Selbstbestimmtheit ermöglichen.

Im Fall eines Sturzes schlägt der mitdenkende Fußboden Alarm

Die Einsatzmöglichkeiten von Wohnassistenzsystemen sind vielfältig und individuell: der Herd, der sich ausschaltet, wenn es beim vergessenen Kochtopf brenzlig wird; smarte Systeme, die an die Tabletteneinnahme oder den Besuch bei der Ärztin oder dem Arzt erinnern; digitale Coaches, die Gedächtnisleistung oder Bewegungsabläufe trainieren; der Fußboden, der einen Sturz erkennt; oder auch der Videoanruf, der soziale familiäre Teilhabe über Entfernungen ermöglicht; eine intelligente Wohnung, die die Routinen ihrer Bewohner*innen kennenlernt, auf sie aufpasst und es komisch findet, wenn die Kühlschranktür nicht geöffnet wird. Selbstverständlich ersetzt kein noch so gutes Assistenzsystem eine persönliche Betreuung, jedoch können hierdurch ein selbstbestimmtes Leben zuhause ermöglicht, für Zu- und Angehörige dringend benötigte Unterstützung bereitgestellt und Dienstleistungen von medizinischen bzw. pflegerischen Leistungserbringer*innen (z.B. Pflegediensten, Arztpraxen etc.) flexibler und effizienter gestaltet werden.

Fachliches Know-how und Regionalentwicklungskompetenz klug zusammengebracht

Das Projekt *DeinHaus 4.0 Unterfranken* ist als Kooperationsprojekt zwischen dem Zentrum für Telemedizin Bad Kissingen und dem Landkreis Bad Kissingen konzipiert. Unterstützt werden die Projektpartner*innen von einer breiten Allianz aus Pflege, Medizin, Ehrenamt, kommunaler Beratung, Handwerk und Wohnwirtschaft. Alle gemeinsam haben den Auftrag, *DeinHaus 4.0* in ganz Unterfranken verfügbar zu machen. Das Bayerische Staatsministerium für Gesundheit und Pflege unterstützt das Projekt mit einer Projektförderung vom 01. Januar 2021 bis 31. Dezember 2024.

DeinHaus 4.0 Unterfranken ist eingebunden in ein bayerisches Netzwerk weiterer *DeinHaus 4.0*-Projekte, die sich jeweils in ihren Projektschwerpunkten unterscheiden. Alle gemeinsam haben das Ziel, intelligente Assistenztechnik im Alter und Pflegealltag zu erforschen und für die Bevölkerung und Fachleute erlebbar zu machen. Im besonderen Fokus von *DeinHaus 4.0 Unterfranken* steht dabei die Befähigung zu einer Alltagsanwendung von Wohnassistenzsystemen sowie die breite Marktdurchdringung. Genauere Informationen zu allen *DeinHaus 4.0*-Projekten in Bayern finden Sie unter www.deinhaus4punkt0.de/das-projekt.

Digitalkompetenz und Überwindung von Netzwerklücken als Erfolgsfaktoren

Zur Marktdurchdringung ist es unabdingbar, bei allen Beteiligten Digitalkompetenz und Technikverständnis als dienende Funktion zu fördern und Hemmschwellen abzubauen. Eine besondere Herausforderung ist das zu bedienende komplexe Netzwerk, ausgehend von der Produktbereitstellung, bis zu der Bereitschaft der Endanwendung der Fachwelt und der Bürger*innen und Einrichtungs- und Supportdienstleister*innen.

Intelligente Assistenztechnik für das Alter und den Pflegealltag erforschen und für die Bevölkerung und Fachleute erlebbar machen

Trotz der großen Nutzungspotenziale technischer Assistenzsysteme sind erhebliche Aufwendungen zur Erreichung einer flächendeckenden Umsetzung im privaten Umfeld und in Medizin, Pflege und Wohnwirtschaft zu erwarten. Dies ist auf die folgenden Gründe zurückzuführen:

Vielen Nutzer*innengruppen (unter anderem Mediziner*innen, Pflegefachkräften und Bürger*innen) sind die Möglichkeiten technischer Assistenzsysteme nicht bekannt. Es ist noch mit hohen persönlichen Anstrengungen verbunden, bestehende Angebote kennenzulernen, zu vergleichen und die Möglichkeiten technischer Assistenzsysteme individuell einschätzen zu können und Vorbehalte abzubauen. Zudem fehlt es an umfassenden Studien zur Information und Beratung über technische Assistenzsysteme sowie einem vollumfänglichen Nachweis des Nutzens, der letztendlich finanziell Anreize und die Übernahme als Kassenleistungen zur Folge haben könnte. Auch die Wohnwirtschaft plant nur in geringem Maße den Einsatz von Wohnassistenzsystemen in den Neu- und Umbauprojekten (Wohnbau, Handwerk). Da aufgrund der großen allgemeinen Nachfrage nach Wohnraum noch kein Handlungsgebot aus wirtschaftlichen Gründen für eine Diversifizierung besteht, lohnt sich der Einsatz von zusätzlichen Investitionskosten und möglichem Folgesupport für den Einbau noch wenig bekannter Technologien bislang nicht ausreichend.

Es fokussiert sich bis heute der Großteil der Förderprojekte auf die Entwicklung der Technologien und nicht auf Studien mit hohen Teilnehmer*innenzahlen und ausreichend empirischen Ergebnissen zur Darstellung von Akzeptanz, Wirksamkeit und Nutzen. Erst in den letzten Jahren wurden auf Bundesebene auch Studien zur Kosten-Nutzen-Analyse beauftragt, die allerdings aufgrund der geringen Anzahl an Installationen von technischen Assistenzsystemen lediglich mögliche Vorteile für einzelne Systeme aufzeigen, ohne die Gesamtakteur*innenkette zu betrachten. Die vereinzelt und in wenigen Regionen bereits aufgebauten Angebote für technische Assistenzsysteme erfolgen im Rahmen von Pilotprojekten, die Innovationsstrategien oder Vermittlungsmaßnahmen auf Initiativen einzelner Pionier*innen fokussieren. Zudem wird das komplexe, spartenübergreifende Wirkungsgefüge kaum ganzheitlich betrachtet.

Atmendes System und Entwicklung innovativer Ver- und Vorsorgemodelle

Schlussfolgernd sind für eine Etablierung technischer Assistenzsysteme nachfolgende Inhalte erforderlich, die allerdings nicht allein von einem*einer Partner*in, sondern nur querschnittsorientiert im Verbund mit Partner*innen aus den unterschiedlichen Sektoren erarbeitet werden können:

- Digitale und bauliche Übersicht über die Angebote an technischen Assistenzsystemen, einschließlich einer kontinuierlichen Fortschreibung des dynamischen Marktes.
- Die Möglichkeit des eigenen Erfahrens und Ausprobierens für Fachwelt und Bürger*innen in einem der Alltagssituationen ähnlichen Umfeld.
- Abbau von Hemmschwellen, Wissensaufbau und Vermittlungskonzepte und Angebote zur zielgruppenangepassten Information und Beratung zu technischen Assistenzsystemen.
- Konzepte zur Gestaltung und Erprobung sowie zur Finanzierung von Dienstleistungsangeboten technischer Assistenzsysteme in Medizin, Pflege und Wohnwirtschaft.
- Analysen, Konzepte und Umsetzungsmaßnahmen zu branchen- und sozialraumübergreifend vernetzten Handlungsketten zwischen den erforderlichen Partner*innen aus Hersteller*innen, Anwendungen, Handel, Support und Dienstleistung.
- Analysen, Konzepte und Umsetzungsmaßnahmen zu einem qualitätsgesicherten und regelhaften Bildungs- und Wissenssystem

Mit *DeinHaus 4.0 Unterfranken* werden die oben genannten Frage- und Aufgabenstellungen herausgearbeitet und sichtbar gemacht sowie in einer neuen Qualität aus der Verbindung von Theorie und Praxis und auf Basis von Evaluierungen erste Lösungen erarbeitet.

Schon heute den zu Pflegenden von morgen zur Selbstsorge befähigen

Das Projekt will mit einem positiven und aktivierenden Vorgehen die Möglichkeiten nicht nur für den Bedarfsfall, sondern auch präventiv bei Neu- und Umbau in das Bewusstsein rücken. Damit wird schon heute der möglicherweise zu Pflegende von morgen befähigt, vorausschauend Verantwortung für sich selbst zu übernehmen und die Systeme zu entlasten.

Da viele der Funktionen technischer Assistenzsysteme nur in Kombination mit einer Dienstleistung eines Pflegedienstes, des helfenden Umfelds, eines medizinischen Dienstes und auch eines technischen Supports Sinn ergeben, ist nicht nur die Nachfrage von Betroffenen, Zu- und Angehörigen oder Vorsorger*innen entscheidend, sondern es besteht eine Erfolgsabhängigkeit, auch diese Partner*innen in der Gesamtkette einzubeziehen und hierfür Wissenstransfer und Vernetzungsangebote aufzubauen. Deshalb werden, orientiert an den aktuellen Ressourcen von *DeinHaus 4.0 Unterfranken*, partizipativ auch mit diesen Partner*innen ebenfalls Konzepte zur Marktdurchdringung erarbeitet und wenn möglich erprobt. Im Vordergrund stehen sollte stets die dienende Funktion des Technikeinsatzes, getragen von den Elementen Selbstbestimmtheit, Sicherheit, Komfort, Entlastung und soziale Teilhabe, bestenfalls eingebettet in ein Netzwerk eines sorgenden Umfelds.

Für Fachkräfte aus Pflege, Medizin, Handwerk und Wohnwirtschaft sowie für Bürger*innen und Ehrenamtsstrukturen zeigt das Projekt erste Schritte:

- Wie man präventiv und akut auch mit wenigen Mitteln zuhause schon beim Neubau oder Umbau/Renovierung vorsorgen oder unterstützen kann.
- Wie präventiv und akut in der Mietwohnung Systeme nachgerüstet werden können.
- Wie Pflege und Medizin ihre Angebote in der Häuslichkeit ausbauen und gezielt für den jeweiligen Bedarf auch in der Häuslichkeit zur Verfügung stellen können.
- Wie Dienstleistungsnetzwerke für Quartiersmanagement, ehrenamtliche Hilfsstrukturen, Beratungsstellen, Pflegestützpunkte, Sanitätshäuser, mobile Pflege, Handwerker*innen, Arztpraxen vernetzt agieren können.

Technische Wohnassistenzsysteme ansehen, ausprobieren und erleben

Wir entwickeln mit *DeinHaus 4.0 Unterfranken* ein umfassendes Konzept, das wir regional und praxisnah in ganz Unterfranken vorstellen. Im Fokus stehen dabei die Bereitstellung von Informationen, die Selbsterfahrung und die Möglichkeit des Ausprobierens in einem der eigenen Situation ähnlichen Umfeld. Wir stellen hersteller*innenneutral die Technik dar und geben Anleitungen, wie technische Assistenzsysteme in Arbeitsprozesse integriert werden können. Zudem informieren und beraten wir über Kosten und Finanzierung, über Installation, Betrieb, Planung und Umsetzung sowie Zeitaufwand und Erreichbarkeit bei technischen Problemen. Außerdem bereiten wir Themen wie Datenschutz, Sicherheit, Technikakzeptanz, Schulungen von Mitarbeiter*innen und Ethik mit entsprechender Expertise und entsprechendem Zeiteinsatz auf.

Als Projektionsfläche wird die gesamte Gebietskulisse Unterfranken zum Projektraum. Damit dies gelingt, sind zum einen weitreichende Maßnahmen zu mobilen Einsätzen und ein hoher Erlebniswert von *DeinHaus 4.0 Unterfranken* und zum anderen eine hohe Fachlichkeit insbesondere hinsichtlich Gestaltung, Evaluierung und passgenauer Zielgruppenansprache der Konzepte und Angebote von *DeinHaus 4.0 Unterfranken* zwingend erforderlich. Dies setzen wir durch folgende Maßnahmen um:

Maßnahme 1: Mobile Ausstellungsmodule

Wir organisieren Informationsveranstaltungen in allen Landkreisen und kreisfreien Städten in Unterfranken und informieren mit mobilen Ausstellungsmodulen über technische Wohnassistenzsysteme vor Ort. Die Wanderausstellung tourt in der Regel ohne unmittelbare Betreuung durch Unterfranken. Bürger*innen und Fachpublikum können sich selbstständig informieren und Umsetzungsmöglichkeiten in einer virtuellen Musterwohnung interaktiv am mobilen Medientisch erkunden. Zur Datenerhebung der Besucherzufriedenheit und zum Wissenserwerb wird ein Feedback-Terminal eingesetzt. Angesprochen werden mit der mobilen Wanderausstellung die Zielgruppen B2B (Business-to-Business) und B2C (Business-to-Consumer). Dies wurde in der Gestaltung korrespondierender Inhalte berücksichtigt. Alle zu erstellenden Objekte und digitalen Materialien sind zur Erreichung eines hohen Wiedererkennungswertes mit Corporate Identity, Farben, Typologie, Schrift- und Bildsprache und Illustrationen auf *DeinHaus 4.0 Unterfranken* gebrandet. Die Elemente sind komplett eigenständig funktionsfähig und benötigen keine*n Einweiser*in oder Guide.

Maßnahme 2: Beratungs- und Erlebniswelt

Im Kernstadtbereich von Bad Kissingen, unmittelbar am zentralen Busbahnhof und angrenzend an die Fußgängerzone, entsteht mit Eröffnung im März 2023 eine völlig neuartige Beratungs- und Erlebniswelt mit Musterwohnung.

Hier können sich Bürger*innen sowie Fachpublikum direkt vor Ort Informationen rund um das Thema Wohnassistenzsysteme einholen und anschauliche Demonstratoren ansehen, ausprobieren und in Alltagssituationen erleben. Die Wohnassistenzsysteme sind in verschiedenen Räumlichkeiten wie Wohnzimmer, Schlafzimmer, Bad etc. integriert und voll funktionsfähig. Neben den fachlichen Inhalten soll das Zentrum auch als »Drehschreibe« für alle Interessierte (u.a. auch aus dem Ehrenamt) dienen und die Möglichkeit bieten, themenverwandte Veranstaltungen und Treffpunkte zu platzieren, z.B. durch das Kompetenznetzwerk Demenz, Netzwerke der Senior*innenbeauftragten und der Besuchs- und Hilfsdienste, das Palliativ-Netzwerk oder Pflegestützpunkte. Durch die Einbindung solcher sozialen Strukturen des Miteinanders soll sich das Zentrum als Kristallisationspunkt für Vernetzung, Information und Digitalisierung in der gesamten Region nachhaltig etablieren. Bereits jetzt ist für das erste Halbjahr 2023 die Beratungs- und Erlebniswelt für Gruppenangebote verschiedener Akteur*innen und Partner*innen wie Kliniken, Pflegestützpunkte, Wohnberatungen, Senior*innenvereinigungen etc. ausgebucht. An einem regelmäßigen Publikumstag erhält darüber hinaus auch die Bevölkerung die Möglichkeit, ohne Voranmeldung die Beratungs- und Erlebniswelt zu besuchen.

Maßnahme 3: Digitale Demonstratoren

Die Projektwebsite www.deinhaus4punkt0.de dient als umfassendes Informationsportal. Hier können sich Interessierte neben den ortsgebundenen Angeboten der mobilen Einheiten und der Beratungs- und Erlebniswelt digital über das Projekt und über Wohnassistenzsysteme im häuslichen Umfeld informieren, die virtuelle Musterwohnung und eine Technologiedatenbank besuchen und Beratungstermine, Veranstaltungen und die mobilen Einheiten buchen.

Unsere virtuelle Beratungs- und Erlebniswelt bildet die Beratungs- und Erlebniswelt mit Musterwohnung digital ab. Bildergalerien und Videoclips sowie eine 360-Grad-Tour durch unsere Musterwohnung geben erste Einblicke in Bedarfsszenarien und zeigen Einsatzmöglichkeiten der Wohnassistenzsysteme auf. Zu jedem Wohnassistenzsystem gibt es eine kurze Erklärung sowie Hinweise zu Einsatzbereichen.

Für individuelle Beratungen und Führungen durch die Beratungs- und Erlebniswelt wurde im Sinne einer einheitlichen Qualitätssicherung ein Beratungskonzept erarbeitet. In den Beratungen werden verschiedene Wohnassistenzsysteme vorgestellt und wichtige Informationen für den Einsatz im eigenen Zuhause aufgezeigt. Das *DeinHaus 4.0 Unterfranken*-Beratungsteam steht über verschiedene Kanäle zur Verfügung und kann via Telefon, per Videokonferenz oder für einen Termin in der Beratungs- und Erlebniswelt gebucht werden.

Abbildung 1: Übersicht der Maßnahmen, um digitale Wohnassistenzsysteme ansehen, ausprobieren und erleben zu können

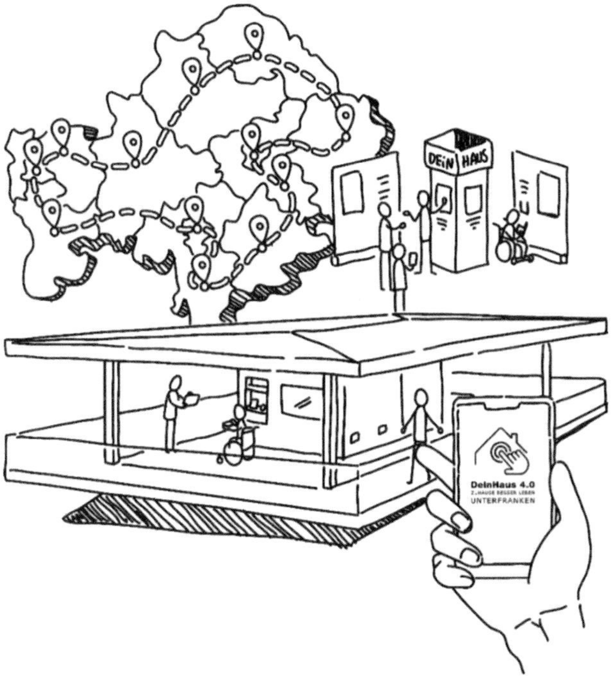

Quelle: Zentrum für Telemedizin/Jane Vanhnadak

Qualitätssicherung und Bedarfsanpassung

Um den Bedürfnissen der Netzwerkpartner*innen und Nutzer*innen gerecht zu werden, entwickeln sich die Projektmaßnahmen und Wohnassistenzsysteme permanent an deren Bedarfen weiter. Grundlage hierfür ist eine kontinuierliche Evaluation der einzelnen Angebote – angepasst an das Setting und den geplanten Erkenntnisgewinn. Hierfür wurden für die jeweiligen Module Bewertungsindikatoren definiert, die während des Projektverlaufs erhoben, ausgewertet und interpretiert werden. Eine besondere Herausforderung ist dabei die Heterogenität der Zielgruppen – von (akut) Pflegebedürftigen, pflegenden Zu- und Angehörigen bis hin zu unterstützenden und beratenden Fachkräften aus verschiedenen Branchen. Aufgrund der diversen Zielgruppen variieren die Form bzw. auch die inhaltliche Ausgestaltung der Evaluation.

Change Management bestimmt die Marktdurchdringung

Das bisher deutlich zu wenig vorausschauende, zu kurzfristig ökonomisierte, zu sektoral und zu hierarchisch betrachtete Ökosystem Pflege sowie das sorgende Umfeld bedürfen eines professionellen Change Management, das in der Lage ist, zum einen die verschiedenen Wissens- und Qualifikationsstufen der Akteur*innen zu betrachten und zum anderen aber auch die Wechselbeziehungen zwischen den involvierten Branchen – von der Technik über den Support bis zu den Betroffenen und Vorsorgenden – aufzudecken und in ein agiles Netz aus belastbaren Standardbeziehungen zu bringen. Um hier zum Erfolg zu kommen, können derartige Netzwerke nicht kurzlebigen Zufälligkeiten, einer Projektförderung oder dem Engagement Einzelner überlassen werden, sondern sie benötigen ein professionelles Branchen-, Sozialraum- und Fallmanagement, das letztendlich als Regelangebot auch aus öffentlicher Daseinsvorsorge und den Sozialbeiträgen finanziert werden sollte. Wesentlich offensichtlicher als bislang sind bei allen weiteren Schritten dabei nicht nur reflexartig die akut Betroffenen und Leistungserbringer*innen in den Fokus zu nehmen, sondern vor dem Hintergrund der demografischen Entwicklung mit doppelter Überalterung auch die präventiv Vorsorgenden zu berücksichtigen.

Literatur

Bayerisches Landesamt für Statistik (2022): »Regionalisierte Bevölkerungsvorausberechnung für Bayern bis 2040. Demographisches Profil für den Landkreis Bad Kissingen«. Beiträge zur Statistik Bayerns, Heft 554. Siehe https://www.statistik.bayern.de/mam/statistik/gebiet_bevoelkerung/demographischer_wandel/demographische_profile/09672.pdf, zuletzt abgerufen am 29.11.2022.

Bohnet-Joschko, Sabine/Bidenko, Katharina (2019): »Pflegende Angehörige: Hoch belastet und gefühlt allein gelassen«. Deutsches Ärzteblatt Online. DOI: 10.3238/PersOnko.2019.11.15.0.

Deutsche Alzheimer Gesellschaft e.V. (2022): »Die Häufigkeit von Demenzerkrankungen«. Siehe https://www.deutsche-alzheimer.de/fileadmin/Alz/pdf/factsheets/infoblatt1_haeufigkeit_demenzerkrankungen_dalzg.pdf, zuletzt abgerufen am 29.11.2022.

Gesundheitsberichterstattung des Bundes (2022): »Ambulante Pflege- und Betreuungsdienste und von ambulanten Pflege- und Betreuungsdiensten betreute Pflegebedürftige (Anzahl und Dichte)«. Siehe https://www.gbe-bund.de/gbe/pkg_isgbe5.prc_menu_olap?p_uid=gastd&p_aid=92908475&p_sprache=D&p_help=0&p_indnr=571&p_indsp=5089&p_ityp=H&p_fid=, zuletzt abgerufen am 29.11.2022.

Vereinigung der Pflegenden Bayerns (2020): »Monitoring Pflegepersonalbedarf 2020«. Siehe https://www.vdpb-bayern.de/wp-content/uploads/2021/10/210929_Pflegemonitoring_Bayern.pdf, zuletzt abgerufen am 15.12.2022.

Pflege Digital: Neue Prozesse – neue Strukturen – neue Finanzierung

Johannes Zacher

Vorgehensweise

Dieser Beitrag untersucht, unter welchen Bedingungen Digitalisierung in der Pflege wirksam werden kann. Davon wird auch abhängen, ob eine Finanzierungsbereitschaft entsteht. Es wird aufgezeigt, dass Digitalisierung keine Effekte erbringt, wenn nicht zugleich die Offenheit besteht, vorhandene Strukturen und Abläufe zu hinterfragen und Zuständigkeiten neu zu ordnen. Es werden auch zwei Vorschläge für schrittweise Zuständigkeitsverschiebungen vorgestellt.

Ausgangslage

Unternehmen und Forschungsprojekte entwickeln und erproben seit längerem digitale Tools, die die Pflegenden entlasten sollen. Genauso lange stellt sich die Frage, weshalb den Produkten kein durchschlagender geschäftlicher Erfolg beschieden ist. Die Frage nach dem fehlenden nachhaltigen Erfolg wird gern mit scheinbar fehlenden Geschäftsmodellen beantwortet (Kunze 2018). Da dies nach so langer Zeit nicht daran liegen kann, dass es keine findigen Geschäftsleute gäbe, ist nach strukturellen Gründen zu suchen: Die Ursachen liegen in der Besonderheit der Pflegebranche. In dieser werden zum einen viele Kerntätigkeiten erbracht, die nicht durch Digitalisierung ersetzt werden können. Zum anderen sind die Chancen für sogenannte Geschäftsmodelle per se begrenzt. Die gesetzlichen Regelungen zur Erstellung von Pflegedienstleistungen weisen zwar marktwirtschaftliche Elemente auf, aber im Wesentlichen stellen sie einen engen Rahmen mit vorgegebenen Leistungsdefinitionen dar. Sollen also die Chancen für Digitalisierung in der Pflege und deren Finanzierungsmöglichkeiten ausgelotet werden, so müssen diese Rahmenbedingungen und die durch sie geprägten Prozesse und Strukturen beleuchtet werden.

Aktuell werden Dienstleistungen in der Pflege durch das Gesetz und durch dessen Operationalisierung in Verträgen und Vereinbarungen sehr eng beschrieben, weshalb für Innovationen durch Digitalisierung kaum Raum bleibt. Die Handlungsmöglichkeiten in der Pflege werden durch folgende Fakten bestimmt:

- gesetzliche Regelungen, welche Einschränkungen und welche verbliebenen Lebensaufgaben Gegenstand pflegerischer Interventionen sein können,
- rahmenvertragliche Einigungen zwischen Pflegekassen und Einrichtungsträger*innen, die insbesondere körpernahe Verrichtungen als pflegerische Tätigkeiten in den Mittelpunkt stellen,
- Beschränkung der wettbewerblichen Strukturen auf optimierte Durchführung der vereinbarten körpernahen Verrichtungen – kein Wettbewerb auf dem Feld alternativer Lösungen zum Pflegeprozess insgesamt.

Zwar stehen im SGB XI viele weitere Absichten und Anregungen, die eine ganzheitliche Perspektive auf den Pflegeprozess einnehmen, diese werden aber konterkariert durch Schwerpunktsetzungen an anderen Stellen. So wird sogar im § 36 zu den Pflegesachleistungen bei häuslicher Pflege die Förderung der Selbstständigkeit, die Bewältigung des alltäglichen Lebens, die Prävention und die Anleitung informell Pflegender genannt. Andererseits werden die Wörter »körperbezogene Pflegemaßnahmen« und »pflegerische Betreuungsmaßnahmen« so stark betont, dass eine enge, auf reine Durchführung bezogene Interpretation naheliegt. Diese enge Auslegung scheint zudem in die Geschäftsmodelle von Kassen und Leistungserbringer*innen insofern gut zu passen, weil diese Maßnahmen wegen ihrer Kontrollierbarkeit, Eindeutigkeit, Abrechenbarkeit und geringer Missbräuchlichkeit leicht zu handhaben und zu vereinbaren sind.

Die Ausgangslage zeigt, dass es im System keine Anreize und keine Spielräume gibt, Digitalisierung in der Pflege in innovativer Weise einzusetzen.

Nicht übersehen werden darf, dass Digitalisierung in den Bereichen der Verwaltung und Einsatzsteuerung der ambulanten Pflegedienste bereits in großem Umfang eingesetzt wird. Dieser Fakt ist aus zweierlei Gründen bedeutend: Erstens zeigt das, dass es keine prinzipielle Ablehnung für Digitales aus Sicht der professionellen Pflege gibt. Zweitens weist der Gebrauch in der Organisation darauf hin, dass Digitales bereits heute auch in der Pflegebranche refinanzierbar ist, wenn dadurch menschliche Arbeit ersetzt oder verkürzt werden kann.

Damit wird erneut die Frage nach dem Verständnis der Pflege als eng verstandene Durchführungsaufgabe versus umfassende Planungs-, Anleitungs- und Steuerungsaufgabe relevant. Dies wird im nächsten Kapitel zu vertiefen sein.

Digitalisierung und die Spezifika pflegerischer Tätigkeiten

Inwiefern nun stellen die ausgeführten Beschränkungen im Pflegeverständnis ein Hindernis für Digitalisierung und zu erhoffende Rationalisierungseffekte dar?

Das enge Verständnis, das aktuell bei den refinanzierbaren Pflegeleistungen im Mittelpunkt steht, zielt auf eine personale Dienstleistung. Das heißt, diese muss durch reale Personen in analoger Weise verrichtet werden. Für diese Tätigkeit vor Ort am und mit dem Menschen mit Assistenzbedarf besteht keine Rationalisierungsmöglichkeit durch Digitalisierung. Die Ausführung durch Menschen ist erforderlich und erwünscht. Wahrscheinlich können in fernerer Zukunft Roboter eingesetzt werden, die im Haushalt oder in der Körperpflege Tätigkeiten übernehmen, und die menschliche Arbeit ersetzen können. Diese können aber nicht Gegenstand einer Diskussion zur Digitalisierung auf heutigem Stand sein (Weber 2022: 162ff.).

Wo liegen dann die Chancen der Digitalisierung in der Pflege? Sie liegen dort, wo ein erweitertes Pflegeverständnis dazu beiträgt, dass mehr prozesshafte Aspekte, mehr Anleitungs- und Gestaltungsaufgaben und eine Verteilung der analogen Aufgaben auf mehrere Personen in den Blick genommen werden. Dieses erweiterte Aufgabenspektrum der Information, Organisation, Steuerung und Kommunikation eignet sich nun tatsächlich für Digitalisierung (Zerth 2020: 124).

Aber auch unter Berücksichtigung dieser definitorischen Erweiterung ist noch einmal zu unterscheiden zwischen einfachen Pflegearrangements, bei denen die Digitalisierung keine Vorteile erwarten lässt, und solchen Pflegesituationen, bei denen viele Personen und Organisationen beteiligt sind. Im einfachen Fall, wenn innerhalb einer Familie alle Leistungen erbracht und abgedeckt werden, bedarf es keiner speziellen Digitalisierung. Die Nachrichtendienste und Kalenderfunktionen handelsüblicher sozialer Netzwerke sind leicht verfügbar und reichen aus, wenn überhaupt digitale Kommunikation und Abstimmung gewünscht werden. Selbst wenn dann noch ein ambulanter Pflegedienst für einzelne körperpflegerische Maßnahmen einbezogen ist, beschränkt sich der lohnende Einsatz der Digitalisierung auf die organisatorische Seite des Pflegedienstes. Erst wenn der Pflegeprozess um die Steuerungsaufgaben erweitert wird und die Vor-Ort-Pflege durch weitere Personen und Ressourcen unterstützt werden soll, die über die Familie hinausgehen, wird das Zusammenspiel komplex. Dann ergeben sich mehr Einsatzmöglichkeiten für sinnhafte Digitalisierung in der Pflege (Schneider 2019: 110f.).

Prozesse und Strukturen

Ob Digitalisierung in der Pflege erstens überhaupt sinnvoll eingesetzt und ob sie zweitens finanziert werden kann, hängt also davon ab, wie der Pflegeprozess verstanden wird. Für die Organisationleistung und die Prozesssteuerung in der Pflege muss die Notwendigkeit gesehen und die Zuständigkeit geklärt werden.

Diese Veränderungen sind nicht deswegen zu fördern, um die Digitalisierung zu refinanzieren. Digitalisierung ist kein Selbstzweck. Digitalisierung verursacht Kosten und muss sich rechnen. Ein verändertes Prozessverständnis und die Förderung neuer Strukturen können aber aus der demografischen Lage resultieren. Aus ihr ergibt sich die Notwendigkeit komplexerer Arrangements angesichts der Begrenztheit bzw. des Rückgangs der klassischen Ressourcen aus ambulanten Pflegediensten und Hauptpflegepersonen im Haushalt. Solche Anpassungsprozesse sind nicht fiktiv, sondern schlagen sich bereits in ersten Gesetzesveränderungen nieder. Mit den alltagsnahen Unterstützungsangeboten wurden vorsichtige Schritte in die Richtung der Öffnung und Erweiterung des Ressourcenpools eingeschlagen. Dabei nicht explizit benannt sind die Organisationsaufwendungen, die mit dem Einsatz von Alltagshilfen verbunden sind; allerdings ist es den Anbieter*innen freigestellt, diese Kosten in die Stundensätze hineinzukalkulieren.

Je mehr Personen und Dienstleister*innen benötigt werden, desto mehr Aufwand ist damit verbunden, diese zu gewinnen, ihre Einsätze zu planen, und auch diese zu evaluieren. Dieser Aufwand fällt auf tendenziell zwei Ebenen an, einer individuellen Ebene und einer sozialräumlichen.

- Jede einzelne Pflegesituation im Haushalt wird von einem Helfer*innennetz umgeben sein, das des Aufbaus, der Betreuung und der kontinuierlichen Anpassung bedarf.
- Auf der sozialräumlichen Ebene wird auf dem Level etwa einer Kommune oder eines Quartiers dafür zu sorgen sein, dass Potenziale gefunden, informiert und vermittelt werden.

Diese Leistungen können in Bezug auf die Pflege auch als Care und Case Management bezeichnet werden. Für beide Ebenen sind nützliche, digitale Anwendungen vorstellbar.

Mit dem Planungs- und Abstimmungsaufwand steigt der Informationsbedarf bei allen Beteiligten. So müssen die im Case Management Verantwortlichen überblicken können, wer wann was tut. Ebenso ist beim Aufbau und der Weiterentwicklung eines Pflegesettings eine Such- und Matching-Funktion hilfreich. Angehörige und Menschen mit pflegerischem Assistenzbedarf wollen sich zuverlässig über Möglichkeiten und Gestaltungsvarianten informieren. Eine transparente Darstellung des Pflegeprozesses ist nicht nur ein Arbeitsmittel, sondern auch die Grundlage für den Aufbau des notwendigen Vertrauens, wenn viele Personen an der Versorgung beteiligt werden (Nagel 2022: 182ff.).

Betriebswirtschaftlich ausgedrückt handelt es sich um neue Kombinationen von Ressourcen, um neu gereihte Abläufe und Prozesse, um neue oder geänderte Wertschöpfungsketten. Digitalisierung führt immer dort zum Erfolg, wo mit ihrer Hilfe neue, effizientere Produktionsweisen möglich werden. Durch Digitalisierung ist es möglich, einzelne Produktionsschritte bei Dienstleistungen auf andere Personen zu übertragen, die das günstiger und individueller erledigen können, und trotzdem den Überblick zu behalten.

Pflege als Organisationsleistung

Digitalisierung in der Pflege wird, wie gezeigt, dann finanzierbar, wenn es dadurch gelingt, mehr Personen in die Pflege einzubinden. Diese weiteren Personen werden zunächst nicht in der professionellen Pflege zu finden sein, sondern in der Verwandtschaft, in der Nachbarschaft, im Quartier, bei Organisationen des bürgerschaftlichen Engagements (Geiselhart/Wörle 2022) – mit mehr oder weniger Aufwandsentschädigung für die Engagierten – und bei gewerblichen Dienstleister*innen aller Art.

Diese Erweiterung der Ressourcen muss Ziel der Pflege und Pflegepolitik sein. Die Rolle der professionellen Pflege wird sich verändern oder erweitern von der Ausführung fremdbestimmter und beauftragter Tätigkeiten hin zur Planung und Organisation sowie zur Anleitung und fachlichen Begleitung jeweils eines Helfenden-Netzwerks um einen Haushalt mit Pflegeaufgaben im Zentrum.

Fazit: Geschäftsmodelle für Digitalisierung in der Pflege gibt es dann und erst dann, wenn das Leistungsverständnis in der Pflege weiterentwickelt wird.

Es gibt berechtigte Hoffnungen, dass dies auch geschieht, denn aufgrund des demografischen Drucks auf die Pflege werden auch unabhängig von Digitalisierung Reformen erwogen und diskutiert: Vollversicherung/Bezahlung der Angehörigen/Rekommunalisierung der Zuständigkeit etc. In Modellversuchen werden kleinere Veränderungen nahe an den bestehenden Regelungen untersucht: Abrechnung nach (Fachleistungs-)Stunden statt nach Leistungskomplexen, präventive Hausbesuche etc.

Case Management

Im Rahmen dieses Beitrags wird vorgeschlagen, mit einer zunächst überschaubaren Veränderung zu beginnen, nämlich einzuführen, dass die Tätigkeit des Case Management als separate Leistungsart in die Rahmenverträge aufzunehmen ist. Die Person, die die Case-Management-Aufgabe übernimmt, leitet Angehörige und weitere Helfende an, sie hilft auch bei deren Gewinnung und Auswahl. Sie teilt die Aufgaben zwischen allen Mitwirkenden ein. Sie koordiniert das Pflegesetting zeitlich und inhaltlich zusammen mit der Hauptpflegeperson. Die Vergütung dieser Leistung ist auf die notwendige Qualifikation ausgerichtet und schließt den Einsatz digitaler Tools ein, mit denen alle am Pflegeprozess beteiligten Personen über Aufgaben, Zeitpläne, Anleitung zur Durchführung sowie über Ausfälle und kurzfristige Veränderungen informiert werden. Insbesondere ist das Case Management dafür verantwortlich, Veränderungen im Pflegebedarf und im Gesundheitszustand zu beobachten und Selbsthilfepotenziale der Person mit Assistenzbedarf zu erkennen und zu fördern. Nur auf digitale Weise wird es möglich sein, diese Anpassungen zeitnah an alle Beteiligten zu kommunizieren.

Durch eine solche Veränderung werden neue Ressourcen gehoben (Zerth 2020: 133). Personen aus dem Umfeld können einbezogen werden, da Begleitung und Steuerung sichergestellt sind. Die Leistungen der ambulanten Pflegedienste, wenn diese auch das Case Management übernehmen, werden deutlich im Wert gesteigert. Sie verändern sich von einer ausführenden Tätigkeit zu einer steuernden Tätigkeit. Die knappe Ressource Pflegefachkraft könnte besser genutzt werden. Auf diese Weise können mit der gleichen Anzahl Fachkräfte durch Einbeziehung weiterer Personen mehr Menschen versorgt werden. Der Einsatz von notwendiger Digitalisierung führt zusammen mit der neu geschaffenen Leistung zu Effektivitätssteigerungen. Die Mitfinanzierung der digitalen Tools ist dann kein Problem mehr, wenn die mit ihnen unterstützten Koordinierungsleistungen bezahlt werden.

Care Management

Ein zweiter Vorschlag im Rahmen dieses Beitrags ist eine ebenso überschaubare Veränderung: die Bereitstellung einer Informationsinfrastruktur.

§ 9 SGB XI macht den Ländern zur Aufgabe, für die Vorhaltung einer leistungsfähigen, zahlenmäßig ausreichenden und wirtschaftlichen pflegerischen Versorgungsstruktur zu sorgen.

Diese Aufgabe wird bisher nur als Investitionen in Gebäude und Ausstattung von Pflegeeinrichtungen und ambulanten Pflegediensten verstanden. In Zeiten der Digitalisierung und der weiter rasch zunehmenden Versorgung in der Häuslichkeit sind Versorgungsstrukturen auch digitale Strukturen und hybride sozialräumliche Angebote. Zum Beispiel könnten dies Informationssysteme für pflegende Angehörige sein, für Menschen mit pflegerischem Assistenzbedarf oder solche Menschen, die sich auf eine dieser Situationen vorbereiten wollen (VdK 2022). Aber auch ein Quartiersmanagement, das pflegefreundliche Bedingungen schafft und lokale Informationspools einrichtet, kann als geeignete Infrastrukturmaßnahme in den Blick genommen werden.

Diese planvollen Veränderungen zugunsten einer pflegeförderlichen lokalen Umwelt (Bohnet-Joschko 2020) werden als Care Management diskutiert. Im Kontext der Frage nach der Finanzierbarkeit digitaler Fortschritte in der Pflege ist Care Management in mehrfacher Hinsicht relevant. Zum einen sind die individuellen, durch Case Management zu gestaltenden Pflegearrangements in größerem Umfang nur zu realisieren, wenn die dafür notwendigen Strukturen, Informationen und persönlichen Kontakte auch zur Verfügung stehen (Klie 2020). Die Informationen, Motivations- und Vermittlungstätigkeiten richten sich an die Haushalte mit Pflegeaufgaben, an alle Arten potenzieller Dienstleister*innen und Helfender und an Beratende im Einzugsgebiet (Artner 2021: 13ff.).

Es liegt auf der Hand, dass sich eine solche informationsintensive Infrastruktur nicht ohne digitale Unterstützung aufbauen lässt. Eher lässt sich umgekehrt sagen, dass es erst mit Digitalisierung möglich ist, eine Informationslage zu schaffen, die Basis für viele komplexe, multiprofessionelle und anpassungsfähige individuelle Pflegesettings ist. Auch hier wird deutlich, dass neue Strukturen sowohl eine Voraussetzung für den sinnstiftenden Einsatz von Digitalisierung in der Pflege darstellen, als auch, dass Digitalisierung erst die Möglichkeiten für entsprechend komplexe Versorgungsformen schafft. Digitalisierung für die Pflege ist also eng an die Veränderung von Prozessen und Strukturen gekoppelt.

Finanzierung

Die in diesem Beitrag gezeigte enge Verzahnung von Digitalisierung und struktureller Veränderungen in der Pflege schlägt sich auch in der Finanzierung nieder. Die bisher nicht erfolgte Finanzierung und der mangelnde Erfolg bei den DiPAs lassen sich aus diesem Zusammenhang erklären. Eine Finanzierung von Digitalisierung findet implizit oder explizit dort statt, wo durch die Digitalisierung die mit ihr verbundenen Kosten überkompensiert werden.

Digitalisierung muss sich rechnen, damit sie finanziert werden kann. Dem zusätzlichen Aufwand für Digitalisierung muss eine Einsparung (z.B. Buchhaltungspersonal) oder eine zusätzliche Einnahme (z.B. mehr Einsätze durch bessere Organisation und Kommunikation) gegenüberstehen.

Zwischenergebnis: Digitale Anwendungen müssen als Nutzen angesichts der demografischen Lage ein quantitatives Mehr an Pflege erzeugen. Ohne dieses Mehr erkennt keiner der potenziellen Finanziers einen veritablen Nutzen, der ein Engagement rechtfertigte (Ehrenmüller 2020: 70ff.). Andererseits ist nach aktueller Leistungserbringungs- und Refinanzierungspraxis die mit solidarischen Mitteln finanzierbare Pflegeleistung so eng als personale, in Präsenz direkt am Menschen mit pflegerischem Assistenzbedarf zu erbringende Leistung definiert, dass kein Spielraum besteht, durch Digitalisierung zu diesem Mehr beizutragen. Daraus folgt, dass im gegenwärtigen Korsett der Pflegedefinition Digitalisierung nicht zu einem Nutzen führen kann, der zur Finanzierung von Digitalisierung motivieren könnte. Eine gegenseitige Blockade liegt vor: Die Finanzierer*innen können keinen Nutzen sehen und die Hersteller*innen erkennen für weitere Entwicklungen keine Geschäftschancen.

Zur Lösung der Blockade bedarf es einer Öffnung der Definition von Pflege und einer Auslotung der Möglichkeiten, durch Digitalisierung mit diesem erweiterten Verständnis einen quantitativen Nutzen zu generieren, der dann wiederum finanziert werden kann.

Die Pflegekasse ist aus dem Sicherstellungsauftrag heraus daran interessiert, dass in absoluten Zahlen mehr Menschen tatsächlich versorgt werden. Dafür ist das Personal aktuell der Engpassfaktor. Finanzierung von Digitalisierung kommt aus dieser Perspektive also dann in Betracht, wenn die gleiche Menge des knappen Gutes Fachpersonal mithilfe weiterer Helfender, die durch Digitalisierung eingebunden werden können, mehr Pflegebedürftige versorgen kann.

Fazit

Wenn nun alle Argumentationsstränge zusammengeführt werden, ergibt sich folgendes Bild:

- Digitalisierung in der Pflege kann dann Nutzen bringen, wenn Prozesse und Strukturen verändert werden. Pflege kann dadurch öfter als Kombination verschiedenster Personen und Dienstleister*innen im Zusammenspiel erbracht werden. Care und Case Management sorgen dabei für die strukturelle Bereitstellung und für die Steuerung im Einzelfall. Im Care und Case Management kann Digitalisierung nutzenstiftend eingesetzt werden.
- Durch so veränderte Strukturen und Prozesse kann eine größere Menge von Pflegeleistung erbracht werden. Die Mengenausdehnung stellt in der aktuellen demografischen Situation das entscheidende Argument dar, um eine Finanzierung zu begründen.
- Die Finanzierung dieser neuen Strukturen und Prozesse inklusive ihrer Digitalisierung kann auf verschiedene Geldgeber*innen verteilt werden:
  a. Die Vertragspartner*innen der Vergütungsvereinbarungen könnten, bereits im vorhandenen gesetzlichen Rahmen der Pflegeversicherung, der Koordination und Steuerung von Pflegeprozessen mehr

Raum geben. Das reduziert zwar die Mittel für direkte körperliche Dienstleistungen. Dafür gelingt die Einbeziehung weiterer Kräfte im Pflegesetting deutlich besser.

b. Das Pflegeversicherungsgesetz könnte den Bedarf an Case Management explizit benennen und in die Aufgabenstellung für Rahmenverträge aufnehmen. Eine gesetzliche Ausdehnung der Mittel für die Leistungen des Case Management kann zudem angestrebt werden.
c. Die Länder können im Rahmen ihrer Infrastrukturverantwortung Informationssysteme finanzieren sowie lokales Care Management fördern. Hierzu gibt es bereits Ansätze vom Aufbau von Pflegeplatzbörsen bis zur Anschubfinanzierung für Quartiersmanagement. Auch das aktuell wieder in Schwung kommende Umsetzen der gesetzlichen Empfehlung zum Aufbau von Pflegestützpunkten ist ein Teil von Care Management. Die Finanzierung ist landesrechtlich verschieden, meist in Form einer gesplitteten Finanzierung.
d. Die Kommunen sind wirtschaftlich sehr unterschiedlich in der Lage, den Aufbau von Care-Management-Strukturen finanzieren zu können. Viele Kommunen sind im Aufbau von Quartiersmanagement engagiert. Eine lokale Verantwortung ist gut geeignet, auf die sozialräumlichen Besonderheiten einzugehen. In Bezug auf digitale Informationssysteme zu Pflege und Unterstützungsangeboten ist diese Ebene aber in der Regel zu klein. Hier bedarf es der Zusammenarbeit auf Kreis- oder Landesebene.

Ausblick

Digitalisierung, Prozesse, Strukturen und Finanzierung in der Pflege sind interdependent.

Digitalisierung wird nützlich, wenn sie neue Kapazitäten schafft. Neue Kapazitäten sind an ein erweitertes Verständnis des Pflegeprozesses und an den Aufbau von lokalen Care-Strukturen gebunden. Mit Digitalisierung sind diese Strukturen besonders effektiv.

Diese Entwicklungen sind erheblich von politischen Entscheidungen abhängig (Schellberg 2020: 21ff.). Das bedeutet eine gewisse Schwerfälligkeit und Zähigkeit, die aber, angesichts des Gefährdungspotenzials für die vulnerable Gruppe der Menschen mit pflegerischem Assistenzbedarf und ihrer Angehörigen, einer marktwirtschaftlichen Beliebigkeit vorzuziehen ist. Die Anzeichen für ein politisches Gehör für die dargestellten Entwicklungsbedarfe (Rothgang et al. 2019) sind aber bereits zu erkennen (Bayerisches Landesamt für Pflege 2022).

Literatur

Artner, Lucia (2021): »Pflegende Angehörige besser unterstützen! Umfrage zur häuslichen Pflege. Zentrale Ergebnisse«. Frankfurt a.M.: Sozialverband VdK Hessen-Thüringen. Siehe https://www.vdk.de/hessen-thueringen/downloadmime/5471/VdK_Pflege-Umfrage_Broschu_re.pdf, zuletzt abgerufen am 16.01.2023.

Bayerisches Landesamt für Pflege (2022): »Gute Pflege. Daheim in Bayern. Gemeinsames Strategiepapier. Kommunale Strategien zur Stärkung bedarfsgerechter pflegeorientierter Sorgestrukturen«. Bayerisches Staatsministerium für Gesundheit und Pflege. Siehe https://www.stmgp.bayern.de/wp-content/uploads/2022/11/strategiepapier_gute-pflege.pdf, zuletzt abgerufen am 02.01.2023.

Bohnet-Joschko, Sabine (2020): »Zielgruppenspezifische Unterstützungsangebote für pflegende Angehörige. Bericht«. Witten: Universität Witten-Herdecke. Siehe https://www.angehoerigenpflege.info/bericht/, zuletzt abgerufen am 16.01.2023.

Ehrenmüller, Irmtraud (2020): »Die neue Effizienz – ein Paradigmenwechsel im Management sozialer Organisationen«, in: Paul Brandl/Thomas Prinz (Hg.), Innovationen bei sozialen Dienstleistungen/Band 1 Theoretische Ansätze für eine innovative Zukunft. Regensburg: Walhalla, S. 58–102.

Geiselhart, Jochen/Wörle, Tobias (2022): »Freiwilliges Engagement im Kontext von Pflege und Digitalisierung. Aktuelle Befunde, Trends und Forschungsperspektiven«. BZPD Working Paper 01/2022. Kempten: Bayerisches Forschungszentrum Pflege Digital. Siehe https://www.hs-kempten.de/fileadmin/Forschung/Forschungsinstitute/Bay._Zentrum_Pflege_Digital/Workingpaper/BZPD_WP_01-2022_GeiselhartWoerle_neu.pdf, zuletzt abgerufen am 16.01.2023.

Klie, Thomas (2020): »Zur Bedeutung von ›Caring Communities‹: Implikationen für eine neue Rolle der Kommunen im Sinne einer neu und wiedererlangten Pflegeverantwortung«, in: Jürgen Zerth/Hedwig François-Kettner (Hg.), Pflege-Perspektiven: Ordnungspolitische Aspekte. Erkenntnisse aus der Versorgungsforschung und Implikationen für eine »gute Praxis« der Pflege. Heidelberg: medhochzwei, S. 105–118.

Kunze, Christophe (2018): »Technische Assistenzsysteme in der Sozialwirtschaft – aus der Forschung in die digitale Praxis«, in: Helmut Kreidenweis (Hg.), Digitaler Wandel in der Sozialwirtschaft. Grundlagen – Strategien – Praxis. Baden-Baden: Nomos, S. 163–177

Nagel, Saskia K. (2022): »Zwischen Autonomie und Abhängigkeit: Die Bedeutung von Beziehung und Vertrauen in der Pflege«, in: Manfred Hülsken-Giesler/Susanne Kreutzer/Nadin Dütthorn (Hg.), Neue Technologien für die Pflege. Osnabrück: Universitätsverlag Osnabrück, S. 175–188.

Rothgang, Heinz/Kalwitzki, Thomas/Cordes, Janet (2019): »Alternative Ausgestaltung der Pflegeversicherung. Abbau der Sektorengrenzen und bedarfsgerechte Leistungsstruktur«. 2. Gutachten im Auftrag von: Initiative Pro-Pflegereform. Siehe https://www.pro-pflegereform.de/fileadmin/default/Gutachten/2._Gutachten_AAPV_-_Langfassung.pdf, zuletzt abgerufen am 18.04.2023.

Schellberg, Klaus (2020): »Die Innovationsbedingungen in der Sozialwirtschaft – Warum der Riese so schwer aufwacht«, in: Paul Brandl/Thomas Prinz (Hg.), Innovationen bei sozialen Dienstleistungen. Theoretische Ansätze für eine innovative Zukunft. Regensburg: Walhalla, S. 19–37.

Schneider, Michael (2019): »Arbeitsteilung im Gesundheitswesen – eine ökonomische Perspektive«, in: Jürgen Zerth/Jan Schildmann/Elmar Nass (Hg.), Versorgung gestalten. Stuttgart: Kohlhammer, S. 105–124.

VDK (2022): »Nächstenpflege macht arm – vor allem Frauen und unter 64-Jährige. Zentrale Studienergebnisse und Forderungen des Sozialverbands VdK«. Berlin: Sozialverband VdK Deutschland e.V. Siehe https://www.vdk-naechstenpflege.de/wp-content/uploads/2022/09/VdK-Pflegestudie_Zentrale_Studienergebnisse_Forderungen_und_Hintergrund_Kommentar_final.pdf, zuletzt abgerufen am 18.12.2022.

Weber, Karsten (2022): »Technik in der Pflege: Bestandsaufnahme, Entwicklungsmöglichkeiten und normative Bewertung«, in: Manfred Hülsken-Giesler/Susanne Kreutzer/Nadin Dütthorn (Hg.), Neue Technologien für die Pflege. Osnabrück: Universitätsverlag Osnabrück, S. 153–174.

Zerth, Jürgen (2020): »Digitalisierung und Pflege – anlassbezogene Pflege, Plattformen und Implikationen für Effektivität, Effizienz und möglich notwendige Ordnungsregeln«, in: Jürgen Zerth/Hedwig François-Kettner (Hg.), Pflege-Perspektiven: Ordnungspolitische Aspekte. Erkenntnisse aus der Versorgungsforschung und Implikationen für eine »gute Praxis« der Pflege. Heidelberg: medhochzwei, S. 119–136.

CARE REGIO – Bayerisch Schwaben als Leitregion für Pflege Digital

Stefanie Schmid, Lisa Daufratshofer, Dominik Fuchs, Elisabeth Veronica Mess, Steffen Netzband, Nadine Seifert, Petra Friedrich[1]

Einleitung

CARE REGIO ist ein vom Bayerischen Staatsministerium für Gesundheit und Pflege gefördertes Verbundprojekt mit einer Laufzeit von insgesamt fünf Jahren.

Der Verbund wurde vom Ministerium beauftragt, Bayerisch Schwaben als Leitregion für Pflege Digital zu etablieren, so dass technische und digitale Neuerungen in der Pflegepraxis schneller Einzug finden. Dadurch sollen Pflegebedürftige und Pflegende in ihrem Alltag unterstützt werden. Aus diesem Grund werden Plattformen und Formate geschaffen, mit denen ein Informationsaustausch zwischen den einzelnen Akteur*innen im Gesundheitswesen stattfinden kann. Dies erfolgt mit dem Ziel, Best-Practice-Anwendungen zu fördern und diese in der Pflegepraxis umzusetzen. Dabei liegt der Fokus bei den Endnutzer*innen, deren Partizipation bei der Umsetzung und Evaluation erwünscht ist.

---

1 Das Projekt CARE REGIO wird von insgesamt fünf Partnern getragen: Hochschule Kempten (1), Universität Augsburg (2), Universitätsklinikum Augsburg (3), Hochschule Augsburg (4), Hochschule Neu-Ulm (5). An dem vorliegenden Text haben folgende Personen mitgewirkt: Stefanie Schmid (1), Dominik Fuchs (1), Sabahudin Balic (4), Jens Brunner (2), Lisa Daufratshofer (3), Matthias Gaßner (1), Milena Grieger (2), Volker Hammen (2), Andreas Hechtl (1), Yevgeniia Ignatenko (2), Lukas Kleybolte (4), Frank Kramer (2), Andreas Mahler (3), Dominik Merli (4), Elisabeth Veronica Mess (4), Steffen Netzband (2), Matthias Regner (4), Claudia Reuter (4), Nadine Seifert (5), Jan Schoenfelder (2), Walter Swoboda (5), Alexandra Teynor (4), Sabrina Tilmes (3), Ann-Kathrin Waibel (5), Sophia Yagci (1), Petra Friedrich (1).

Das Projektkonsortium ist im Regierungsbezirk Schwaben beheimatet und durch die Beteiligung unterschiedlicher Institutionen interdisziplinär aufgestellt. Zum Team gehören die Hochschulen Kempten, Neu-Ulm und Augsburg sowie die Universität und das Universitätsklinikum in Augsburg.

Vor dem Hintergrund des wachsenden Fachkräftemangels und der gleichzeitig steigenden Zahl an versorgungsbedürftigen Menschen (Destatis 2020; Seyda/Köppen/Hickmann 2021) ist das primäre Ziel von CARE REGIO die Entlastung professionell und informell Pflegender sowie Pflegebedürftiger. Dies soll durch den Einsatz technisch-digitaler Lösungen realisiert werden. Hierfür werden nachhaltige Konzepte entwickelt, welche in folgenden sechs Teilprojekten (TP) bearbeitet werden:

- TP 1 Verbundkoordination und CARE REGIO Koordinierungsstelle
- TP 2 Pflege-Data-Lake
- TP 3 Digitalisierung des Pflegeüberleitungsberichts (DigiPÜB)
- TP 4 Assistive Systeme
- TP 5 PflegeWiki
- TP 6 Wissenschaftliche Begleitung und ELSI

Die Teilprojekte (TP)

Teilprojekt 1 – Gesamtprojektmanagement und CARE REGIO Koordinierungsstelle

Die Gesamtprojektleitung im Projekt CARE REGIO trägt die Hochschule Kempten. Die Projektleitung teilt sich in die Projektkoordination (Projektmanagement) und die Koordinierungsstelle des Gesamtprojekts auf.

Die Koordinierungsstelle nimmt im Teilprojekt 1 – mit den Aufgaben der Öffentlichkeitsarbeit, der Vernetzung und als zentrale Anlaufstelle – eine wesentliche Rolle ein. Durch die Vernetzung bzw. Netzwerkarbeit mit anderen Projekten, Institutionen aus der Pflege, Hersteller*innen von Hardware und Software, Dienstanbieter*innen, Interessensvertreter*innen und Interessent*innen wird ein Informationsaustausch ermöglicht. So können z.B. neue Best-Practice-Lösungen entstehen und schneller in der Praxis implementiert werden.

Des Weiteren ist die Koordinierungsstelle die zentrale überregionale Anlaufstelle rund um das Thema Digitalisierung und Technik in der Pflege, bei der sich Institutionen und Interessensvertreter*innen bei Fragen rund um die Digitalisierung melden können und an die entsprechenden Stellen vermittelt werden. Die Öffentlichkeitsarbeit trägt dazu bei, das CARE REGIO-Netzwerk und dessen Ergebnisse bekannt zu machen sowie weiter zu vernetzen.

Teilprojekt 2 – Pflege-Data-Lake

Unter der Leitung der Universität Augsburg wird ein Pflege-Data-Lake für Pflegedaten konzipiert, entwickelt und evaluiert. Der Pflege-Data-Lake soll eine Harmonisierung von Datensammlungen zwischen Institutionen in der Pflege ermöglichen, um diese wissenschaftlich auswerten zu können.

Für den Pflege-Data-Lake werden Pflegedaten aus Institutionen wie dem Universitätsklinikum Augsburg und ausgewählten Pflegeeinrichtungen anonymisiert gesammelt und mithilfe eines standardisierten Datenmodells auf einem dezentralisierten Server gespeichert. Mithilfe des Data Lake können Fallbeispiele umgesetzt werden. Hierbei sind sowohl wissenschaftliche Auswertungen als auch die Anwendung von Methodiken der Operations Research möglich. Dieser Bereich umfasst die Entwicklung und Anwendung mathematischer Methoden zur Entscheidungsunterstützung und zur Verbesserung der Effizienz. Zur Verdeutlichung der Auswirkungen auf den Pflegeprozess werden die gesammelten Daten und das erworbene Prozesswissen für Simulationen verwendet (Banks 2010). Hier ist vor allem der Patient*innenpfad von besonderer Bedeutung. Auf diesen sollen Machine-Learning-Modelle für die Betten- und Personalplanung auf der jeweiligen Station genutzt werden. Auf Basis dieser Informationen sollen durch den Einsatz von Optimierungsverfahren der Operations Research zur Entscheidungsunterstützung strukturelle Verbesserungspotenziale identifiziert werden (Fügener/Pahr/Brunner 2018). Damit lassen sich Sensitivitätsanalysen durchführen, um Veränderungen in den Prozessen bewerten zu können. Am Ende können gezielte Handlungsempfehlungen für das Management abgeleitet und die erzielten Ergebnisse in andere Pflegebereiche übertragen werden. Die erkannten Potenziale tragen zur Verbesserung von Pflegeprozessen und somit zur Entlastung der Pflegekräfte bei.

Teilprojekt 3 – DigiPÜB

Das Teilprojekt DigiPÜB beschäftigt sich mit der Digitalisierung des Pflegeüberleitungsberichts und wird gemeinsam von der Hochschule Augsburg und dem Universitätsklinikum Augsburg geleitet. Ziel ist die organisatorische und administrative Entlastung des Pflegefachpersonals durch neue digitale Systeme und optimierte Prozesse.

Der Pflegeüberleitungsbericht (PÜB) enthält alle pflegerelevanten Informationen (u.a. Stammdaten, Kontaktpersonen, pflegerischer Zustand, Diagnosen), die für eine nahtlose Versorgung wichtig sind.

Ein PÜB wird immer dann erstellt, wenn Pflegebedürftige in weiterführende Institutionen (Krankenhäuser, Reha, Pflegeeinrichtungen) verlegt werden müssen. Die Berichte werden den Patient*innen bzw. Bewohner*innen meist als Ausdruck mitgegeben oder als Fax an die empfangende Einrichtung übersendet.

Der PÜB kommt somit häufig zeitgleich, in den meisten Fällen jedoch erst nach den Pflegebedürftigen in den Einrichtungen an. Eine vorzeitige Vorbereitung des Pflegefachpersonals ist dadurch nicht möglich (bspw. für die frühzeitige Bestellung von Medikamenten oder Rezepten oder die Organisation geeigneter Zimmer).

Sobald der PÜB vorliegt, muss eine Pflegefachperson die Informationen vom Ausdruck manuell in das eigene Pflegedokumentationssystem übertragen. Manchmal müssen auch fehlende Informationen nachträglich eingeholt und die Übertragung des PÜB kann nicht sofort abgeschlossen werden. Dieser Übertragungsprozess ist ineffizient und fehleranfällig.

Ein sicherer digitaler Versand, wie auch eine automatische Integration in die jeweilige Pflegedokumentationssoftware der Einrichtungen könnte eine große Entlastung für die Pflegefachpersonen darstellen.

Bisher gibt es jedoch keine erfolgreich etablierten Lösungen, die eine sichere Übertragung und automatische Integration ermöglichen.

Ein Grund dafür sind die vielen unterschiedlichen IT-Systeme der Kliniken und Pflegeeinrichtungen, die nicht interoperabel miteinander kommunizieren und Daten austauschen können. Das Ergebnis sind PÜB mit unterschiedlicher Semantik und Syntaktik (Fachinger/Mähs 2019). Ein weiterer Grund ist der Mangel an sicheren Übertragungsdiensten, welche von allen Einrichtungen genutzt werden (können).

Im Projekt DigiPÜB ist vorgesehen, dass zukünftig eine sichere Übertragung von PÜB mit der Telematikinfrastruktur (TI) erprobt und pilotiert wird. Dadurch soll eine sichere Übertragung gewährleistet werden und auch bereits vor Ankunft von Patient*innen möglich sein.

Ebenfalls ist geplant, dass der zukünftige Standard für PÜB – PIO (Pflegeinformationsobjekt) –, welcher durch die Kassenärztliche Bundesvereinigung (KBV) und die mio42 GmbH entwickelt wurde, verwendet wird. Die mio42 GmbH konzentriert sich auf die Entwicklung von medizinischen Informationsobjekten, kurz MIO genannt.

Dadurch werden zukünftig semantische und syntaktische Unterschiede vermieden.

Bei dem PIO handelt es sich jedoch nur um eine Spezifikation. Eine Implementierung muss von den Softwarehersteller*innen der Pflegedokumentationssoftware selbst vorgenommen werden. Diese Umsetzung wird finanzielle und auch personelle Ressourcen erfordern. Kleinere Einrichtungen oder auch Pflegeeinrichtungen, die noch manuell dokumentieren, könnten hiervon benachteiligt werden.

Daher wird auch die Implementierung des Standards im Projekt DigiPÜB (CARE REGIO 2022) erprobt, pilotiert und mit geeigneten digitalen Systemen unterstützt werden.

Teilprojekt 4 – Assistive Systeme

Der Einsatz assistiver Systeme kann die gesundheitliche, pflegerische und persönliche Situation Betroffener verbessern (Zentrum für Qualität in der Pflege 2019; GKV-Spitzenverband 2019; Mähs 2021). Großes Potenzial wird dabei im Einsatz von Systemen im Bereich der Sturzprophylaxe gesehen (Mazuz/Biswas/Lindner 2020).

Die Hochschule Kempten leitet das Teilprojekt 4 und arbeitet dabei an der Verbesserung der individuellen und bedarfsbezogenen Versorgung von sturzgefährdeten Personen durch den Einsatz assistiver Systeme. Dazu sollen verschiedene Assistenzsysteme, die über eine Softwareplattform kombiniert und gebündelt werden, bei den Betroffenen zum Einsatz kommen.

In Deutschland stürzen jedes Jahr vier bis fünf Millionen Menschen der älteren Generation. Der technologische Fortschritt eröffnet mittlerweile vielfältige Möglichkeiten, eine effektive und moderne Diagnostik und Therapie zu unterstützen. Durch die Einschätzung der individuellen Risikofaktoren, durch eine bessere Sturzerfassung, durch eine gezielte Maßnahmenplanung und durch eine technikgestützte Durchführung der entsprechenden Maßnahmen kann eine sichere Mobilität gefördert werden und das Sturzrisiko verringert werden (Cao/Yang/Liu 2012; Williams et al. 2010; Rabe et al. 2020).

Die Hochschule Kempten hat sich mithin die Aufgabe gestellt, in diesem Teilprojekt Assistenzsysteme für die Sturzprävention speziell im häuslichen und ambulanten Umfeld zu evaluieren. Einige der Forschungsfragen, denen in diesem Zusammenhang nachgegangen wird, sind:

- Wie lassen sich die Assistenztechnologien effektiv vernetzen?
- Wie kann man alle wichtigen Partner*innen für die Versorgung der Pflegebedürftigen einbeziehen?
- Wie sind Akzeptanz und Effektivität von technikgestützter Pflege im ausgewählten Anwendungsfall?
- Wird der Mehrwert durch die Nutzer*innen erkannt und werden die assistiven Technologien von den Nutzer*innen akzeptiert?
- Stellt der Einsatz assistiver Systeme in der Pflege eine ökonomische Verbesserung dar?

Diese Projektziele werden auf unterschiedlichen Wegen verfolgt. Für die zielgerichtete Evaluation und Testung wurden Konzepte für die verfügbare Hard- und Software einschließlich entsprechender Serviceleistungen erstellt. Die reibungslose Integration in den Pflegealltag wird ein wesentlicher Erfolgsfaktor sein.

Anschließend folgt die Entwicklung einer intuitiven, sicheren und stabilen Systemplattform, auf der die Daten der Technologien übersichtlich und unkompliziert dargestellt werden. Die Entwicklungen und Erkenntnisse münden dann unter anderem in System- und Plattformtests und in eine Anwenderstudie. Entlang konkreter Prozesse soll sich herauskristallisieren, wie und an welchen Stellen digitale Technologien Pflegende, Pflegebedürftige und Angehörige unterstützen oder eine drohende Pflegebedürftigkeit verhindern können – und wo nicht.

Weitere Aufgaben dieses Teilprojekts sind die Vernetzung mit anderen Projekten im Themenfeld zur Bündelung der Kompetenzen und Erfahrungen, die Veröffentlichung der gewonnenen Erkenntnisse und vor allem die Einbeziehung der direkt an der Pflege beteiligten Personen. So wurde in 2022 eine Onlineumfrage mit 50 ambulanten Pflegekräften durchgeführt, um für die weitere Entwicklung und Evaluation – nicht nur unseres Projekts, sondern vieler weiterer Arbeitsgruppen – eine verbesserte Wissensbasis und wertvolle Anregungen zu sammeln. Denn die Grundlage dieses Teilprojekts ist und bleibt die Maxime »Der Mensch im Mittelpunkt«. Ohne direkten Kontakt und das Berücksichtigen der tatsächlichen Bedürfnisse von Pflegefachpersonen und betreuten Personen wird Technologie ihr Potenzial nicht entfalten können.

Teilprojekt 5 – PflegeWiki

Das Universitätsklinikum Augsburg entwickelt in enger Zusammenarbeit mit der Hochschule Neu-Ulm eine Wissensplattform für professionell und privat Pflegende sowie Pflegeschüler*innen und -studierende, das sogenannte PflegeWiki. Hier werden Inhalte zielgruppengerecht aufbereitet und redaktionell betreut. Das niederschwellige Angebot ist kostenfrei zugänglich unter https://wiki.care-regio.de/.

Eine quantitative Querschnittstudie, welche die zielgruppenspezifischen Bedarfe in Hinblick auf eine solche Pflege-Onlineplattform abfragte, wurde dem Entwicklungsbeginn vorangestellt. Hierbei wurde identifiziert, wie das PflegeWiki hinsichtlich Struktur, Inhalt sowie Didaktik (theoretische Beiträge, Praxistipps, Podcasts etc.) aufgebaut werden soll.

Des Weiteren sollte durch die Befragung in Erfahrung gebracht werden, wie die allgemeine Akzeptanz einer solchen Wissens- und Lernplattform ist. Auf Basis der gewonnenen Ergebnisse konnte die strukturelle und inhaltliche Konzeption des PflegeWikis erfolgen.

Beiträge werden einerseits vom Projektteam selbst und andererseits durch den Aufbau eines Expert*innennetzwerks generiert. Zudem besteht die Möglichkeit, direkt über das PflegeWiki Autor*in zu werden, d.h. Beiträge oder Studienarbeiten können ganz einfach hochgeladen werden. Der zu signierende Autor*innenvertrag steht dort ebenso zum Download zur Verfügung. Alle neu eingereichten Inhalte werden anschließend anhand standardisierter Bewertungskriterien durch ein redaktionelles Expert*innengremium geprüft und freigegeben. Auf dem PflegeWiki konnten bereits 102 Beiträge und vier Podcasts veröffentlicht werden. Außerdem ist sowohl eine Bewertung als auch eine Kommentierung dieser publizierten Inhalte möglich. Um einen respektvollen Umgang in Bezug auf die Kommentarfunktion sicherzustellen, wurden transparent zugängliche Verhaltensregeln aufgestellt, die verpflichtend für alle Nutzer*innen gelten.

Teilprojekt 6 – Wissenschaftliche Begleitung und ELSI

Im Projekt CARE REGIO übernimmt die Hochschule Neu-Ulm die wissenschaftliche Begleitung und steht im Sinne eines Querschnittprojekts als Dienstleisterin allen Projektpartner*innen zur Verfügung. In dieser Tätigkeit unterstützen sie die Verbundpartner*innen bei der Erstellung und Durchführung von Studien: Hypothesenbildung, Plausibilitätsprüfung vor

Studienbeginn, Proband*innenakquise, Qualitätssicherung, Definition von Ein- und Ausschlusskriterien, Sicherstellung der Vergleichbarkeit und Studienplanung. Außerdem hilft die HNU bei der Erstellung von Ist- und Soll-Prozessen mittels der BPMN-Notation, die Definition, Überprüfung auf formale Richtigkeit und Simulation zulässt (Seifert/Waibel/Swoboda 2022a). Ein einheitliches Auswertungsframework zur Ergebnisauswertung wurde entwickelt und bildet einen neuen, innovativen Ansatz zur Bewertung von Systemen in der Digitalisierung. Durch ein einheitliches Vorgehen in der Projektevaluation wird für eine Vergleichbarkeit der Projekte gesorgt (Krick et al. 2020), auch über CARE REGIO hinaus (Seifert/Waibel/Swoboda 2022a).

Zweiter Schwerpunkt des Querschnittprojekts ist die ethische, soziale und rechtliche Begleitung und Evaluation (ELSI) – ein entscheidender Fokus von CARE REGIO (Waibel/Seifert/Swoboda 2022). Die Einholung eines positiven Ethikvotums ist bei klinisch-medizinischer Forschung durch die Berufsordnung der Ärzt*innen geregelt (Ehni 2011). Von einzelnen Aktivitäten der Fachorganisationen abgesehen, ist dies bei Forschungsvorhaben im medizinisch-pflegerischen Bereich anders. CARE REGIO geht hier voran und stellt Themen wie Anonymisierung und Pseudonymisierung, ethische Überprüfung durch zuständige Ethikkommissionen, rechtliche Vorgaben und Datenschutz in den Vordergrund. Die HNU stellt die Einhaltung der ELSI-Richtlinien sicher, unterstützt bei Ethikanträgen und überprüft die Einhaltung gesetzlicher Regelungen zum Datenschutz (Waibel/Seifert/Swoboda 2022).

Durch regelmäßige Audits mit allen Projektbeteiligten wird die Einhaltung der Wissenschaftlichkeit und der ethisch-sozialen und datenschutzrechtlichen Rahmenbedingungen geprüft. Damit sorgt das Teilprojekt 6 für eine solide Basis von CARE REGIO im Sinne guter wissenschaftlicher Praxis (Seifert/Waibel/Swoboda 2022b).

Danksagung

Das CARE REGIO-Verbundprojekt bedankt sich beim Bayerischen Staatsministerium für Gesundheit und Pflege für die Förderung. Ein besonderer Dank für ihren Einsatz und die Unterstützung gilt dem CARE REGIO-Beirat und dem Lenkungsausschuss sowie unseren Praxis- und Netzwerkpartner*innen.

Literatur

Banks, Jerry (2010): »Discrete-event system simulation«. 5 Auflage. Upper Saddle River: Prentice Hall.

Cao, Yabo/Yang, Yujiu/Liu, Wen Huang (2012): »E-FallD: A fall detection system using android-based smartphone«, in: 2012 9th International Conference on Fuzzy Systems and Knowledge Discovery, S. 1509–1513. DOI: 10.1109/FSKD.2012.6234271.

CARE REGIO (2022): »Der DigiPÜB – Wie digitale Pflegeüberleitungsberichte die Pflege entlasten«. Siehe https://www.youtube.com/watch?v=gP-7gKtigaA, zuletzt abgerufen am 17.02.2023.

Destatis (2020): »Pflegestatistik. Pflege im Rahmen der Pflegeversicherung. Deutschlandergebnisse 2019«. Wiesbaden: Statistisches Bundesamt. Siehe https://www.destatis.de/DE/Themen/Gesellschaft-Umwelt/Gesundheit/Pflege/Publikationen/Downloads-Pflege/pflege-deutschlandergebnisse-5224001199004.pdf?__blob=publicationFile, zuletzt abgerufen am 13.02.2023.

Ehni, Hans-Jörg (2011): »Die Deklaration von Helsinki. Revisionen und Kontroversen«. Köln: Deutscher Ärzte-Verlag.

Fachinger, Uwe/Mähs, Mareike (2019): »Digitalisierung und Pflege«, in: Jürgen Klauber/Max Geraedts/Jörg Friedrich/Jürgen Wasem (Hg.), Krankenhaus-Report 2019. Berlin, Heidelberg: Springer, S. 115–128. DOI: 10.1007/978-3-662-58225-1_9.

Fügener, Andreas/Pahr, Alexander/Brunner, Jens O. (2018): »Mid-term nurse rostering considering cross-training effects«, in: International Journal of Production Economics 196, S. 176–187. DOI: 10.1016/j.ijpe.2017.11.020.

GKV-Spitzenverband (2019): »Digitalisierung und Pflegebedürftigkeit. Nutzen und Potenziale von Assistenztechnologien«. Hürth: CW Haarfeld. Siehe https://www.gkv-spitzenverband.de/media/dokumente/service_1/publikationen/schriftenreihe/GKV-Schriftenreihe_Pflege_Band_15.pdf, zuletzt abgerufen am 01.03.2023.

Krick, Tobias/Huter, Kai/Seibert, Kathrin/Domhoff, Dominik/Wolf-Ostermann, Karin (2020): »Measuring the effectiveness of digital nursing technologies: Development of a comprehensive digital nursing technology outcome framework based on a scoping review«, in: BMC Health Services Research 20(1), S. 243. DOI: 10.1186/s12913-020-05106-8.

Mähs, Mareike (2021): »Anforderungen an die Evaluation von altersgerechten Assistenztechnologien aus gesundheitsökonomischer Sicht«, in: Debora

Frommeld/Ulrike Scorna/Sonja Haug/Karsten Weber (Hg.), Gute Technik für ein gutes Leben im Alter? Akzeptanz, Chancen und Herausforderungen altersgerechter Assistenzsysteme. Bielefeld: transcript, S. 317–340.

Mazuz, Keren/Biswas, Seema/Lindner, Uri (2020): »Developing self-management application of fall prevention among older adults: A content and usability evaluation«, in: Frontiers in Digital Health 2, S. 1–14. DOI: 10.3389/fdgth.2020.00011.

Rabe, Sophie/Azhand, Arash/Pommer, Wolfgang/Müller, Swantje/Steinert, Anika (2020): »Descriptive evaluation and accuracy of a mobile app to assess fall Risk in Seniors: Retrospective case-control study«, in: JMIR Aging 3(1), S. e16131. DOI: 10.2196/16131

Seifert, Nadine/Waibel, Ann-Kathrin/Swoboda, Walter (2022a): »Wissenschaftliche Begleitung und Zusammenarbeit im Verbundprojekt CARE REGIO«, in: 21. Deutscher Kongress für Versorgungsforschung (DKVF), 5.-7. Oktober 2022, Potsdam.

Seifert, Nadine/Waibel, Ann-Kathrin/Swoboda, Walter (2022b): »Wissenschaftliche Begleitung und ELSI im Projekt CARE REGIO«, in: 67. Jahrestagung der Deutschen Gesellschaft für Medizinische Informatik, Biometrie und Epidemiologie e.V. (GMDS), 13. Jahreskongress der Technologie- und Methodenplattform für die vernetzte medizinische Forschung e.V. (TMF), 21.-25. August 2022.

Seyda, Susanne/Köppen, Robert/Hickmann, Helen (2021): »Pflegeberufe besonders vom Fachkräftemangel betroffen«, in: KOFA KOMPAKT 10. Siehe https://www.kofa.de/media/Publikationen/KOFA_Kompakt/Pflegeberufe_2021.pdf, zuletzt abgerufen am 13.02.2023.

Waibel, Ann-Kathrin/Seifert, Nadine/Swoboda, Walter (2022): »Ethical, legal and social implications in a nursing field study in Bavaria«, in: J. Mantas/P. Gallos/E. Zoulias/A. Hasman/M.S. Househ/M. Diomidous/J. Liaskos/M. Charalampidou (Hg.), Studies in Health Technology and Informatics. Amsterdam: IOS Press, S. 187–188. DOI: 10.3233/SHTI220693.

Williams, Marie A./Soiza, Roy L./Jenkinson, Alison, McE/Stewart, Alison (2010): »EX ercising with C omputers in L ater L ife (EXCELL)–Pilot and feasibility study of the acceptability of the Nintendo® WiiFit in community-dwelling fallers«, in: BMC Research Notes 3(1), S. 238. DOI: 10.1186/1756-0500-3-238.

Zentrum für Qualität in der Pflege (2019): »Pflege und Digitale Technik«. ZQP Report Berlin: Zentrum für Qualität in der Pflege. Siehe https://www.zqp.

de/wp-content/uploads/ZQP-Report-Technik-Pflege.pdf, zuletzt abgerufen am 01.03.2023.

Akzeptanz und Gelingensfaktoren: Einführung innovativer technischer und digitaler Produkte

Ein Praxisbericht aus dem Pflegepraxiszentrum Nürnberg

Marlene Klemm, Jacqueline Preutenborbeck

Einleitung: Hintergrund und Problemstellung

Zahlreiche technische und digitale Produkte versprechen Unterstützung und Erleichterungen für Pflegende und Gepflegte. Diese Entlastung scheint angesichts der vorliegenden Zahlen zur demografischen Entwicklung nötiger denn je. Laut Statistischem Bundesamt steigt die Anzahl pflegebedürftiger Menschen – von rund 5,0 Millionen Ende 2021 auf 5,6 Millionen im Jahr 2035 (Statistisches Bundesamt 2022b), des Weiteren fehlen schätzungsweise ca. 307.000 Pflegekräfte in der stationären Versorgung bis zum Jahr 2035 (Radtke 2022).

Die Erwartungen und Hoffnungen sind groß, Digitalisierung und Technisierung mögen nun endlich die erwartete und dringend nötige Unterstützung bringen. So wird die digitale Transformation als »ein wesentlicher und kritischer Erfolgsfaktor genannt, um die Probleme der Branche zu entschärfen« (CareInvest 2022: 14). Aufseiten der Hersteller*innen werden zahlreiche innovative Produkte zur Mensch-Technik-Interaktion (MTI) im Bereich der Pflege entwickelt. Unterschiedliche Forschungsprojekte wie z.B. der Cluster »Zukunft der Pflege«[1] beschäftigen sich mit innovativen Produkten für die Pflege. Einschlägige Datenbanken zählen mehr als 500 Produkte (z.B.

1 Im Rahmen des Clusters »Zukunft der Pflege« fördert das Bundesministerium für Bildung und Forschung vier Pflegepraxiszentren (darunter das PPZ Nürnberg) und ein Pflegeinnovationszentrum in Deutschland.

pulsnetz.de). Elektronische Pflegedokumentationssysteme, Telepflege, Unterhaltungsangebote für die soziale Betreuung, Sensoren zur Erkennung von Stürzen und Vitalparametern und vieles mehr stehen bereit, den Pflegemarkt zu durchdringen.

Doch wie viele der angebotenen Produkte finden ihren Weg in den Alltag einer Akut- oder einer stationären (Langzeit-)Pflegeeinrichtung? Wie können die Akzeptanz gestärkt und Faktoren für eine gelingende, nachhaltige Implementierung identifiziert werden? Und wie kann die Einführung neuer technischer und digitaler Produkte begleitet werden?

Während in anderen europäischen Ländern digitale Technologien im Gesundheitswesen Alltag sind, gibt es in Deutschland noch Umsetzungshürden. Zahlreiche Insellösungen erschweren eine sektorenübergreifende Vernetzung (PwC 2022). Dies mag daran liegen, dass Pflege ein zutiefst analoger Bereich ist: Pflege hat mit Sorgebeziehungen zu tun; Prozesse können nur bedingt digitalisiert werden in einem Arbeitsumfeld, in dem menschliche Nähe und Zuwendung einen hohen Stellenwert einnehmen. Technik soll Pflegende entlasten, aber nicht ersetzen. Nur, wo beginnt diese Entlastung durch Technik und wie kann die digitale Transformation in der Pflege gestaltet werden?

Das Pflegepraxiszentrum Nürnberg (PPZ Nürnberg)[2] hat sich in der Vergangenheit mit über 100 Technologien auseinandergesetzt. Als Verbund pflegepraktischer, wissenschaftlicher und netzwerkbildender Einrichtungen hat es sich zum Ziel gesetzt, Innovationen in die Anwendung zu bringen und fördernde bzw. blockierende Aspekte einer Implementierung zu identifizieren. Das PPZ Nürnberg erprobt und bewertet im Echtbetrieb von Kliniken und Pflegeeinrichtungen neue Technologien und Dienstleistungen hinsichtlich ihrer Praxistauglichkeit, ihrer Akzeptanz und ihres Nutzens für Pflegende und Gepflegte. Ziel des vorliegenden Praxisberichts ist es, Erkenntnisse aus diesen Erprobungen im Hinblick auf akzeptanzfördernde Faktoren und Gelingensfaktoren zusammenzufassen und zu beschreiben.

Einführung digitaler und technischer Anwendungen im Kontext eines soziotechnischen Systems

Technische und digitale Innovationen weisen unterschiedliche Komplexitätsgrade auf, die je nach Produkt und Zielerfüllung unterschiedliche

2 Siehe https://www.ppz-nuernberg.de.

vorbereitende Maßnahmen in Kliniken und Pflegeeinrichtungen nach sich ziehen. Niedrigschwellig zu betrachten sind z.B. digitale Angebote zur Aktivierung und Unterhaltung von Pflegebedürftigen. Sie sind in der Regel bei der Einführung und Nutzung weder als kompliziert noch als komplex zu beschreiben, da sie oft einfach und intuitiv zu bedienen sind und mit einfachen Plug-and-Play-Funktionen ausgestattet sind. Aspekte des Datenschutzes oder haftungsrechtliche Fragestellungen müssen bei Systemen zur Aktivierung und Unterhaltung meist nicht berücksichtigt werden, da keine personenbezogenen Daten erfasst werden, wohingegen diese bei Anwendungen der Telemedizin oder bei Apps zur Sturzprävention oder Kommunikation maßgeblich sind (vgl. Jorzig/Sarangi 2020). Im Vorfeld unterliegen diese telemedizinischen und Kommunikationsprodukte einer intensiven Prüfung, um die Klärung sicherheitsrelevanter IT-Aspekte herbeizuführen. Aber auch arbeitsmedizinische Kriterien können in der Anwendung eine Rolle spielen, wie das Beispiel der Exoskelette, die zur Entlastung körperlich schwerer Hebe- und Tragetätigkeiten eingesetzt werden, zeigt. Nicht zuletzt stellen sich Refinanzierungsfragen aufgrund von zu tätigenden Investitionen, denn viele der derzeit auf dem Markt erhältlichen Produkte sind in dem komplexen Finanzierungsgeflecht zwischen SGB V und SGB XI nicht erstattungsfähig.

Die deutsche Übersetzung des NASSS-Frameworks (Greenhalgh et al. 2018) von Kunze (2020) liefert ein Modell, das »dabei helfen kann, Komplexitätsfaktoren zu identifizieren und zu analysieren, um Erfolgsaussichten von geplanten Veränderungsprojekten einschätzen zu können und um Maßnahmen zur Reduktion bzw. zur Bewältigung von Komplexität planen, durchführen und evaluieren zu können« (Kunze 2020: 4). Das Modell geht auf fünf Domänen ein – die Gesundheitssituation der Patient*innen oder Bewohner*innen, die Technik und z.B. das damit einhergehende Qualitätsversprechen, das Nutzenversprechen (Welcher Mehrwert entsteht für die verschiedenen Akteur*innen?), die Anwender*innen (die die Technik nutzen) und die Institution (innovationsförderliche Strukturen der Organisation) (Kunze 2020: 3), – und beschreibt die jeweiligen Komplexitätsgrade, die diese Domänen mit sich bringen.

Betrachtet man diese exemplarisch geschilderten Domänen und die daran beteiligten unterschiedlichsten Akteur*innen, wird schnell klar, dass man die Einführung technischer und digitaler Innovationen im Kontext eines komplexen soziotechnischen Systems eingebettet sehen kann. Um die Beziehungen und Wechselwirkungen zwischen technischen und sozialen Systemen zu beschreiben, werden hierzu Fragen bezüglich der Integration einer bestimmten

Technik/Technologie in gesellschaftliche Subsysteme sowie der Mensch-Maschine-Interaktion sowie der Organisationsentwicklung beantwortet (Karafyllis 2019: 300).

Abbildung 1: Einführung digitaler und technischer Anwendungen im Kontext eines soziotechnischen Systems

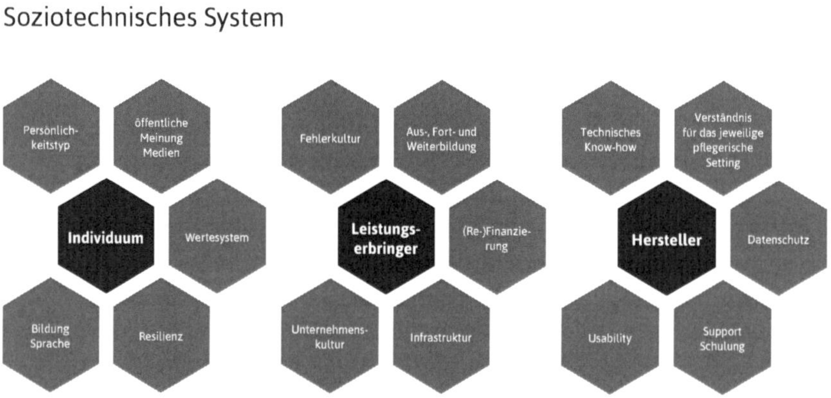

Quelle: Jacqueline Preutenborbeck, Marlene Klemm: Eigene Darstellung

Abbildung 1 zeigt drei Ebenen, die bei der Einführung digitaler und technischer Anwendungen eine entscheidende und zu berücksichtigende Rolle spielen und im Folgenden näher erläutert werden. Akzeptanzfördernde Maßnahmen und zum Gelingen beitragende Faktoren werden hierbei auf der Ebene des Individuums, der Leistungserbringer*innen und der Hersteller*innen betrachtet.

Akzeptanz und Gelingensfaktoren: Die Ebene des Individuums

Auf der individuellen Ebene spielen das eigene Wertesystem, der Persönlichkeitstyp, die Fähigkeit zu Resilienz, aber auch der Zugang zu Bildung und Sprache sowie der Einfluss der öffentlichen Meinung eine entscheidende Rolle für die Bereitschaft, Veränderungsprozesse, wie sie durch die technische und digitale Transformation angestoßen werden, anzunehmen bzw. mitzugestalten.

Wir nehmen in diesem Abschnitt insbesondere die professionell Pflegenden in den Blick, da sie in akutpflegerischen oder langzeitstationären Einrichtungen meist diejenigen sind, die die Technik anwenden oder bei der Techniknutzung unterstützen. Diese werden in ihrem eigenen Wertesystem und somit auch in der Akzeptanz neuer Entwicklungen und Veränderungen von verschiedenen Akteur*innen und äußeren Faktoren mitgeprägt. Dazu gehören beispielsweise Personen aus dem engeren Wirkungskreis, wie Gepflegte, informell Pflegende sowie Angehörige, aber auch Einflussgrößen wie das öffentliche bzw. gesellschaftliche Meinungsbild. Berufe, die ihren Fokus auf die Betreuung, Förderung und Pflege von schutzbedürftigen und/oder vulnerablen Gruppen der Gesellschaft legen, wie z.B. Pflege- und Lehrberufe, unterliegen in der Regel einer besonderen ethischen und moralischen Verantwortung und stehen damit mit ihrem Handeln besonders im Mittelpunkt moralischer Diskussionen und medialer Berichterstattung. Leider erfolgt die mediale Berichterstattung nicht immer auf einer sachlichen und lösungsorientierten Art und Weise. Plakativ formulierte und emotionsfokussierte Überschriften und Aussagen, wie z.B. »Roboter in der Pflege: Technik statt Zuwendung« (von Ehr 2020) oder »Betreiber von Pflegeheimen wollen mit Roboter Pfleger ersetzen« (Razzino 2018), können von vornherein das Stimmungs- und Meinungsbild negativ beeinflussen, auch wenn im Verlauf des Artikels das Thema differenzierter betrachtet wird. Daher ist es bedeutsam, im Zuge der Vorbereitungen einer Technikimplementierung in einem gemeinsamen und vertrauensvollen Diskurs zu ergründen, welche Einstellungen, Bewertungen und Motive bei den Adressat*innen der Technik vorliegen, um mögliche ablehnende Haltungen und Blockaden frühzeitig zu erkennen und entsprechend darauf eingehen zu können.

Neben eigenen Werten sind Erwartungen an die Nützlichkeit einer Technologie von großer Bedeutung, denn sie beeinflussen neben der wahrgenommenen Bedienbarkeit die Nutzungsintention und damit das Nutzungsverhalten von Pflegenden (Venkatesh/Bala 2008). Demnach spielt das Nutzenversprechen der Hersteller*innen eine zentrale Rolle, denn es beeinflusst die Einschätzung über den tatsächlichen Nutzen für Pflegende (Klawunn et al. 2021).

Im Zuge dessen wird auch von den künftigen potenziell Anwendenden das Kosten-Nutzen-Verhältnis betrachtet und ein Vergleich zu analogen bzw. herkömmlichen Angeboten und anderen zur Verfügung stehenden Ressourcen gezogen. Anhand zweier Beispiele wird dies deutlich:

Fallbeispiel 1: In einem Praxistest erfolgte der Einsatz eines digitalen Projektors, dessen inhaltliche Ausgestaltung der visuell und akustisch kombinierten Projektionsmodule insbesondere für Menschen mit demenziellen Erkrankungen entwickelt wurde. Die bedarfsbezogenen Projektionen, die je nach Anforderung an der Wand oder auch der Zimmerdecke abgebildet werden können, finden sowohl in pflegerischen Situationen als auch im Setting der sozialen Betreuung Anwendung. Die Anschaffungskosten liegen je nach Angebotsaktion des Herstellers bei ca. 6.000 Euro. Die Module können fortlaufend aus dem bestehenden Sortiment erworben werden. Aufgrund der zu betrachtenden, relativ hohen Anschaffungskosten traten bei der internen Vorstellung des Geräts, aber auch nach Berichten des Herstellers Reaktionen und Fragen auf, die darauf abzielten, ähnliche Inhalte doch auch über den meist vorhandenen Fernseher in den Zimmern der Bewohnenden abspielen zu können. Die Argumentationskette, dass die Inhalte gemeinsam mit Expert*innen speziell für die Zielgruppe entwickelt wurden, und auch, dass die Art der Darstellung und Projektion eine hohe Flexibilität erlaube sowie eine höhere immersive Wirkung erziele, reichte nicht immer aus, um alle Zweifel zu beheben. Der anschließende Praxistest konnte letztendlich die Kosten-Nutzen-Frage beantworten. Das Gerät überzeugte im Einsatz durch seine einfache und bedarfsgerechte Anwendung und Ausrichtung sowie durch die positiven Reaktionen, die während der Projektion bei den Bewohnenden beobachtet werden konnten, so dass mehrfach seitens der Praxis der Wunsch einer dauerhaften Integration dieser Technologie in den eigenen Arbeitsprozess laut wurde.

Fallbeispiel 2: Eine präventive pflegerische Aufgabe ist die Vermeidung eines Dekubitus, also des Wundliegens. Zur Dekubitusprophylaxe könnte ein Bettsystem eingekauft werden, das die Umlagerung von Patient*innen bzw. Bewohnenden automatisch übernimmt. Die sonst manuell durchgeführten Lagerungsintervalle erfolgen nun nicht mehr durch die Pflegkraft. Die Druckentlastung findet durch das System kontinuierlich und autonom statt. Herkömmliche Pflegebetten sind auf dem Markt für ca. 2.500 Euro erhältlich wohingegen das Anti-Dekubitus-system ca. 8.000 Euro kostet. Zudem wird es nicht als eigenständiges Pflegebett geliefert, sondern als Zusatzmodul in ein bereits existierendes Bett integriert. Den Mehrkosten steht aber auch ein deutliches Entlastungspotenzial für die Pflegenden gegenüber. Neben der Zeitersparnis und dem daraus resultierenden sinkenden Stresslevel kann der Wegfall des physisch oft sehr belastenden Lagerungsprozesses positive gesundheitliche Effekte bei den Pflegekräften bewirken.

Für die Bewertung des Kosten-Nutzen-Verhältnisses sind neben objektiven und kalkulierbaren Faktoren subjektive Kriterien und Einflussgrößen ebenfalls relevant. Maßgeblich sind dabei einerseits, welchen individuellen Belastungsgrad die Mitarbeitenden wahrnehmen, der sich aus der Pflege und Betreuung unterstützungsbedürftiger Menschen ergibt, und ihr Bewusstsein hinsichtlich der Bedürfnisse ihrer Anvertrauten; andererseits ergibt sich aus dem Wirkungsgrad des Produkts, inwieweit es diese Faktoren positiv beeinflusst und verändert und dabei möglichst bestehende Prozesse sowie Denk- und Handlungsmuster in einem für die Mitarbeitenden gut zu bewältigenden Ausmaß berührt.

In engem Zusammenhang mit Change-Prozessen, die Implementierungen von Innovationen bedingen, steht eine Ressource, die das Individuum selbst mitbringt – seine Resilienz. »Begriffe wie ›Digitalisierung‹ oder ›digitale Transformation‹ verweisen auf grundlegende Veränderungen der Arbeits- und Lebenswelt von Menschen durch den technologischen Fortschritt« (Freier 2021: 3). So sehen wir uns immer häufiger mit Veränderungen, Unsicherheit, Komplexität und Ambiguität, mit »den Herausforderungen der modernen VUCA-Arbeitswelt« (Maehrlein 2020: 34) konfrontiert. Folglich existiert – entgegen entsprechenden Statistiken zum Fachkräftemangel (Bovenschulte et al. 2021: 8) – mitunter die Angst vor Arbeitsplatzverlust, »da hinter Digitalisierungsbestrebungen vor allem Rationalisierungsbemühungen vermutet werden« (Schönauer et al. 2021: 51). Die Theorie, dass Personal durch Technik ersetzt werden soll, erscheint durch den immer größer werdenden Personalmangel und die Ökonomisierung sowie den Kostendruck auf Krankenhäuser und Pflegeeinrichtungen erst einmal nicht unrealistisch. Vor diesem Hintergrund verwundert es auch nicht, wenn Pflegefachkräfte einen Qualitätsverlust in der pflegerischen Versorgung und sozialen Interaktion befürchten (vgl. Haug 2021: 201). Aber auch Ängste vor rechtlichen Konsequenzen durch Prüfinstanzen, Vorgesetzte oder Angehörige bei Versagen der Technik sowie die Sorge, mit den Anforderungen von technischen Entwicklungen nicht mithalten zu können, sind wahrnehmbar. All diese Herausforderungen machen deutlich, wie wichtig die Fähigkeit des Individuums ist, sich den Veränderungen widerstandsfähig und dynamikrobust entgegenzustellen (Maehrlein 2020: 46). Mögliche positive Unterstützungsfaktoren seitens der Leistungserbringer*innen und die Stärkung der Resilienz der Mitarbeitenden werden im nächsten Abschnitt mit betrachtet.

Akzeptanz und Gelingensfaktoren: Die Ebene der Leistungserbringer*innen

Die Ebene der Leistungserbringer*innen impliziert in unserem Fall die Managementebene, die als Einrichtungsleitung, Pflegedienstleitung oder auch als Stationsleitung Einfluss auf das Gelingen und die Akzeptanz zu implementierender Produkte nimmt. Sie ist für die Bereitstellung der nötigen Infrastruktur (flächendeckendes WLAN, Hardware etc.) zuständig und schafft hierbei eine wichtige Voraussetzung für die Erfüllung eines bestimmten technischen und digitalen Reifegrades (vgl. »Reifegradmodell des digitalen Wandels in sozialen Organisationen«, Kreidenweis 2018: 24). Sie stellt die Weichen für eine innovationsfreudige Unternehmens- und Führungspolitik, klärt vor Implementierung Fragen straf-, haftungs- und datenschutzrechtlicher Natur (u.a. Versicherungsrecht) und kümmert sich um eine entsprechende (Re-)Finanzierung technischer und digitaler Anschaffungen. Themen der Vertragsgestaltung mit den Hersteller*innen, in der ein entsprechender Support während und nach der Einführung des Produkts geregelt werden sollte, müssen ebenfalls als Managementaufgabe betrachtet werden.

Pflege ist ein zwischen Pflegfachkraft und gepflegter Person auf Vertrauen basierendes Tätigkeitsfeld, das in der Welt von Geschäftsbeziehungen und wirtschaftlichem Profit, dessen Interessen vertreten und einfordern muss. Im Zuge dessen sollte die Betrachtung von Geschäftsprozessen die Individualität der einzelnen Einrichtung beachten, da in gewachsenen Strukturen eine Prozessanpassung oftmals schwierig zu realisieren ist. Auch die Einbindung relevanter Stakeholder*innen wie Personalrat und Angehöriger ist essenziell – denn auch diese wollen vor einer Technikeinführung vom Nutzen und der Sicherheit der Technologie überzeugt werden. Neben der Möglichkeit der Partizipation des Pflegefachpersonals an Technikauswahlprozessen sollte eine ausreichende Bereitstellung von Ressourcen für die Technikeinführung zur Verfügung stehen und eine wertschätzende Fehlerkultur möglich sein. In der Praxis zeigt sich, dass die Erwartungen an eine Technologie und die damit verbundenen erhofften Entlastungseffekte auf die eigene Arbeit sehr hoch sind. Je nach Komplexität des Produkts und den damit verknüpften Schulungsbedarfen und

Veränderungen bestehender Prozesse ist es unumgänglich, diesen Mehraufwand einer Implementierung mit den künftig Nutzenden offen zu kommunizieren und Strukturen und Ressourcen zu generieren. Wird dieser Schritt seitens der Entscheider*innen und Führungspersonen ignoriert, ist eine Enttäuschung bei den Mitarbeitenden vorprogrammiert. Umso wichtiger erscheint es, entsprechende Personalressourcen für die Einführungsphase von Technologien fest einzuplanen (Klawunn et al. 2021).

Um der Unsicherheit im Umgang mit technischen und digitalen Anwendungen entgegenzuwirken, gilt es, entsprechende Qualifizierungsmaßnahmen in die Wege zu leiten. Diese bieten zum einen die Möglichkeit, sich mit Technik vertraut zu machen, sowie zum anderen, den Bekanntheitsgrad verfügbarer technischer Lösungen zu erweitern. Die Schulung des Personals sollte neben der Aufklärung über die Wirkung des Technikeinsatzes auch zur kritischen Reflexion befähigen. Die Einführung neuer Produkte muss dabei als einrichtungseigener Veränderungsprozess begriffen werden, bei dem Aspekte des Change Management besonders in den Blick genommen werden. Aus-, Fort- und Weiterbildungsmaßnahmen sollten auch den jeweiligen Hintergrund der individuellen Ebene berücksichtigen. So können beispielsweise Bildungshintergrund und Sprachbarrieren berücksichtigt werden. Ziel sogenannter Edukationsräume ist es, Handlungssicherheit zu erlangen sowie Selbstwirksamkeit und Freiwilligkeit zu stärken. Die Möglichkeit, Technik selbst auszuwählen, das eigene Ausprobieren oder gar, selbst als Multiplikator*in zu wirken, stärken die Akzeptanz und den eigenen Transformationsprozess hin zu einem positiven Mindset gegenüber Innovationen.

Akzeptanz und Gelingensfaktoren: Die Ebene der Hersteller*innen

In den letzten Jahren hat sich auch der Blickwinkel der Hersteller*innen und Entwickler*innen verändert. Statt der reinen technologieorientierten Herangehensweise zur Lösung eines pflegerischen Problems ist ein stärker anwender*innenbezogener Lösungsansatz zu erkennen.

Betrachtet man den Zyklus einer Produktentwicklung von der Ideenfindung, Anforderungsanalyse, Konzeption bis hin zur Markteinführung, so ist es unerlässlich, die Prozesse, in welche eine unterstützende Technologie eingreift, zu analysieren und notwendige Anpassungen, Veränderungen sowie deren Machbarkeit mit allen betreffenden Stakeholder*innen zu diskutieren. Die Einbindung des Pflegepersonals sollte demzufolge ab dem Zeitpunkt der Ideengenerierung in allen Entwicklungsphasen selbstverständlich sein und kann als ein zentraler Gelingensfaktor genannt werden. Dies bestätigt auch eine Studie von Seibert et al. (2020: 100), in der beschrieben wird, dass produktspezifische Merkmale wie Benutzerfreundlichkeit oder »User-Experience« zentral in der Entwicklung und Umsetzung verankert werden sollten. Die Erfahrungen des PPZ Nürnberg haben gezeigt, dass gerade die User-Experience, die bei handelsüblichen Geräten aus dem Consumer-Bereich eine entscheidende Rolle spielt, bei der Konzeption oftmals nicht berücksichtigt wird. Dies mag daran liegen, dass pflegerelevante Themen der Organisation, Abrechnung oder Dokumentation Softwareentwickler*innen bislang zu trocken erschienen, dabei können sich hier integrierte Elemente des Nutzungsvergnügens enorm auf Akzeptanz und Gelingensfaktoren für die Implementierung auswirken.

Hilfreich für Hersteller*innen, Start-ups und Entwickler*innen ist es, sich das pflegerische Setting zu vergegenwärtigen, in dem das Produkt zum Einsatz kommen soll. Refinanzierungsaspekte, die in Kliniken sowie ambulanter oder stationärer Langzeitpflege durch unterschiedliche Gesetzesgrundlagen von SGB V und SGB XI zum Tragen kommen, sollten dabei ebenso in den Blick genommen werden, wie die unterschiedliche Ansprache der relevanten Stakeholder*innen. Gepflegte sind in der Klinik und im Krankenhaus »Patient*innen«, in der stationären Langzeitpflege jedoch »Bewohnende«. Auch eine englischsprachig gehaltene Präsentation für Investor*innen wird in der Pflegepraxis aufgrund nicht ausreichender Englischkenntnisse auf wenig Gegenliebe stoßen. Zudem unterscheidet sich die jeweilige Verweildauer von Gepflegten in Kliniken und Pflegeeinrichtungen erheblich, was vor Produkteinführung beachtet werden sollte. Während sich die durchschnittliche Verweildauer in deutschen Krankenhäusern im Jahr 2020 auf 7,2 Tage belief (Statistisches Bundesamt 2022a), lag die durchschnittliche Verweildauer in der stationären Langzeitpflege zuletzt bei etwas mehr als zwei Jahren (Ehrentraut et al. 2019: 16).

Fallbeispiel: Während der Corona-Pandemie waren sowohl die Krankenhäuser als auch Pflegeeinrichtungen von den Betretungsverboten betroffen. Im Setting der stationären Langzeitpflege wurde zu diesem Zeitpunkt eine datensichere Kommunikations-App erprobt, die den Kontakt und Informationsfluss zwischen der Einrichtung, den Bewohnenden und ihren Angehörigen aufrechterhalten sollte.

Im Zuge der Implementierung waren Faktoren wie die Information aller Beteiligten über Art und Umfang des Produktangebotes, die Klärung der individuellen technischen Voraussetzungen bzw. Ressourcen sowie die Unterstützung bei Anmeldeprozess, Download und praktischem Anwenden der App zeitintensive Arbeitsschritte, die sich aber aufgrund der längerfristig ausgerichteten Nutzung in der Langzeitpflege als angemessen und realisierbar erwiesen. Um die positiven Effekte der App auch Gästen und Patient*innen und deren Angehörigen in den Bereichen Kurzzeitpflege und Geriatrische Rehabilitation zugänglich zu machen, wurde versucht, die App auch hier einzuführen. Aufgrund der kurzen und sehr unterschiedlichen Verweildauer von ca. einer Woche bis zu einem Monat scheiterte allerdings dieses Vorhaben, da der einzubringende Aufwand gegenüber der Nutzungsdauer von den Stakeholder*innen in der Regel als zu hoch beurteilt wurde.

Die Qualifizierung der Mitarbeitenden ist je nach pflegerischem Setting eine andere und wird erst in den kommenden Jahren durch die ersten generalistisch ausgebildeten Pflegefachmänner und Pflegefachfrauen vereinheitlicht. Dementsprechend sollten auch Schulungen und die dazugehörigen Schulungsunterlagen so aufbereitet sein, dass diese in das jeweilige pflegerische Setting passen. Trotz der durch die Hersteller*innen eingehaltenen EU-DSGVO werden Datenschutz und IT-Sicherheit oftmals trägerindividuell geprüft, was zu erheblichen Verzögerungen im Implementierungsprozess führen kann. Hierbei ist z.B. das Vorweisen entsprechender ISO-Zertifizierungen und die Einhaltung hoher Passwortstandards hilfreich. Hersteller*innen sollten auf die Prüfung datenschutzrechtlicher Prozesse und Vorgaben gut vorbereitet sein sowie die nötigen Unterlagen (z.B. Datenschutzkonzept, Auftragsverarbeitungsverträge, Zertifizierungen) bereithalten.

Ergänzend sei darauf hingewiesen, dass die Interoperabilität, also die Vernetzbarkeit verschiedener Systeme, sowie der Kund*innensupport sichergestellt werden müssen, um eine nachhaltige Implementierung zu gewährleisten.

Wünschenswert wäre es, die Bedürfnisse der Pflegepraxis in den Mittelpunkt zu stellen und diese hersteller*innenseitig zu nutzen, um eine Erweiterung des Produktportfolios kontinuierlich und anhand gesetzlicher Vorgaben (z.B. Expert*innenstandards) weiterzuentwickeln. Hierbei hilft es, das Augenmerk auf die verschiedenen Berührungspunkte der Kund*innen (also der Leistungserbringer*innen) mit dem jeweiligen Produkt zu lenken und diese Berührungspunkte in dem komplexen Geflecht einer Pflegeeinrichtung oder Klinik unter Einbeziehung der betreffenden Stakeholder*innen zu betrachten, um zukunftsorientierte Interessen, aber auch Stolpersteine frühzeitig identifizieren zu können.

Fazit

Noch immer sind digitale und technische Produkte kein fester Bestandteil im Alltag von Pflegekräften. Dabei haben Pflegeeinrichtungen längst verstanden, dass der Ausbau der Digitalisierung im eigenen Haus verschiedenste Potenziale bietet, um sich den künftigen Herausforderungen besser entgegenzustellen. Gleichzeitig ist die Implementierung neuer Technologien mit einem hohen zeitlichen und personellen Aufwand verbunden, für deren Umsetzung allzu oft keine Ressourcen zur Verfügung stehen. Die fachliche Qualifizierung des Pflegepersonals sollte dabei mit der Betrachtung prozessualer Auswirkungen der Implementierung Hand in Hand gehen. Multiplikator*innen bzw. Innovationslotsen können dabei unterstützen, Konsequenzen auf Prozesse, Personal und Pflegebedürftige abzuschätzen, Ängste abzubauen und den Einführungsprozess als Change-Management-Aufgabe zu begleiten.

Eine Implementierung innovativer technischer und digitaler Produkte muss immer vor dem Hintergrund des jeweiligen pflegerischen Settings gesehen werden. Stationäre Kranken- und Langzeitversorgung, geriatrische Rehabilitation, stationäre Altenpflege (mit Schwerpunkt Demenz), Kurzzeitpflege sowie ambulante Pflege beinhalten unterschiedlichste Rahmenbedingungen für den Einsatz von Technik und Digitalisierung. Für Hersteller*innen gilt es also, die spezifischen Anforderungen der Pflegepraxis mitzudenken und wichtige pflegepraktische, ökonomische und technische Überlegungen zu berücksichtigen. Nicht jedes Produkt ist für jede Person geeignet – es gilt, den Nutzen für Gepflegte und Pflegende transparent zu machen und den Menschen in seiner Individualität zu beachten.

Aber auch die Politik ist gefragt, gesetzliche Rahmenbedingungen für mehr Interoperabilität und ein durchlässigeres Finanzierungssystem zwischen SGB V und SGB XI zu schaffen. Kliniken und Pflegeeinrichtungen benötigen finanzielle Möglichkeiten, die eine Anschaffung digitaler und technischer Produkte in der Pflege unterstützen.

Literatur

Bovenschulte, Marc/Busch-Heizmann, Anne/Lizarazo López, Martina/Lutze, Maxie/Tiryaki, Şirin/Trauzettel, Franziska (2021): »Potenziale einer Pflege 4.0 für die Langzeitpflege: Ergebnisse, Praxisbeispiele, Handlungsempfehlungen«. Bertelsmann-Stiftung. DOI: 10.11586/2021038.

Care Invest (2022): »Der digitale Reifegrad der deutschen Pflegebranche: Vorteile der Digitalisierung noch stärker nutzen«, in: Care Invest 18(16), S. 12–15. Siehe https://www.finsoz.de/sites/default/files/pressemeldungen/ci_studie_reifegrad_18_2022_eckhardt.pdf, zuletzt abgerufen am 09.01.2023.

Ehrentraut, Oliver/Huschik, Gwendolyn/Moog, Stefan/Sulzer, Laura (2019): »Langzeitpflege im Wandel. Pflegebedarfe, Pflegeberufe, Pflegefinanzierung«. Bertelsmann Stiftung. Siehe https://www.bertelsmann-stiftung.de/fileadmin/files/BSt/Publikationen/GrauePublikationen/VV_Langzeitpflege_final.pdf, zuletzt abgerufen am 01.12.2022.

Freier, Carolin (2021): »Den digitalen Wandel in der Sozialwirtschaft gestalten«, in: Carolin Freier/Joachim König/Arne Manzeschke/Barbara Städler-Mach (Hg.), Gegenwart und Zukunft sozialer Dienstleistungsarbeit. Chancen und Risiken der Digitalisierung in der Sozialwirtschaft. Wiesbaden: Springer Fachmedien, S. 1–25. DOI: 10.1007/978-3-658-32556-5_1.

Greenhalgh, Trisha/Wherton, Joe/Papoutsi, Chrysanthi/Lynch, Jenni/Hughes, Gemma/A'Court, Christine/Hinder, Sue/Procter, Rob/Shaw, Sara (2018): »Analysing the role of complexity in explaining the fortunes of technology programmes: Empirical application of the NASSS framework«, in: BMC Medicine 16(1). DOI: 10.1186/s12916-018-1050-6.

Haug, Sonja (2021): »Nutzung, Planung und Bewertung digitaler Assistenzsysteme in der Pflege. Ergebnisse einer Befragung von Führungskräften in ambulanten und stationären Einrichtungen«, in: Debora Frommeld/Ulrike Scorna/Sonja Haug/Karsten Weber (Hg.), Gute Technik für ein gutes Leben im Alter? Akzeptanz, Chancen und Herausforderungen altersgerechter Assistenzsysteme. Bielefeld: transcript, S. 185–213.

Jorzig, Alexandra/Sarangi, Frank (2020): »Digitalisierung im Gesundheitswesen: Ein kompakter Streifzug durch Recht, Technik und Ethik«. Berlin, Heidelberg: Springer. DOI: 10.1007/978-3-662-58306-7.

Karafyllis, Nicole C. (2019): »Soziotechnisches System«, in: Kevin Liggieri/Oliver Müller (Hg.), Mensch-Maschine-Interaktion. Stuttgart: J.B. Metzler, S. 300–303. DOI: 10.1007/978-3-476-05604-7_56.

Klawunn, Ronny/Walzer, Stefan/Heimann-Steinert, Anika/Schepputat, Antje/Forster, Cordula/Müller, Sebastian/Dierks, Marie-Luise/Krick, Tobias (2021): »Auswahl und Einführung von Pflegetechnologien in Einrichtungen der Pflegepraxis«, in: Uwe Bettig/Mona Frommelt/Helene Maucher/Roland Schmidt/Günter Thiele (Hg.), Digitalisierung in der Pflege. Auswahl und Einsatz innovativer Pflegetechnologien in der geriatrischen Praxis. Heidelberg: medhochzwei, S. 37–70.

Kreidenweis, Helmut (2018): »Sozialwirtschaft im digitalen Wandel«, in: Helmut Kreidenweis (Hg.), Digitaler Wandel in der Sozialwirtschaft. Baden-Baden: Nomos, S. 9–26. DOI: 10.5771/9783845285016.

Kunze, Christophe (2020): »(Nicht-)Nutzung, Transfer, Verbreitung und Nachhaltigkeit von Gesundheitstechnologien: Deutsche Version des NASSS-Frameworks«. Hochschule Furtwangen. Siehe: https://opus.hs-furtwangen.de/frontdoor/index/index/docId/6230, zuletzt abgerufen am 01.12.2022.

Maehrlein, Katharina (2020): »Wie Agilität gelingt. Ein agiles Mindset entwickeln – typische Hürden meistern«. Offenbach: Gabal Verlag.

PwC (2022): »Digitalisierung im Gesundheitswesen«. PricewaterhouseCoopers GmbH. Siehe https://www.pwc.de/de/gesundheitswesen-und-pharma/digitalisierung-im-gesundheitswesen.html, zuletzt abgerufen am 23.11.2022.

Radtke, Rainer (2022): »Prognostizierter Bedarf an stationären und ambulanten Pflegekräften* in Deutschland bis zum Jahr 2035«, in Statistisches Bundesamt, 24.01.2022. Siehe https://de.statista.com/statistik/daten/studie/172651/umfrage/bedarf-an-pflegekraeften-2025/

Razzino, Flavio (2018): »Schwester Roboter«, in: Blick, 23.05.2018. Siehe. https://www.blick.ch/news/schweizer-forscher-entwickeln-die-digitale-altenpflege-schwester-roboter-id8408442.html, zuletzt abgerufen am 16.12.2022.

Schönauer, Anna-Lena/Schneiders, Katrin/Hoose, Fabian (2021): »Akzeptanz und Nutzung digitaler Technologien in der Sozialen Arbeit«, in: Carolin Freier/Joachim König/Arne Manzeschke/Barbara Städtler-Mach (Hg.), Gegenwart und Zukunft sozialer Dienstleistungsarbeit. Wiesbaden: Springer Fachmedien, S. 49–59. DOI: 10.1007/978-3-658-32556-5_3.

Seibert, Kathrin/Domhoff, Dominik/Huter, Kai/Krick, Tobias/Rothgang, Heinz/Wolf-Ostermann, Karin (2020): »Application of digital technologies in nursing practice: Results of a mixed methods study on nurses' experiences, needs and perspectives«, in: Zeitschrift für Evidenz, Fortbildung und Qualität im Gesundheitswesen 158–159, S. 94–106. DOI: 10.1016/j.zefq.2020.10.010.

Statistisches Bundesamt (2022a): »Durchschnittliche Verweildauer in deutschen Krankenhäusern in den Jahren 1992 bis 2022«. Siehe https://de.statista.com/statistik/daten/studie/2604/umfrage/durchschnittliche-verweildauer-im-krankenhaus-seit-1992/, zuletzt abgerufen am 01.12.2022.

Statistisches Bundesamt (2022b): »Pflegevorausberechnung: 1,8 Millionen mehr Pflegebedürftige bis zum Jahr 2055 zu erwarten«. Siehe https://www.destatis.de/DE/Presse/Pressemitteilungen/2023/03/PD23_124_12.html, zuletzt abgerufen am 19.04.2023.

Venkatesh, Viswanath/Bala, Hillil (2008): »Technology Acceptance Model 3 and a research agenda on interventions«, in: Decision Sciences 39(2), S. 273–315. DOI: 10.1111/j.1540-5915.2008.00192.x.

von Ehr, Anne-Susann (2020): »Kommentar: Roboter in der Pflege: Technik statt Zuwendung«, in: Die Rheinpfalz, 12.03.2022. Siehe https://www.rheinpfalz.de/politik_artikel,-kommentar-roboter-in-der-pflege-technik-statt-zuwendung-_arid,5042942.html, zuletzt abgerufen am 16.12.2022.

Digitale Technik für Pflege und Gesundheit: Wie kann eine Sorgestruktur in Zukunft gestaltet sein?

Ein Plädoyer für die notwendige Gleichzeitigkeit von lernenden und effizienzsuchenden Gestaltungsoptionen in der Pflege

Jürgen Zerth

Die Herausforderung eines sorgebezogenen Verständnisses von Digitalisierung

Die Auseinandersetzung um die Gestaltung zukunftsträchtiger Gesundheits- und Pflegestrukturen lässt sich kaum noch ohne den Bezug auf die potenziellen Wirkfaktoren von Digitalisierungsüberlegungen führen. Dabei zeigt gerade der Blick auf pflegerische Beziehungen, dass diese, wie Böhle (2011) es formuliert, durch Interaktionsbeziehungen charakterisiert sind und darüber hinaus die Interaktionsbeziehungen in Sorgekontexten von einer besonderen Haltung der Beteiligten in diesen Beziehungen geprägt sind. Der Sorgebegriff als solcher mag auf den ersten Blick einen defizitären, Ressourcenmängel ausgleichenden, Aspekt adressieren, ist aber mit zweitem Fokus auf eine internationale Diskussion gerade exemplarisch als Teilhabeentwurf zu verstehen, wenn etwa Engster mit Bezug auf Tronto die Beziehungen in Hinblick auf die Gestaltung und Mitwirkung an der Welt als Sorge rekapituliert (Engster 2005). In der Theorie der Sorge beschreibt er in direkter Anlehnung an das Originalzitat von Tronto (1993: 103) Sorge wie folgt (Engster 2005: 50):

> »On the most general level, we suggest that caring be viewed as a species activity that includes everything that we maintain, continue, and repair our ›world‹ so that we can live in it as well as possible.«

Somit wird Sorge als Bezugsraum festgehalten, in dem Menschen (in Interaktionen) leben und wo diese gleichzeitig wieder die Gestalter*innen des Bezugsraums sind.

Somit lässt sich Digitalisierung als Umgestaltung (Digitisierung) der bislang analogen Informationsbeziehungen der vielfältigen Interaktionsarbeiten im pflegerischen Setting, konkret als Veränderung von soziotechnischen Systemen in der Pflege, die von Akteur*innenbeziehungen, Organisationsstrukturen und korrespondierender Technik gekennzeichnet sind, beschreiben (Zerth 2020: 125). Die etwas grobe Annäherung an eine Sorgestruktur gespiegelt an Digitalisierungserläuterungen, die insbesondere auf die Bedeutung der veränderten (Informations-)Beziehungen und somit auf alternative Interaktions- und damit auch Sorgestrukturen setzen können, lässt die Diskussion über digitalisierte Pflege- und Gesundheitssysteme in einer deutlich offeneren Umsetzungsstrategie verständlich machen (vgl. Jungtäubl 2021), gerade dann, wenn veränderte Bedarfslagen etwa in medizinischer, pflegerischer und sozialer Bedeutung auf ein pflegerisches Setting einwirken.

Unsere (in den west-europäischen Sozialstaaten üblichen) Sorgestrukturen kreisen – ökonomisch gesprochen – immer um den Punkt, wie wir Risikostrukturen für die Einzelnen – immer als Teil einer gesellschaftlichen Wirkung (Ökonom*innen würden von Externalitäten sprechen) – einordnen und welche gesellschaftliche Vorbereitungsstrukturen wir hier nutzen. Somit kann Daseinsvorsorge und Sorge als eine kombinierte Gestaltung finanzieller, organisatorischer und letztendlich gesellschaftlich akzeptierter sozialer Leistungen definiert werden (Ruflin 2022: 38ff.).

Die Bilder der traditionellen Daseinsvorsorge – unterschieden nach individueller und kollektiver Versorgung – sind zwar scheinbar gesellschaftlich gesetzt, aber letztendlich immer wieder zu hinterfragen, nicht nur wegen des (weitgehend) meritorischen Charakters vieler Leistungen in der Sozialwirtschaft (diese ließen sich durchaus als rein kommerzielle Güter organisieren), sondern wegen der Veränderungen durch Technik, Demografie und im besonderen Fall wegen der Digitalisierung als Veränderung von Interaktionsbeziehungen.

Daseinsvorsorge – als Management von Bedarfslagen nach persönlicher, organisatorischer und technischer Assistenz (Zerth 2017: 244f.) – dreht sich daher um das Wechselverhältnis unterschiedlicher Sorgebedarfe, die – je nach gesellschaftspolitischem Leitbild – der Einzelne und/oder ergänzende Sorgekonstellationen zu tragen haben (Wendt 2017: 49ff.).

Letztendlich geht es mit einem Blick auf die Teilhabefähigkeit des Einzelnen am gesellschaftlichen Leben darum, die soziale Teilhabe zu sichern, zunächst mit dem Ansatz, innerhalb einer freiheitlichen Ordnung Bedingungen für die Selbstsorge zu eröffnen und zu fördern, gleichwohl ergänzend und/oder ausgleichend institutionelle Sorgearrangements zu finden, die als gemeinschaftliche Sorge (hier insbesondere die Familie) und formelle Versorgung zu kennzeichnen sind. Digitalisierung, verstanden im Sinne einer akteur*innenbezogenen und organisationsbezogenen Antwort auf die digitale Transformation bislang analog erfasster Informationsströme und von daraus ableitbaren Effekten und Nutzenpotenzialen der digitalisierten Informationen (vgl. Rachinger et al. 2018), kann gerade das Beziehungsgeflecht in der Pflege im Sinne einer Sorgearbeit mit medizinischen, pflegerischen und sozialen Bedarfen dergestalt verändern, dass Interaktionsbeziehungen in ihrem Wesensgehalt eine andere Gestaltung erfahren. Im Folgenden soll daher insbesondere die Betrachtung von Pflege im engeren Sinne im Vordergrund stehen.

Mit Bezug auf die allgemeine Ökonomie der Digitalisierung beschreiben Goldfarb/Tucker folgende wesentliche Hebel aus einer digitalisierten Informationsveränderung und den daraus veränderten Interaktionskontexten (2019: 3ff.), nämlich (1) veränderte (reduzierte) Suchkosten für Informationen, damit korrespondierend (2) veränderte (reduzierte) Kosten der Wiederholung der Information(en), (3) veränderte (reduzierte) Transportkosten, was sich insbesondere im Bedeutungsverlust physischer Standorte der Datenproduktion wie der Datennutzung widerspiegeln lässt. Diese Entwicklung geht einher mit veränderten (reduzierten) Kosten von Überwachungs- bzw. Tracking-Aktivitäten und bei Vorhandensein eines effektiven Datenmanagements letztendlich mit der Möglichkeit veränderter (reduzierter) Kosten der Überprüfung von Daten. Gerade hier greifen Aspekte standardisierter Schnittstellen, föderierter Datenformate und letztendlich Lernstrategien für Kompatibilität von strukturierten und unstrukturierten Daten. Sorgebeziehungen im Allgemeinen und in der Sozialwirtschaft im Besonderen sind von vielfältigen Informationsbeziehungen geprägt und gerade mit Blick auf die Bedeutung von Assessment-, Diagnose- oder Anamneseprozessen von der Wirkung föderierter, kontextualisierter Datenströme und den damit verbundenen Plattformen abhängig (Hiltawsky et al. 2022: 38).

Somit gilt es die verschiedenartigen Interaktionskonstellationen mit Blick auf Pflegebeziehungen zu adressieren, die einerseits geprägt sind vom Steuerungskontext familialer Pflegeverantwortung, etwa in den südeuropäischen Ländern, oder andererseits von service- oder dienstleistungsgeprägten Pflegekontexten und letztendlich -strategien, wie sie insbesondere in den nordischen Ländern zu finden sind (vgl. Geyer/Korfhage/Schulz 2016). Auch wenn diese Klassifizierung nur sehr grob ist und jüngere Ansätze etwa zwischen sechs methodengetriebenen Pflegesystemen unterscheiden (vgl. Ariaans/Linden/Wendt 2021), bleibt doch ein wesentlicher Anker und ein ordnungspolitischer Differentiator die konstitutionelle Rollenzuweisung zwischen Akteur*innen von professioneller und familialer Pflege. In familienbezogenen Systemen gilt es Familienpflege, sicherlich zunehmend in heterogeneren Familienkonstellationen verortet, zu fördern, etwa mit Geld- oder Sachleistungen. Organisierte Pflege soll hier so lange als möglich höchstens ergänzend, letztendlich nur als letzte Option einer pflegerischen Leistungszuschreibung funktionieren.

Im Gegensatz dazu setzen serviceorientierte Systeme von Beginn an auf einen veränderten Care-Mix zwischen Familienpflege und professioneller Pflege und greifen auf organisierte verhaltens- und verhältnisbezogene Strukturen, Anreizsysteme und Organisationen zurück. Gerade Verhältnisstrukturen, in freier Interpretation als Infrastruktur von Pflegesystemen bezeichnet, hätten dann die Aufgabe, die verschiedenen Pflegesettings und -arrangements im Idealfall in einer serviceorientierten Logik integrativ zu steuern, wohingegen bei familienbezogenen Systemen aus der Natur der Sache heraus eine Heterogenität selbstorganisierter Pflege als Grundstruktur zu konstatieren ist (Zerth 2021: 68ff.).

Diese Vorbemerkung ist für einen Digitalisierungsdiskurs von großer Bedeutung, da ansonsten die Frage der effektiven und letztendlich auch effizienten Gestaltung von Digitalisierungsmodellen – immer verstanden als soziotechnische Systeme der Interaktion handelnder Personen, korrespondierender Settings und ergänzender Technologien – nicht zielführend beschrieben werden kann. Im Folgenden gilt es nun Ansatzpunkte von Digitalisierungsüberlegungen in und für die Pflege mit dem dezidierten Blick auf die Sorge- und Interaktionsbeziehung zu formulieren, daraus Anknüpfungspunkte für die durch digitalisierte Informationsbeziehungen hervorgerufenen Veränderungen zu ziehen und diese wieder einzuordnen in veränderte Bedarfslagen integrierender Versorgung, wie sie beispielsweise Fünfstück (2017) mit Blick auf längsschnittliche, sektoren- und institutionenübergreifende Anforderungen an ein Bedarfslagenmanagement beschreibt.

Digitalisierung in der Pflege: die Bedeutung von Pflegewissen und längsschnittlicher Gestaltung

Digitalisierungsentwicklungen in der Pflege, verstanden als Umsetzung von digitalen Komponenten, die in bestehende und/oder auch neue Sorgekontexte eingeordnet werden können, lassen sich ohne Beschränkung der Allgemeinheit in den Begriffen eines soziotechnischen Systems einordnen (vgl. Imran et al. 2021).

Konkret lässt sich dies in der Dekompensation des soziotechnischen Raums in die Teilelemente Akteur*innen, Akteur*innenbeziehungen, Organisation und Technologie ableiten. Digitale Technologien können an jedem einzelnen der Bestandteile des soziotechnischen Systems ansetzen, an einer Kombination oder am soziotechnischen System als Ganzem, das selbst wieder Teil etwa einer organisatorischen Lösung eines pflegerischen Settings ist. Dabei kann als auslösende Größe einer Veränderung die konkrete pflegerische Bedarfslage verstanden werden, die sich in unterschiedlichen Settings (etwa ambulant oder stationär) verschiedener Pflegearrangements widerspiegeln lässt. Etwas verkürzt entstehen aus Sicht des Pflegebedürftigen Bedarfslagen aus einem medizinischen Grund (etwa Wundpflege), aus pflegerischen Bedarfen im engeren Sinne, etwa zur Grundpflege, Mobilisierung oder zum Dekubitusmanagement, oder es liegen soziale Fragestellungen vor, exemplarisch die Bedeutung sozialer Teilhabe im örtlichen Kontext der Pflegeperson (Siciliani 2014: 345; Zerth 2021: 63–64).

Pflegerische Aktivitäten, die hier direkt an der Pflegebeziehung ansetzen, wirken als Primäraktivitäten innerhalb des Pflegeprozesses und digitale, technische Komponenten können sowohl beim Pflegenden isoliert als auch an der Interaktionsbeziehung Pflegender zum Gepflegten anknüpfen (Schneider/Besser/Geithner 2020: 617ff.). Exemplarisch für den ersten Fall wäre ein Hilfsmittel, etwa ein Rollator, aber auch eine digitale Pflegeanwendung.

Der zweite Fall würde den Einsatz von digitalen Pflegetechnologien im Kontext der Interaktionsarbeit, etwa ein Monitoring-System im Kontext des Dekubitus-Managements, umfassen. Von den Fällen der Primärbeziehung, die immer mit dem Ziel der Pflegetätigkeit, nämlich der Adressierung (und Lösung) einer pflegerischen Bedarfslage bei Pflegebedürftigen, verknüpft ist, sind Sekundärprozesse im Digitalisierungskontext zu unterscheiden, wo Technologien insbesondere an den (professionellen) Pflegepersonen anknüpfen. Hier können sowohl Dokumentationssysteme als auch digitale Unterstützungssysteme, etwa durch Virtual Reality, eingeordnet werden.

Das gemeinsame Ziel der Stärkung sekundärer Pflegeprozesse liegt in der Kompetenzverbesserung der Pflegepersonen oder deren Entlastung im Pflegeprozess.

Der Einsatz einer digitalen Technik, somit eine Veränderung oder eine Störung einer vorhandenen soziotechnischen Beziehung, lässt sich aber nur schwierig im Sinne einer präzisen Ursache-Wirkungs-Beziehung von Technologien abbilden. Es liegt auch bei Beachtung diverser pflegerischer Bedarfslagen und der Bedeutung der Interaktionsbeziehungen zwischen Pflegenden, Gepflegten und dem pflegerischen Setting eine sogenannte komplexe Intervention vor (vgl. Shiell/Hawe/Gold 2008). Gleichwohl gilt es festzuhalten, dass Digitalisierung somit zunächst eine Veränderung der Interaktionsarbeit *innerhalb* eines definierten pflegerischen Settings darstellt und von den Interaktionen *zwischen* verschiedenen Settings zu unterscheiden ist. Wenn beispielsweise ein sensorgestütztes Monitoring-System das Dekubitusmonitoring dergestalt verändert, dass ein Teil der Monitoring-Aufgaben, etwa bei reduzierter Pflegekapazität in den Nachtschichten oder am Wochenende, vom sensorgestützten Monitoring-System übernommen wird, verändert sich unmittelbar der Arbeitsablauf im (primären) Pflegeprozess. Insbesondere sind die Kontaktzeiten der Pflegeperson mit dem Gepflegten in alternativer Weise zu interpretieren. Im organisations- oder dienstleistungsökonomischen Kontext, nach der personenorientierte Dienstleistungen von den Faktoren der (1) personen- und verhaltensbezogenen Unsicherheit von Klient*innen, der (2) Notwendigkeit der Mitwirkung von Klient*innen sowie der (3) damit zusammenhängenden Frage nach standardisierten Prozessschritten bei der Teamproduktion Pflege abhängig sind (vgl. Bruhn/Meffert/Hadwich 2019), kann ein System anlass- oder bedarfsorientierter sensorgestützter Monitorings die physische Interaktion von Pflegeperson zu Pflegebedürftigen teilweise ersetzen.

Am Point of Care – im vorliegenden Fall am Pflegebett – würde die Sensorik nicht nur von der zeitgleichen Anwesenheit der Pflegekraft abstrahieren können, so dass eine Entzeitlichung und eine Entörtlichung vorliegt. Darüber hinaus besteht die Möglichkeit der Verknüpfung der Sensorschnittstelle mit dem lernenden System einer übergreifenden Dateninfrastruktur. So ließen sich etwa verbunden mit einem Aktivitätsmonitoring die Daten des Dekubitusmonitorings längsschnittlich auswerten, um – bei Vorhandensein entsprechender Benchmarkdaten – eine Prognose und Prädiktion zur Veränderung der pflegerischen Bedarfslagen abzubilden (Zerth 2020: 125ff.). Auch wenn hier sowohl die Aspekte eines klient*innenbezogenen Datenschutzes zu beachten sind als auch die Möglichkeit, dass die Wirkung der Digitalisierung nicht durch den Einbau des Sensors, sondern durch den veränderten Arbeitsprozess im soziotechnischen System zustande kommt, ist der Zusammenhang zwischen pflegerischer Aktivität und der korrespondierenden Infrastruktur in den Blick zu nehmen. Einzelne Studien zur Wirkung digitaler Technologien in der Pflege knüpfen an der Bedeutung der akteur*innenbezogenen Akzeptanz und der Umsetzungstauglichkeit in einem gegebenen Setting an, ohne Bezug auf die vor- oder nachgelagerten pflegerischen Settings zu nehmen oder gar die Frage nach der Evidenz von Effektivität und Effizienz stärker zu beleuchten.[1] Somit lässt sich weder für einen Technologieeinsatz innerhalb eines Settings noch für Überleitungsphänomene eine stabile Studienlage ableiten.[2]

Die Frage der adäquaten Digitalisierungsstrategie für settingübergreifende Aspekte ist insbesondere dann wichtig, wenn durch den Bedeutungsgewinn chronischer Krankheiten einerseits und die Veränderungen der Care-Milieus andererseits die versorgungsbezogene Relevanz von Transitionsprozessen zunehmen wird. Es wird aber nicht nur durch ökonomische Betrachtungen, sondern gerade mit Blick auf die medizinische und pflegerische Ergebnisperspektive deutlich, dass trotz wachsenden Bedarfs an zielführender Transition die Effektivität und Effizienz noch undeutlich bleibt, sowohl im internationalen Vergleich als auch mit Blick auf unterschiedliche Versorgungskontexte.

Gleichwohl lässt sich festhalten, dass Überleitungen etwa aus dem Krankenhaus zurück in das ambulante pflegerische Setting durch Phasen der Anschlussheilbehandlung, der Rehabilitation und adäquaten ambulanten Pflegekonstellationen gekennzeichnet sind (vgl. Zurlo/Zuliani 2018). Ambulante Pflege baut viel stärker als noch früher auf einer Kombination verschiedener medizinisch-pflegerischer Settings auf, etwa durch die Inanspruchnahme von Tages-, Verhinderungs- und Kurzzeitpflege, so dass die Interaktionsbetrachtung sowohl innerhalb eines pflegerischen Settings als auch zwischen verschiedenen Settings relevant ist. Exemplarisch für die Transitionsherausforderung steht etwa die Schnittstelle zwischen stationärer Langzeitpflege und stationärer Akutversorgung im Krankenhaus und vice versa. Schwinger et al. können mit Blick auf die Bedeutung von Krankhausaufenthalten von Pflegeheimbewohner*innen deutlich machen, dass in den Jahren 2018 bis 2020

1 Die spärliche Evidenzlage vieler Studien beleuchten exemplarisch Huter et al. (2020).

2 So können beispielsweise Kast et al. (2021) zeigen, dass die Kosteneffektivität von Translationsprogrammen sich nicht eindeutig kennzeichnen lässt, und dass insbesondere Koordinations- und Abstimmungsaspekte eine wesentliche Rolle spielen.

konstant über 50 Prozent der Bewohner*innen einer stationären Langzeitpflegeeinrichtung mindestens einen Krankenhausaufenthalt zu verzeichnen haben und dieser in den letzten Wochen vor dem Versterben häufiger wird (Schwinger et al. 2022: 58ff.).

Gerade die Frage, welche Krankenhauseinweisungen medizinisch indiziert sind und welche nicht, weist neben der Belastungssituation in den abgebenden Pflegeeinrichtungen auch auf die Bedeutung relevanter Informations- und Datenstrukturen beim Übergangsanlass hin. So zeigen jüngere Untersuchungen, dass ein relevanter Anteil von über 30 Prozent der Einweisungen aus der stationären Altenpflege in das Krankenhaus grundsätzlich vermeidbar sein könnten (Valk-Draad/Bohnet-Joschko 2022). Der Anteil der sogenannten Notfalleinweisungen von Bewohner*innen aus der stationären Altenpflege lässt die Frage nach der Effektivität der eigentlich üblichen hausärztlichen Versorgung und der Abstimmung mit den Pflegeeinrichtungen relevant werden. Berichte von Akteur*innen aus der Pflege unterstreichen die anekdotische Evidenz, dass der interprofessionelle Informationsaustausch sowohl innerhalb der Pflegeeinrichtung als auch mit den Hausärzt*innen verbesserungswürdig ist (vgl. Stiefler et al. 2022). So berichtet das Pflegepersonal von vermeidbaren Krankenhauseinweisungen, welche durch verbesserten interprofessionellen Informationsaustausch und erleichterte ärztliche Erreichbarkeit verhindert werden könnten (vgl. Bohnet-Joschko et al. 2022). Auch aus hausärztlicher Sicht verläuft die Kommunikation mit den Zuständigen in den Pflegeheimen nicht im Sinne einer optimalen Bewohner*innenversorgung (Fassmer et al. 2020).

Der Übergang von einem Versorgungssetting, häufig innerorganisatorisch durch verschiedene Betreuungssettings verknüpft, zu einem anderen Setting ist somit für eine erfolgreiche Transition an die zielorientierte Gestaltung interorganisationaler Transitionen, d.h. von der Gestaltung von Care-Pathways (vgl. Heijsters et al. 2022) abhängig.

Implikationen: Wer sorgt für Sorge? Hinweise für eine (Sorge-/Pflege-)Infrastruktur

Digitalisierungsprozesse in der Pflege, wie oben als Veränderung oder Weiterentwicklung von Interaktionsbeziehungen in soziotechnischen Systemen in der Pflege verstanden (Zerth 2020: 125), lassen sich exemplarisch anhand der Bedeutung von Transitionsfragestellungen, d.h. der Übergabeproblematik, deutlich machen. Gerade bei der Überleitung von Patient*innen von einem abgebenden in ein aufnehmendes Setting kann die Bedeutung der Digitalisierung durch eine kluge Vernetzung unterschiedlicher Datenkanäle, -strukturen und -nutzer*innen verdeutlicht werden, wie ein kurzes Beispiel verdeutlichen vermag: Die 80-jährige Patientin nach Schlaganfall hat nicht nur im Längsschnitt einen hohen und divergenten Versorgungsbedarf, sondern wird – auch ob der institutionellen Trennung der Versorgungsstrukturen in Deutschland – mit verschiedenen Leistungserbringer*innen und Kostenträger*innen in Kontakt geraten, was zwangsläufig die Frage nach einer integrierenden Struktur aufruft (Ex/Amelung 2021).

Abbildung 1: Integrierende Versorgung, Verantwortung für Bedarfslagen?

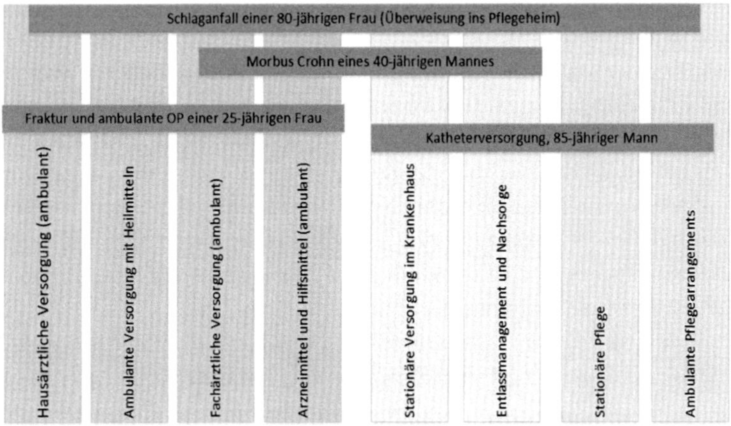

Quelle: Eigene Darstellung in enger Anlehnung an Ex/Amelung 2021: 132

Eine kluge Digitalisierungsstrategie kann nun versuchen, sowohl innerhalb der betreffenden Organisationen als auch gerade im Längsschnitt die Datenflüsse innerhalb eines Care-Pathway zu integrieren und zu kontextualisieren. Sozusagen entsteht das Potenzial, die integrierende Datenstruktur mit einer konzeptionellen Idee einer Care-Infrastruktur zu verbinden, um sozusagen *beidhändig* (Ambidextrie) (vgl. Schneeberger/Habegger 2020) Interaktionsbeziehungen *innerhalb* von Care-Institutionen mit Interaktionen *zwischen* Care-Institutionen zu verknüpfen. Die organisationstheoretische Schwierigkeit, die hier nur angedeutet werden kann, liegt darin, eine alle Care-Settings verbindende Austauschstruktur von Daten und damit zusammenhängend Verantwortungszuschreibungen zu formulieren.

Im klassischen organisationstheoretischen Bild einer ambidextren Organisation gelingt es, eine Organisation derart *lernend* zu gestalten, dass standardisierte, normierte Strukturen gleichzeitig die Offenheit zu kontinuierlichen Weiterentwicklungen miteinander verknüpfen können, um somit auf neue Gestaltungsherausforderungen Einfluss nehmen zu können (Schneeberger/Habegger 2020: 107f.).

Auch wenn in der Gesundheitsversorgung zwischen den Organisationen der Mesoebene und als gesellschaftliche Verpflichtung auf der Makroebene eine verlässliche Rahmenordnung und institutionelle Stabilität gegeben sein müssen, bleibt die Möglichkeit, eine Dateninfrastruktur so zu gestalten, dass die Metaregeln der gemeinsamen Datenplattform zwischen allen Beteiligten eindeutig definiert sind. Dies betrifft etwa die Aspekte der Datensouveränität und der grundlegenden Governance-Struktur zur Veränderung von Zugriffs- und Beteiligungsrechten. Gleichzeitig sollte der Ausprägung der konkreten Bedarfslagen im regionalen und örtlichen Kontext durch eine dezentrale Umsetzung Rechnung getragen werden. Hierbei könnte die Telematikinfrastruktur mittels der elektronischen Patientenakte (ePA) eine wesentliche Rolle spielen. Hier sind auch Bezüge zu den Forderungen etwa des siebten Altenberichts, der die Weiterbildung von Pflegeinfrastrukturen adressiert, herzustellen (vgl. Brettschneider 2019).

Eine derartige Dateninfrastruktur wird gerade mit Blick auf ein Sorgebild 2.0, das medizinische, pflegerische und soziale Bedarfslagen integrieren will, von einer regionalisierten Plattformstrategie profitieren können, die aber selbst wieder der verbindlichen – in Deutschland bundesweiten – Gestaltung eines Versorgungsmodells für die unmittelbare Sorge nachkommen soll. Die Konzepte von Primary-Care-Modellen, exemplarisch orientiert am Beispiel von Macinko/Starfield/Shi (2003), sollen neben einer strukturellen Verantwortungszuordnung und einer korrespondierenden Finanzierung in einem Care-Giver-Ansatz von »Erstversorgung« vor allem den Charakteristika der (1) ersten Anlaufstelle (primary care), der (2) klient*innenbezogenen Koordination, (3) der umfeldbezogenen Integration der verschiedenen (lokalen) Sorgeangebote sowie der (4) kontinuierlichen Verantwortungszuordnung Rechnung tragen. Auch wenn ein vollumfänglicher, lokal orientierter Gatekeeper-Ansatz gegenwärtig im deutschen Gesundheits- und Pflegekontext (noch) nicht diskussionsfähig ist, geht es um die Perspektive eines »multi-perspektivischen«

Sorgekontextes insbesondere niedrigschwelliger Infrastrukturen. Auch wenn kein Konzept in der Praxis in standardisierter Form umsetzbar sein kann (und vielleicht auch nicht sollte, ob der Entwicklungsoffenheit heterogener Bedarfslagen), lässt sich etwa mit dem Bild von Nolte/Pitchforth (2014) eine ordnende Struktur kennzeichnen.

Abbildung 2: Verzahnung einer »integrierenden Versorgung«

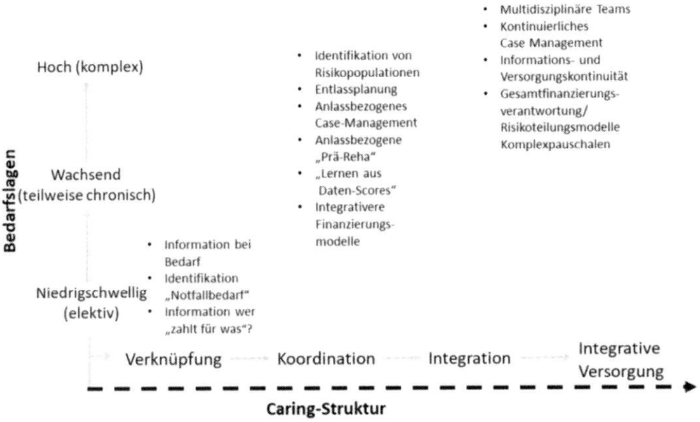

Quelle: Eigene Darstellung in enger Anlehnung an Nolte/Pitchforth 2014: 5

Je niedrigschwelliger und gegebenenfalls diverser Care-Bedarfslagen sind, desto mehr gilt es durch ergänzende Primary-Care-Strukturen auf der eher lokalen Mikroebene individuelle Bedarfe mit lokalen, dezentralen Bedarfsangeboten zu koordinieren. Gerade hier kämen etwa (sozial verantwortliche) Plattformstrategien zum Tragen, die orientiert an einem regelgeleiteten Kontext einer längsschnittlichen Dateninfrastruktur im lokalen Kontext Fragen der Pflegeüberleitung einerseits wie auch die Verknüpfung von organisierter und Familienpflege andererseits angehen könnten. Die Ausgestaltung eines derartigen Bildes einer Sorge-Infrastruktur für Pflege und Gesundheit könnte einerseits im längsschnittlichen Kontext die Interaktion von verschiedenen Versorgungssettings adressieren und zielgerichteter verknüpfen. Andererseits könnte sie auch Rückwirkungen in die integrierenden Digitalisierungsstrategien innerhalb pflegerischer Settings, etwa die Weiterentwicklung und evidenzorientierte Konzeptionierung anlassbezogener Pflege, in den Blick nehmen, um eine Ambidextrie sowohl in als auch zwischen den Institutionen und Organisationen fortzuentwickeln.

Literatur

Ariaans, Mareike/Linden, Philipp/Wendt, Claus (2021): »Worlds of long-term care: A typology of OECD countries«, in: Health Policy 125, S. 609–617. DOI: 10.1016/j.healthpol.2021.02.009.

Böhle, Fritz (2011): »Interaktionsarbeit als wichtige Arbeitstätigkeit im Dienstleistungssektor«, in: WSI Mitteilungen 9, S. 456–461. DOI: 10.5771/0342-300X-2011-9-456.

Bohnet-Joschko, Sabine/Valk-Draad, Maria Paula/Schulte, Timo/Groene, Oliver (2022): »Nursing home-sensitive conditions: Analysis of routine health insurance data and modified Delphi analysis of potentially avoidable hospitalizations«, in: F1000Research 10, S. 1223. DOI: 10.12688/f1000research.73875.2.

Brettschneider, Antonio (2019): »Die Rolle der Kommunen: Ziele, Handlungsfelder und Gestaltungsmöglichkeiten kommunaler Pflegepolitik«, in: Klaus Jacobs/Adelheid Kuhlmey/Stefan Greß/Jürgen Klauber/Antje Schwinger (Hg.), Pflege-Report 2019. Mehr Personal für die Langzeitpflege – aber woher?. Berlin: Springer, S. 219–239.

Bruhn, Manfred/Meffert, Heribert/Hadwich, Karsten (2019): »Handbuch Dienstleistungsmarketing. Planung – Umsetzung – Kontrolle«. 2. Auflage. Wiesbaden: Springer Gabler.

Engster (2005): »Rethinking care theory: The practice of caring and the obligation to care«, in: Hypatia 20(3), S. 50–74. DOI: 10.1111/j.1527-2001.2005.tb00486.x.

Ex, Patricia/Amelung, Volker (2021): »Patientenorientierung und vernetzte Versorgung – Implementierung einer längst überfälligen Gesundheitsversorgung«, in: Jens Baas (Hg.), Perspektive Gesundheit 2030. Gesellschaft, Politik, Transformation. Berlin: Medizinisch Wissenschaftliche Verlagsgesellschaft, S. 130–139.

Fassmer, Alexander/Pulst, Alexandra/Schmiemann, Guido/Hoffmann, Falk (2020): »Warum gleich ins Krankenhaus?«, in: G+G 9. Siehe https://www.gg-digital.de/2020/09/warum-gleich-ins-krankenhaus/index.html, zuletzt abgerufen am 10.12.2022.

Fünfstück, Mathias (2017): »Integrierte Versorgungskonzepte für Pflegebedürftige«, in: Klaus Jacobs/Adelheid Kuhlmey/Stefan Greß/Jürgen Klauber/Antje Schwinger (Hg.), Pflege-Report 2017. Schwerpunkt: Die Versorgung der Pflegebedürftigen. Stuttgart: Schattauer, S. 241–251.

Geyer, Johannes/Korfhage, Thorben/Schulz, Erika (2016): »Andere Länder, andere Wege: Pflege im internationalen Vergleich«, in: Gesundheits- und Sozialpolitik 70(1), S. 52–58. DOI: 10.5771/1611-5821-2016-1-52.

Goldfarb, Avi/Tucker, Catherine (2019): »Digital economics«, in: Journal of Economic Literature 57(1), S. 3–43. DOI: 10.1257/jel.20171452.

Heijsters, Florence/Santema, Jesse/Mullender, Margriet/Bouman, Mark-Bram/de Bruijne, Martine/van Nassau, Femke (2022): »Stakeholders barriers and facilitators for the implementation of a personalised digital care pathway: a qualitative study«, in: BMJ Open 12(11), S. e065778. DOI: 10.1136/bmjopen-2022-065778.

Hiltawsky, Karsten/Boll, Susanne (2022): »KI-Geschäftsmodelle für die Gesundheit – Innovation stärken, Finanzierung gestalten. Whitepaper«, in: Lernende Systeme – Die Plattform für Künstliche Intelligenz. München. DOI: 10.48669/pls_2022-3.

Huter, Kai/Krick, Tobias/Domhoff, Dominik/Seibert, Kathrin/Wolf-Ostermann, Karin/Rothgang, Heinz (2020): »Effectiveness of digital technologies to support nursing care: Results of a scoping review«, in: Journal of Multidisciplinary Healthcare 13, S. 1905–1926. DOI: 10.2147/JMDH.S286193.

Imran, Faisal/Shahzad, Khuram/Butt, Aurangzeab/Kantola, Jussi (2021): »Digital transformation of industrial organizations: Toward an integrated framework«, in: Journal of Change Management 21(4), S. 451–479. DOI: 10.1080/14697017.2021.1929406.

Jungtäubl, Marc (2021): »Gestaltung von Interaktionsarbeit und professionellem Handeln bei personenbezogener Dienstleistungsarbeit zwischen (digitalisierter) Formalisierung und Selbstorganisation«, in: Carolin Freier/Joachim König/Arne Manzeschke/Barbara Städtler-Mach (Hg.), Gegenwart und Zukunft sozialer Dienstleistungsarbeit. Chancen und Risiken der Digitalisierung in der Sozialwirtschaft. Wiesbaden: Springer VS, S. 29–48.

Kast, Kristina/Wachter, Carl-Philipp/Schöffski, Oliver/Rimmele, Martina (2021): »Economic evidence with respect to cost-effectiveness of the transitional care model along geriatric patients discharged from hospital to home: A systematic review«, in: The European Journal of Health Economics 22(6), S. 961–975. DOI: 10.1007/s10198-021-01301-4.

Macinko, James/Starfield, Barbara/Shi, Leiyu (2003): »The contribution of primary care systems to health outcomes within organization for economic cooperation and development (OECD) countries, 1970–1998«, in: Health Services Research 38(3), S. 831–863, DOI: 10.1111/1475-6773.00149.

Nolte, Ellen/Pitchforth, Emma (2014): »What is the evidence on the economic impacts of integrated care?« Policy Summary 11. Copenhagen: WHO. Siehe https://www.euro.who.int/__data/assets/pdf_file/0019/251434/What-is-the-evidence-on-the-economic-impacts-of-integrated-care.pdf, zuletzt abgerufen am 18.12.2022.

Rachinger, Michael/Rauter, Romana/Müller, Christiana/Vorraber, Wolfgang/Schirgi, Eva (2018): »Digitalization and its influence on business model innovation«, in: Journal of Manufacturing Technology Management 30(8), S. 1143–1160. DOI: 10.1108/JMTM-01-2018-0020.

Ruflin, Regula (2022): »Gemeinsames Gestalten sozialer Leistungen zwischen Staat, Anbietern und Nutzenden – eine metapraktische Einschätzung aus drei Trend-Perspektiven«, in: Christoph Gehrlach/Matthias von Bergen/Katharina Eiler (Hg.), Zwischen gesellschaftlichem Auftrag und Wettbewerb. Sozialmanagement und Sozialwirtschaft in einem sich wandelnden Umfeld. Wiesbaden: Springer VS, S. 37–54. DOI: 10.1007/978-3-658-35381-0_3.

Schneeberger, Simon Jonathan/Habegger, Anja (2020): »Ambidextrie – der organisationale Drahtseilakt. Synergie zwischen Exploration und Exploitation als Voraussetzung für die digitale Transformation«, in: Jochen Schellinger/Kim Oliver Tokarski/Ingrid Kissling-Näf (Hg.), Digitale Transformation und Unternehmensführung. Trends und Perspektiven für die Praxis. Wiesbaden: Springer Gabler, S. 105–143. DOI: 10.1007/978-3-658-26960-9_6.

Schneider, Michael/Besser, Jürgen/Geithner, Silke (2020): »Technologische Innovationen in der Pflege: Von der routinebasierten zur anlassinduzierten Pflege«, in: Mario Pfannstiel/Kristin Kassel/Christoph Rasche (Hg.), Innovation und Innovationsmanagement im Gesundheitswesen. Wiesbaden: Springer Gabler, S. 615–632. DOI: 10.1007/978-3-658-28643-9_32.

Schwinger, Antje/Jürchott, Kathrin/Behrendt, Susann/Arguello Guerra, Felipe/Stegbauer, Constance/Willms, Gerald/Klauber, Jürgen (2022): »Krankenhausaufenthalte von Pflegeheimbewohnenden am Lebensende: Eine empirische Bestandsaufnahme«, in Klaus Jacobs/Adelheid Kuhlmey/Stefan Greß/Jürgen Klauber/Antje Schwinger (Hg.), Pflege-Report 2022.

Spezielle Versorgungslagen in der Langzeitpflege. Berlin, Heidelberg: Springer, S. 53–74. DOI: 10.1007/978-3-662-65204-6_4.
Shiell, Alan/Hawe, Penelope/Gold, Lisa (2008): »Complex interventions or complex systems? Implications for health economic evaluation«, in: BMJ 336(7656), S. 1281–1283. DOI: 10.1136/bmj.39569.510521.AD.
Siciliani, Luigi (2014): »The economics of long-term care«, in: The B.E. Journal of Economic Analysis & Policy 14(2), S. 343–375. DOI: 10.1515/bejeap-2012-0063.
Stiefler, Susanne/Dunker, Ellen/Schmidt, Annika/Friedrich, Anna-Carina/Donath, Carolin/Wolf-Ostermann, Karin (2022): »Krankenhauseinweisungsgründe für Menschen mit Demenz – ein Scoping Review«, in: Zeitschrift für Gerontologie und Geriatrie, S. 1–6: DOI: 10.1007/s00391-021-02013-3.
Tronto, Joan (1993): »Moral boundaries: A political argument for an ethic of care«. New York: Routledge.
Valk-Draad, Maria Paula/Bohnet-Joschko, Sabine (2022): »Sind Krankenhauseinweisungen vermeidbar?«, in: Pflege Zeitschrift 75, S. 16–19, https://doi.org/10.1007/s41906-022-1273-1.
Wendt, Wolf (2017): »Ökonomie der Lebensführung. Wohlfahrtsbezogene Lebensführung im Kontext sozialen Wirtschaftens«. Freiburg: Nomos.
Zerth, Jürgen (2017): »Assistenzsysteme als Teil einer Organisationsinnovation in der häuslichen Pflege«, in: Herbert Rebscher/Stefan Kaufmann (Hg.), Digitalisierungsmanagement in Gesundheitssystemen. Heidelberg: medhochzwei, S. 239–257.
Zerth, Jürgen (2020): »Digitalisierung und Pflege – anlassbezogene Pflege, Plattformen und Implikationen für Effektivität, Effizienz und möglich notwendige Ordnungsregeln«, in: Jürgen Zerth/Hedwig Francois-Kettner (Hg.), Pflege-Perspektiven: ordnungspolitische Aspekte. Erkenntnisse aus der Versorgungsforschung und Implikationen für eine »gute Praxis« der Pflege. Heidelberg: medhochzwei, S. 119–136.
Zerth, Jürgen (2021): »Weiterentwicklung der Pflege in einem sektorübergreifenden Kontext – integrierende Pflegeinfrastrukturen«, in: Stefan Spitzer/Volker Ulrich (Hg.), Intersektorale Versorgung im deutschen Gesundheitssystem. Gegenwart und Zukunft – Analysen und Perspektiven. Stuttgart: Kohlhammer, S. 62–74.
Zurlo, Amedeo/Zuliani, Giovanni (2018): »Management of care transition and hospital discharge«, in: Aging Clinical and Experimental Research 3(30), S. 263–270. DOI: 10.1007/s40520-017-0885-6.

Roboter als Hoffnungsträger in der Pflege

Pflegeethische Zugänge zur Einschätzung künftiger Einsatzmöglichkeiten

Constanze Giese

Vorbemerkung

Dieser Beitrag beruht auf dem gleichnamigen Vortrag, gehalten am 7. Juli 2022 bei der Tagung *Digitalisierung im Gesundheitswesen* des Forschungsprojekts *DeinHaus* 4.0 in Regensburg. Diese Tagung stand in technischer Hinsicht primär unter dem Eindruck von Systemen, die für die Häuslichkeit pflegebedürftiger Menschen entwickelt werden (sollen) und die ihre Wirkung primär durch digitale Datenübertragung und Kommunikation entfalten, auf eine Veränderung der Wohnumgebung zielen oder diese jedenfalls zumeist notwendig machen, um zu funktionieren. Weitere, schon in der Erprobung befindliche Systeme, die im weiteren Sinne der Pflege zugeordnet werden können, betreffen beispielsweise den Bereich der (auch ambulanten) Rehabilitation.

Die Devise »ambulant vor stationär« prägt den politischen Umgang mit Pflegebedürftigkeit schon seit langem und kommt unserer Intuition und dem Wunsch vieler älterer Menschen entgegen. Systeme, die im Wesentlichen die Sicherheit älterer Menschen in ihrer Häuslichkeit erhöhen sollen, werden dafür in angepassten Wohnumgebungen erprobt. Eine physische Interaktion mit den technischen Artefakten im Sinne von Pflegehandlungen am Leib der unterstützungsbedürftigen Person ist eher nicht vorgesehen, der physische Kontakt beschränkt sich in der Regel auf das Bedienen von Touchscreens.

Robotik ist derzeit oft die sogenannte Telepräsenzrobotik. Adressiert werden etwa Szenarien, in denen das robotische System eine zeitlich begrenzte Abwesenheit unterstützender Personen überbrücken helfen soll. Roboter werden hier implizit oder explizit zu Hoffnungsträgern, die Versorgungs-

oder Betreuungslücken schließen sollen, ohne dass die eigene Häuslichkeit verlassen werden muss und möglichst ohne nennenswerte Einbußen der Versorgungsqualität. In stationären Pflegesettings wird auch ansatzweise mit Service- bzw. Assistenzrobotik gearbeitet.

Im Folgenden werde ich mich, soweit das in verallgemeinernder Weise möglich ist, aus pflegeethischer Perspektive mit Robotern in der Pflege auseinandersetzen, mit dem, was auch als »Embodied Artificial Intelligence« bezeichnet wird. Dazu soll die aktuelle Diskussion in drei Schritten einer kritischen Reflexion unterzogen werden:

Zunächst werde ich die Diskussion in der angewandten Ethik, aber auch in der öffentlichen Wahrnehmung fokussieren, die interessanterweise erst langsam eine Annäherung an ihren Gegenstand beziehungsweise dessen aktuelle Möglichkeiten nimmt. Klärungsbedarf besteht hier mindestens bezüglich folgender Fragen:

Über welche Technik und über welche daraus abgeleiteten ethischen Fragen ihres Einsatzes sprechen wir? Und über welche sollten wir sprechen? Kann es sein, dass unsere Vorstellung vom Potenzial technischer Assistenzsysteme, insbesondere der Robotik, mehr eine Folge unseres Konsums von Science-Fiction-Filmen oder Ausdruck unserer Erlösungshoffnungen aus der seit Jahrzehnten schwelenden pflegerischen Versorgungskrise ist, als den realen Entwicklungen geschuldet zu sein?

Im zweiten Teil wird unter der Überschrift »Ethische Fragen in der Pflege« die für die Pflege relevante Wechselwirkung von Technik und Mensch reflektiert: Welches Menschenbild spiegelt sich in unseren Diskursen, welches wird gefördert durch die Technik und unsere Ausrichtung an ihren Möglichkeiten? In Anlehnung an die Arbeiten der Technikethikerin Aimée van Wynsberghe werde ich vorschlagen, die Eignung und das Potenzial eines robotischen Systems in der Pflege auf der Basis einer Care-Perspektive zu bewerten. Demnach ist die Bedeutung der Werte der Pflege für die Beurteilung von Entwicklung, Eignung und Einsatz von Robotertechnologie zu beachten. Im Fazit im dritten Teil leite ich aus dem zuvor Gesagten zwei Thesen ab, die bei aller Vorläufigkeit eine grundsätzliche Eignung robotischer Systeme in der Pflege und Wohnumgebung pflegebedürftiger Menschen beurteilen helfen sollen.

Stand von Diskussion und Entwicklung

Prof. Martin Müller, seinerzeit TH Rosenheim, hat im Jahr 2020 bei der x-conference einen Vortrag mit dem bezeichnenden Titel *Don't believe the hype! Wie steht's um die Roboter in der Pflege tatsächlich?*[1] gehalten. Im selben Jahr hat ein Autorenteam um Prof. Samy Haddadin von der Munich School of Robotics in seinem Beitrag zu einem Sammelband mit dem bezeichnenden Titel *Roboter als (Er)lösung* (Mockry/Rückert 2020) darauf hingewiesen, dass es aktuell keine verfügbaren Pflegeroboter am Markt gibt und auch zeitnah keine Roboter, die in der direkten Pflege am Menschen einsetzbar sind, zu erwarten sind:

»Es bestehen bereits erste kommerzielle Lösungen im Bereich der Interaktion und Unterhaltung, die […] keinerlei komplexe Manipulationsaufgaben wie beispielsweise das sichere Greifen und Übergeben eines Gegenstands unterstützen. Die überwiegende Zahl der Serviceroboter befindet sich aktuell im Prototypenstadium« (Haddadin et al. 2020: 94). Dem korrespondiert der Stand der Anwendungs- oder Implementierungsforschung. Bislang beschränken sich die meisten Projekte auf eine Akzeptanzforschung noch nicht effizienzüberprüfter Systeme. Soweit die Funktionalität überprüft wurde, heißt das meist noch nicht, dass die Roboter bisherigen Lösungen gleichwertig oder überlegen sind. Die technischen Probleme mit dem, was ich im Folgenden als leibliche Interaktion in der Pflege bezeichnen möchte, sind weit von einer Lösung entfernt. Was bei der Jahrestagung des deutschen Ethikrates 2019[2] noch wahlweise optimistisch oder verschämt als »Zwischenlösung« präsentiert wurde, nämlich die Telepräsenz als steuernde Größe der robotischen Aktion, ist für den Einsatz in der Pflege inzwischen ein eigener Entwicklungszweig mit zu definierenden Einsatzgebieten. Zunehmend wird infrage gestellt, inwieweit und ob überhaupt autonome Robotik erwünscht und starke KI möglich ist.

---

1 Der Vortrag vom 30. Oktober 2020 ist einsehbar unter https://www.x-conference.de/breakout-sessions/do-not-believe-the-hype.html sowie Grundlage eines 2022 erschienenen Beitrags (Müller 2022).

2 Die Jahrestagung des Ethikrats am 26. Juni 2019 in Berlin stand unter dem Titel: *Pflege – Roboter – Ethik. Ethische Herausforderungen der Technisierung der Pflege.* Bilder der dort vorgestellten Prototypen inklusive der telerobotischen (Fern-)Steuerung sind auf der Seite des Ethikrats zu sehen: Dokumentation der Jahrestagung 2019, siehe https://www.ethikrat.org/jahrestagungen/pflege-roboter-ethik-ethische-herausforderungen-der-technisierung-der-pflege/.

Die Diskussion um die sogenannte Pflegerobotik wurde in den letzten Jahren von Systemen wie dem freundlichen Pepper mit seinem Touchscreen geprägt. Pepper interagiert, kann vordefinierte Informationen geben, durch Gimmicks wie Witze-Erzählen oder Lieder-Singen für Unterhaltung sorgen, er kann nett tanzen oder scheinbar spritzige Dialoge führen, aber »nur wenn man ihm die Kunststücke vorher haargenau eingegeben hat. [...] [M]it freien Gesprächen hatte die Roboterinteraktion nichts zu tun«, sagt etwa Akemi Tsunagawa (zitiert nach Kölling 2021), die Gründerin des Start-ups Bespoke im *Handelsblatt*. Der Hersteller hat die Produktion von Pepper vorläufig eingestellt (Kölling 2021; Die Presse 2022).

Zusammenfassend kann festgehalten werden, dass die Hardware schlicht noch zu teuer ist für einen Massenmarkt und die Künstliche Intelligenz nicht ausgereift genug, um viel mehr als spezialisierte Chatbots zu betreiben. Ungeachtet dessen wurde Pepper schon vor Jahren als *Pflege*roboter (!) bezeichnet und in Pflegeheimen präsentiert, als Beitrag zur Lösung der *Pflege*problematik. Rückblickend erscheint das so, als wollten wir gerne glauben, dass Kollege Roboter uns aus der Misere des gesellschaftlichen Care-Mangels erlösen wird, nachdem es die Kolleg*innen aus Spanien, Vietnam, den Philippinen, aus Thailand und weiteren Nationen sowie die Live-Ins – zumeist Frauen aus Osteuropa – nicht vermochten.

Die klärenden Statements zur Mittel- und Langfristperspektive der Roboter aus der Szene ihrer Entwickler*innen verhallen zwar oft noch, dennoch lässt sich beobachten, dass wir uns in einer Phase der Entzauberung befinden und beginnen, uns der Realität anzunähern. Bei aller Entzauberung ist dabei positiv festzuhalten, dass es durchaus Systeme mit Potenzial jenseits der sozialen Robotik auch im Bereich der Embodied AI gibt. Sie liegen aber absehbar nicht in der direkten Pflege, der leiblichen Versorgung des Menschen, sondern in der Pflegeassistenz beziehungsweise -unterstützung.

Interessante pflegeunterstützende Systeme sind in den Bereichen Service, Logistik, Rehabilitation und Therapie zu sehen, sie übernehmen auch Aufgaben der Physiotherapie und der Medizin, oft mehr und mit deutlich mehr Potenzial als in der Pflege. Die folgenden drei Beispiele, deren Entwicklung relativ weit fortgeschritten ist, werden zum Teil bereits in der klinischen Erprobung auf ihre Effizienz hin untersucht.

Abbildung 1: MobiStaR

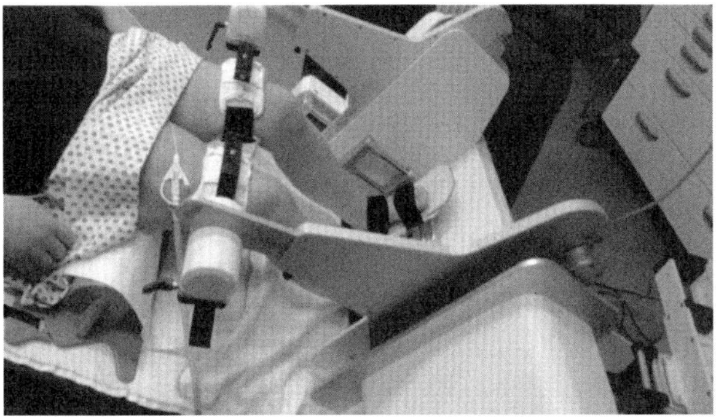

Quelle: LMU-Klinikum

Abbildung 1 zeigt das robotische System VEMO®, das im Verbundforschungsprojekt MobiStaR (Warmbein et al. 2022) unter Führung des LMU-Klinikums am Standort Großhadern weiterentwickelt und erprobt wird.

Es ist eines der wenigen Projekte,[3] das Funktionalität und Effizienz im Einsatz am Patienten untersucht und mit der herkömmlichen Vorgehensweise vergleicht. Es geht um Frührehabilitation auf Intensivstationen und damit vor allem um Entlastung bei personalintensiver Physiotherapie, und zwar in Hinsicht auf die körperliche Belastung der Therapeut*innen, aber auch hinsichtlich möglicher personeller Entlastung, wenn für eine Rehabilitation mit dem Roboter vielleicht eines Tages nicht mehr zwei bis drei Personen notwendig sind, sondern nur noch eine oder zwei Personen.

3 Zur ausführlichen Darstellung des Projekts siehe https://www.forschungsprojekt-mobistar.de.

Abbildung 2: Jeeves®

Quelle: LMU-Klinikum

Auf Abbildung 2 ist mit dem Roboter Jeeves® ein weiteres Erprobungsprojekt[4] – mit dem Projektnamen REsPonSe – zu sehen, ein für Service und Logistik entwickelter Roboter. Jeeves® wird mit unterschiedlicher Akzeptanz in Hotels als eine Art mobile Weiterentwicklung der Minibar präsentiert (Höpner 2021). Er kann in barrierefreien Gebäuden Hol- und Bringdienste übernehmen, soweit Türen und Aufzüge dafür ausgerüstet sind. In Kliniken kann Jeeves© zum Beispiel Laborproben in Kliniklabore bringen oder Getränke und andere regelmäßig benötigte Gegenstände zu Patient*innen. In Kombination mit einer App wie etwa Cliniserve® können selbstständige und relativ fitte Patient*innen, die in der Lage sind, auch die Hygiene betreffende Nutzungsvor-

4 Zur Homepage des Projekts: https://www.forschungsprojekt-response.de.

gaben einzuhalten, damit den Klingelruf oder primär die Stationshelfer*innen entlasten, wenn sie etwas benötigen, was Jeeves® im Sortiment hat. Bestehen hohe Anforderungen an Infektionsschutz, aber auch an Strahlenschutz (ggf. auch Arbeitsschutz), etwa bei Patient*innen, die Radiotherapien benötigen, kann das eine sinnvolle Option sein (Ohneberg et al. 2022).

Abbildung 3: EDAN

Quelle: DLR Institute of Robotics and Mechatronics

EDAN (siehe Abbildung 3), der als einarmiger Rollstuhl augenscheinlich Potenzial für den direkten Einsatz durch die pflegebedürftigen Menschen selbst hat, kann für Pflegeassistenz weiterentwickelt werden, wenngleich auch kognitiv entsprechend fitte Personen mit neurologischen oder (neuro-)muskulären Einschränkungen direkt davon profitieren können. Verschiedene Steuerungsmodi[5] sind denkbar bzw. werden erprobt (Vogel et al. 2020). Auch bei diesem Roboter wäre an autonomes Fahren für Hol- und Bringdienste inklusive Anreichen von Gegenständen zu denken. Typisch ist auch hier: Neben der Barrierefreiheit erfordert die Statik Voraussetzungen, die in stationären Einrichtungen eher vorzufinden sind als in Privathaushalten, denn

5 Solche Steuerungsmöglichkeiten sind je nach Nutzer*innengruppe Sprachsteuerung und Touchscreen. Auch ein Brain-Machine-Interface wurde für den Roboterarm von EDAN bereits erprobt.

die Systeme sind (der Statik und integrierten Technik halber) schwer[6] und bei Stolperfallen »sturzgefährdet«.

Festzuhalten ist: Diese Roboter pflegen nicht. Ihr Potenzial hat wenig mit unseren Bildern im Kopf vom freundlichen pflegenden Anthropoiden gemein. Wir werden nicht darum herumkommen, dahingehende Heilshoffnungen bis auf Weiteres fahren zu lassen. Warum ist das aus ethischer Perspektive so relevant? Weil ohne selbstreflexives Vorgehen und Kritik der eigenen Vorannahmen eine an der Sache orientierte ethische Einschätzung des Potenzials der infrage stehenden Technologie nicht möglich ist. Unsere Fantasien zur Robotik sind für die im Hintergrund jeder Ethik stehende Anthropologie gleichermaßen interessant wie bezeichnend. Wir sollten darüber nachdenken, was diese Fantasien über uns aussagen und wie sie unser Menschenbild und unsere Technikentwicklung beeinflussen.

Ethische Fragen in der Pflege

Die ethischen Fragen betreffen damit zunächst die Wechselwirkung von Technik und Mensch. Robotik umfasst derzeit Anwendungen mit sogenannter schwacher KI. Diese stellen Anforderungen an ihre Nutzer*innen und beeinflussen unsere Wahrnehmung, wenn sie in unsere Lebenswelt eindringen. Sie basieren auf digitaler Informationsverarbeitung und adressieren – ausschließlich – Probleme und Bedürfnisse des Menschen, die digitaler Informationsverarbeitung über die Sammlung großer Datenmengen zugänglich sind. Das hat Einfluss auf unsere Wahrnehmung, die sich auf die vorhandenen Potenziale der Robotik einengt und darauf, wie wir unsere Gesellschaft an diese technischen Möglichkeiten anpassen und anpassen müssen, wenn wir sie nutzen wollen. Grundsätzlich müssen wir deshalb, um mit dem Technikphilosophen Stefan Bauberger zu sprechen, »die Wirkungen der KI eingebettet in gesellschaftliche Rahmenbedingungen betrachten«. Und weiter: »Der Einsatz von KI in den verschiedensten Bereichen – sowohl das Ob als auch das Wie und vielfach auch die Rahmenbedingungen, die dafür gesetzt werden – sollte darauf geprüft werden, dass sie ein gutes Leben für möglichst viele Menschen ermöglichen.« (Bauberger 2020: 29–30)

6 Die Hersteller*innen bzw. Entwickler*innen geben das Gewicht von Jeeves in nicht befülltem Zustand mit 100 kg, für Edan mit über 200 kg an.

Für Pflegesettings und menschliche Pflegebedürftigkeit heißt das, die elementare, häufig existenzielle, leibliche oder verleiblichte Bedürftigkeit des Menschen als solche ist unbedingt zu beachten und zum Bezugspunkt guter Pflege zu machen.

Bauberger weist darauf hin, dass wir Gefahr laufen, gesellschaftliche Aufgaben zu verdrängen, wenn wir in der KI schnelle Lösungen für die alternde Gesellschaft sehen wollen (Bauberger 2020: 72).

Mit dem aktuellen Hype der Digitalisierung gewöhnen wir uns daran, Menschen als informationsverarbeitende Systeme zu sehen; wir blenden unser leibliches Erleben und den Wert leiblicher Kommunikation aus, überbewerten die kognitive Dimension unseres Menschseins und reduzieren unsere Selbstwahrnehmung auf Vernunft und Informationsaustausch (Bauberger 2020: 59). Da, wo heute gesellschaftlich der größte Care-Mangel herrscht und wo die größten Hoffnungen auf den Kollegen Roboter kolportiert werden, nämlich in der stationären Pflege alter Menschen in Pflegeeinrichtungen, bleibt die leibliche Dimension aber die zentrale. Gerade demenziell veränderte Menschen, die dort längst den größten Teil der Bewohnerschaft stellen, bedürfen nicht weniger, sondern mehr direkte menschliche Begegnung und Zuwendung; Kommunikation erfolgt auf allen Kanälen, gerade auch dem leiblichen Ausdruck, der Modulation der Stimme, der Mimik, Gestik und Berührung.[7] Kurz gesagt: »Menschlicher Beistand ist weit über die Lösung von technischen Problemen hinaus von Bedeutung« (Bauberger 2020: 61).

Individuelle menschliche Pflegebedürftigkeit ist multidimensional und von einer hohen interindividuellen Varianz gekennzeichnet. Der letztlich zu erhebende Pflegebedarf hängt von den Ressourcen und Einschränkungen einer Person ab, zugleich ist er aber auch beeinflusst von den Umständen und dem sozialen Umfeld, in dem sie lebt.

Wie Robotik einen Beitrag zu guter Pflege im jeweiligen Setting leisten kann, lässt sich nur beurteilen, wenn ein operationalisierbares Verständnis guter Pflege und der dahinterstehenden Werte herangezogen wird.

---

7 Dies zu übersehen, führt zu massiven Problemen, wie sich in der Corona-Pandemie zeigte. Die virologisch äußerst sinnvolle Pflicht zum Maskentragen oder zur sozialen Distanzwahrung wurde im Kontakt mit demenziell veränderten pflegebedürftigen Menschen in den Einrichtungen oft zum Problem: Die fehlende Mimik und die verdeckten Gesichter waren für viele hochgradig irritierend bis verstörend (Giese 2022: 27; Bergmann et al. 2022; Riedel et al. 2020).

Gute Pflege bzw. Pflegequalität verlangt gemäß den aktuellen Pflegequalitätsdiskursen zunächst nach einer sicheren und fachlich korrekten Durchführung der jeweiligen Verrichtung (Dallmann/Schiff 2016: 11). Sicherheit bezieht sich für pflegebedürftige Menschen auch auf Datensicherheit und Datenhoheit, worauf der neue Ethikkodex des International Council of Nurses (ICN) an mehreren Stellen[8] eingeht.

Gute Pflege ist stets individuell angepasste Pflege, die im Rahmen des Pflegeprozesses die Autonomie der Pflegeempfänger*innen respektiert (Shuhong Li et al. 2020). Sie muss auf dem aktuellen Stand des Pflegewissens sein, somit externe und interne Evidenz verbinden und stets situativ angepasst werden können (Behrens/Langer 2016: 73–80, 99–112). Grundsätzlich gilt Beziehungsqualität als zentrales Qualitätsmerkmal in der Pflege (Hielscher et al. 2015: 12).

Wird die ethische Dimension guter Pflege fokussiert, dann rücken die professionellen Werte der Pflege gemäß ICN-Ethikkodex in den Fokus (ICN 2021: 23). Ohne sie im Detail würdigen zu wollen, drücken sie ganz grundlegend den Respekt vor der Person, ihrer Autonomie und Würde aus und verweisen zugleich auf die Bedeutung von Empathie, Verantwortungsübernahme und Fürsprache (Advocacy) für vulnerable Menschen. Der ICN-Ethikkodex weist den Pflegefachpersonen eine entscheidende Verantwortung für den adäquaten Einsatz neuer Technologien in der Pflege zu.

Spezifisch für die Entwicklung von Robotik für Pflegesettings ist der Ansatz von Aimée van Wynsberghe, Professorin für Technikethik an der rheinischen Friedrich-Wilhelms-Universität in Bonn. Sie schlägt als normativen, pflegespezifischen Hintergrund einen care-ethischen Zugang in Anlehnung an Joan Tronto vor (van Wynsberghe 2013: 413–420). Dieser Wertebezug korrespondiert hervorragend mit den »Werten der Pflege«, auf die der ICN in seinem Ethikkodex verweist. Ohne van Wynsberghes Ansatz hier im Detail ausführen zu können, sollte aus dem bisher Gesagten Folgendes plausibel geworden sein: Aus der anthropologischen Grundverfasstheit des Menschen im Sinne einer Leiblichkeit, die erst der Auslöser von Pflege- und Unter-

8 Einschlägig in Element 1: 1.4, 1.9, 1.11, sowie in Element 2: 2.9, 2.10, 2.12 (ICN 2021: 9–14).

stützungsbedarf ist,[9] ergibt sich eine fundamentale Wertorientierung und Haltung, die van Wynsberghe eine Caring Attitude nennt. Dieser sorgenden Haltung – Caring Attitude – entspricht die pflegerische Handlung – die Caring Activity. In Anlehnung an die Care-Ethikerin Joan Tronto verweist van Wynsberghe auf folgende fundamentale Werte der Pflege, die im Sinne einer Technikentwicklung für gute Pflege relevant sind: Achtsamkeit, Verantwortung bzw. Verantwortlichkeit, Kompetenz und eine als Responsiveness (Tronto 1993 zitiert nach van Wynsberghe 2015: 77) bezeichnete Beziehungsorientierung, wörtlich übersetzt schlicht Ansprechbarkeit oder Empfänglichkeit. Vor diesem Hintergrund sind Entwicklung und Einsatz jeder Technologie – egal ob robotisch oder andere – in der Pflege zu bewerten.

Beispielhaft soll hier die Situation in der stationären Langzeitpflege sein: Die Bewohner*innen gelten in vielerlei Hinsicht als vulnerable Gruppe. Physischer und psychischer Kontrollverlust, Multimorbidität, Einsamkeit und soziale Deprivation können als häufiger Anlass und dauerhaftes Problem stationärer Langzeitversorgung gelten, soziale Teilhabe und eigenständige aktive Beziehungsgestaltung sind oft erschwert (Remmers 2018: 171). Unter diesen Umständen sind Systeme, die zu weiterer Kontaktreduktion führen, keine Lösung (Remmers 2019: 414). So sind beispielsweise das Servieren von Speisen und Getränken und die Motivation, diese auch zu sich zu nehmen, als Anlässe für zwischenmenschlichen Kontakt zu sehen, der in Pflegeeinrichtungen in aller Regel anlassbezogen stattfindet. Entfällt der Anlass, entfällt der Kontakt. Robotische Systeme, die durch Pflegende oder auch die Hauswirtschaft eingesetzt werden und diesen assistieren, sind deshalb ethisch zunächst als weniger problematisch anzusehen als solche, die direkte pflegerische Interaktionen mit den pflegebedürftigen Menschen ersetzen sollen und so die Begegnungsanlässe reduzieren. Dass die direkte Interaktion im Bereich der sozialen Robotik dennoch bereits erprobt und zum Teil auch eingesetzt wird, folgt der Tatsache, dass die damit verbundenen technischen Herausforderungen einfacher zu beheben scheinen als bei leiblicher Interaktion. In Deutschland am bekanntesten dürfte Paro sein, ein Emotionsroboter, der einem Sat-

9 Hierzu grundlegend Schnell (2002: 286–287): »Die Pflegewissenschaft basiert auf der Annahme, dass es Pflege nur deshalb gibt, weil jeder Mensch ein leibliches Wesen ist. Einen Leib zu haben bedeutet für den Menschen älter zu werden, hinfällig und möglicherweise pflegebedürftig. […] Als gleich wichtig muss auch die zweite Annahme gelten: pflegerisches Handeln ist – wie überhaupt jedes Handeln – leibliches Handeln […].«

telrobbenbaby nachempfunden ist und Reaktionen auf Berührung zeigt.[10] Bestehen gute und ausreichende soziale Kontakte des pflegebedürftigen Menschen, ist das zusätzliche Potenzial sozialer Robotik zu begrüßen, etwa bei Unterhaltung und Spiel. Fördert und ermöglicht der Roboter Kommunikation und Beziehung, gilt das gleichermaßen. Soll soziale Robotik den Mangel an Gesellschaft und sozialen Beziehungen kompensieren, ist das anders, denn grundsätzlich ist die Beziehung zum Roboter eine einseitige, wie auch die Zuneigung zum privaten Teddybären unserer Kindheit keine echte Gegenliebe findet. Wir Menschen erkennen im Artefakt ein scheinbar personales Gegenüber, das aber kein Interesse an und keine Beziehung zu uns hat, sondern im Fall des Roboters diese bestenfalls gut simuliert. Nur wenn die Simulation so gelingt, dass der Eindruck entsteht, der Roboter gehe auf uns ein und habe Interesse an uns, kann soziale Robotik überhaupt funktionieren. Genau dann besteht allerdings die Gefahr, dass gerade Personen mit kognitiven Einschränkungen diese Simulation als solche nicht mehr erkennen können, also darüber hinweggetäuscht werden, dass da nichts und niemand Lebendiges ist, das Interesse an ihnen hat – anders als etwa bei der Interaktion mit echten Tieren (wie Therapiehunden). Aus care-ethischer Perspektive sind solche Systeme zu begrüßen, die es erleichtern, Kontakt aufzunehmen, zu intensivieren oder zu stabilisieren, etwa zu Angehörigen, die nicht so oft zu Besuch kommen können. Führt die Technik aber beispielsweise dazu, dass Angehörige ihre Besuchshäufigkeit reduzieren, ist das durchaus kritisch zu sehen, denn dann geht eine wesentliche Kategorie der leibhaftigen Begegnung verloren. Eine reflektierte Begleitung des Technikeinsatzes durch entsprechend qualifizierte Fachkräfte ist hier gefordert, wie der ICN im aktuellen Ethikkodex klarstellt.[11] Die Integration robotischer Systeme in die Pflege steht und fällt mit den Menschen, die sie (mit) entwickeln, anwenden, kontrollieren und verantworten.

---

10 Kurz zusammenfassend zu Paro: https://www.wissenschaftsjahr.de/2013/die-themen/themen-dossiers/besser-leben-mit-technik/eine-therapie-robbe-fuer-demenzkranke-menschen.html. Hier findet sich auch eine kurze Stellungnahme zur Diskussion um den Einsatz sozialer Robotik am Beispiel Paro von Heiner Friesacher aus pflegewissenschaftlicher Sicht.

11 Element 1, Punkt 1.11 (neben Element 2, Punkt 2.10) ist hier sehr klar. In Punkt 1.11 heißt es: »Pflegefachpersonen stellen sicher, dass der Einsatz von Technologie und wissenschaftlichen Fortschritten mit der Sicherheit und den Rechten von Menschen vereinbar sind. Bei künstlicher Intelligenz oder Geräten wie Robotern oder Drohnen sorgen Pflegefachpersonen dafür, dass die Pflege personenzentriert bleibt und solche Geräte menschliche Beziehungen unterstützen und nicht ersetzen.« (ICN 2020: 10)

Die Pflegeausbildung zum Thema Robotik geht deshalb fehl, wenn sie primär Kenntnisse zur Handhabung und oder Wartung robotischer Systeme vermittelt. Zentral sind vielmehr die Anbahnung und Stärkung der Fähigkeiten und eines Pflegeverständnisses, das es erleichtert, die Technik achtsam für den jeweils einmaligen pflegebedürftigen Menschen gemäß fundamentaler Werte der Pflege auf der Basis einer Caring Attitude für die vulnerable Person einzuplanen und einzusetzen.

Fazit

Abschließend sollen die folgenden zwei Thesen zu den Hoffnungen, die sich mit der künftigen Techniknutzung verbinden, dazu dienen, diese pflegeethisch und auf die pflegerische Versorgung bezogen einzuordnen:

- Je vulnerabler und abhängiger der pflegebedürftige Mensch ist, desto anspruchsvoller und fachlich fundierter muss die individuelle Bewertung des patient*innennahen Einsatzes pflegeunterstützender und pflegesubstituierender Technologien durch die Pflegefachkräfte sein.
- Der Vision sozialer Deprivation durch Kommunikationsmangel und Einsamkeit durch Empathie simulierende Technologien (sozioassistive Systeme, »Gefährten«) begegnen zu können, stellt insbesondere Einrichtungen in christlicher Trägerschaft vor Fragen nach ihrem Auftrag und Menschenbild. Grundsätzlich gilt dies aber für alle Einrichtungen und Trägerschaften und letztlich für die ganze Gesellschaft, die sich nach Ursachen für diese Problematik und möglichen Alternativen zu technischen Lösungen fragen lassen muss.

Die Hoffnung, dass wir weniger Pflegekompetenz brauchen, wenn wir mehr Robotik haben, scheint vor diesem Hintergrund unrealistisch. Das spricht nicht gegen die Technik, sondern für einen kritischen Blick auf unsere aktuellen Diskurse darüber.

Literatur

Bauberger, Stefan (2020): »Welche KI?: Künstliche Intelligenz demokratisch gestalten«. München: Hanser.

Behrens, Johannes/Langer, Gero (2016): »Evidence-based nursing and caring. Methoden und Ethik der Pflegepraxis und Versorgungsforschung – Vertrauensbildende Entzauberung der ›Wissenschaft‹«. 4. Auflage. Berlin: Hans Huber.

Bergmann, Dorothea/Giese, Constanze/Marckmann, Georg/Pasch, Wolfgang/Riedel, Annette (2022): »FFP2-Maskenpflicht in stationären Pflegeeinrichtungen: Eine ethische Bewertung«. Akademie für Ethik in der Medizin, Stellungnahme. Siehe https://www.aem-online.de/fileadmin/user_upload/Publikationen/Stellungnahmen/Stellungnahme_FFP-2_Masken_23_11_2022_Endfassung.pdf, zuletzt abgerufen am 22.01.2023.

Dallmann, Hans-Ulrich/Schiff, Andrea (2016): »Ethische Orientierung in der Pflege«. Frankfurt a.M.: Mabuse.

Die Presse (2021): »Bye, bye Pepper: Softbank stellt Produktion des Roboters ein«. Siehe https://www.diepresse.com/6001786/bye-bye-pepper-softbank-stellt-produktion-des-roboters-ein, zuletzt abgerufen am 22.01.2023.

Giese, Constanze (2022): »Corona und ein gutes Leben in Pflegekontexten stationärer Altenhilfe – ein Widerspruch in sich?«, in: Hospizzeitschrift 24(93), S. 23–28.

Haddadin, Samy/Knobbe, Dennis/Reindl, Anton/Thiel, Stephan (2020): »Geriatronik – Assistenzroboter für ein selbstbestimmtes Leben im Alter?«, in: Stephan Mockry/Maximilian Rückert (Hg.), Roboter als (Er-)Lösung? Orientierung der Pflege von morgen am christlichen Menschenbild. Paderborn: Bonifatius, S. 91–103.

Hielscher, Volker/Kirchen-Peters, Sabine/Sowinski, Christine (2015): »Technologisierung der Pflegearbeit?«, in: Pflege und Gesellschaft 20(1), S. 5–19.

Höpner, Axel (2021): »Roboter als rollende Minibar. Robotise gewinnt erste Hotelketten als Kunden«, in: Handelsblatt, 17.07.2021. Siehe https://www.handelsblatt.com/technik/forschung-innovation/automatisierung-roboter-als-rollende-mini-bar-robotise-gewinnt-erste-hotelketten-als-kunden/27367898.html, zuletzt abgerufen am 22.01.2023.

ICN (2021): »Der ICN-Ethikkodex für Pflegefachpersonen«. International Council of Nurses. Genf. Siehe https://www.wege-zur-pflege.de/fileadmin/daten/Pflege_Charta/Schulungsmaterial/Modul_5/Weiterfu %CC %88hrende_Materialien/M5-ICN-Ethikkodex-DBfK.pdf, zuletzt abgerufen am 25.01.2023.

Kölling, Martin (2021): »Roboter in der Sinnkrise: Softbank produziert ›Pepper‹ vorerst nicht mehr«, in: Handelsblatt, 29.06.2021. Siehe https://www.handelsblatt.com/technik/forschung-innovation/kuenstliche-intelligenz-rob

oter-in-der-sinnkrise-softbank-produziert-pepper-vorerst-nicht-mehr/27374054.html, zuletzt aufgerufen am 02.07.2022.

Li, Shuhong/van Wynsberghe, Aimée/Roeser, Sabine (2020): »The complexity of autonomy: A consideration of the impacts of care robots on the autonomy of elderly care receivers«, in: Marko Nørskov/Johanna Seibt/Oliver Quick (Hg.), Culturally sustainable social robotics – Proceedings of Robophilosophy. Amsterdam: IOS Press, S. 316–325.

Mockry, Stephan/Rückert, Maximilian (Hg.) (2020): »Roboter als (Er-)Lösung? Orientierung der Pflege von morgen am christlichen Menschenbild«. Paderborn: Bonifatius.

Müller, Martin (2022): »Don't believe the hype? Stand und Perspektiven robotischer Systeme in der Pflege«, in: Pflege 35(5), S. 257–258. DOI: 10.1024/1012-5302/a000906.

Ohneberg, Christoph/Warmbein, Angelika/Stöbich, Nicole/Rathgeber, Ivanka/Kruppa, Astrid/Nast-Kolb, Julian/Träger, Matthias Felix/Bahou, Aissam/Stahl, Oliver/Eberl, Inge/Fischer, Uli (2022): »Study protocol for the implementation and evaluation of a digital-robotic-based intervention for nurses and patients in a hospital: A quantitative and qualitative triangulation based on the Medical Research Council (MRC) framework for developing and evaluating complex interventions«, in: BMC Nursing 21(1), S. 349–357. DOI: 10.1186/s12912-022-01088-6.

Remmers, Hartmut (2018): »Pflegeroboter: Analyse und Bewertungen aus Sicht pflegerischen Handelns und ethischer Anforderungen«, in: Oliver Bendel (Hg.), Pflegeroboter. Wiesbaden: Springer Gabler, S. 161–179. DOI: 10.1007/978-3-658-22698-5_9.

Remmers, Hartmut (2019): »Pflege und Technik. Stand der Diskussion und zentrale ethische Fragen«, in: Ethik in der Medizin 31(4), S. 407–430. DOI: 10.1007/s00481-019-00545-2.

Riedel, Annette/Giese, Constanze/Rabe, Marianne/Albisser Schleger, Heidi/Dinges, Stefan/Marckmann, Georg/Nordmann, Ingo/Pasch, Wolfgang/Streeck, Nina/Wöhlke, Sabine (2020): »Pflegeethische Reflexion der Maßnahmen zur Eindämmung von Covid-19«. Diskussionspapier der Akademie für Ethik in der Medizin. Siehe https://www.aem-online.de/fileadmin/user_upload/2020_05_12_Pflegeethische_Reflexion_Papier.pdf, zuletzt abgerufen am 22.01.2023.

Schnell, Martin W. (2002): »Ethik als Lebensentwurf und Schutzbereich«, in: ders. (Hg.), Pflege und Philosophie. Kurzlehrbuch für Pflege, Medizin und Philosophie. Berlin: Hans Huber.

van Wynsberghe, Aimée (2013): »Designing robots for care: Care centered value-sensitive design«, in: Science and Engineering Ethics 19, S. 407–433. DOI 10.1007/s11948-011-9343-6.

van Wynsberghe, Aimée (2015): »Healthcare robots: Ethics, design and implementation«. London: Routledge.

Vogel, Jörn/Hagengruber, Annette/Iskandar, Maged/Quere, Gabriel/Leipscher, Ulrike/Bustamante, Samuel/Dietrich, Alexander/Höppner, Hannes/Leidner, Daniel/Albu-Schäffer, Alin (2020): »EDAN: An EMG-controlled daily assistant to help people with physical disabilities«, in: 2020 IEEE/RSJ International Conference on Intelligent Robots and Systems (IROS), S. 4183–4190. DOI: 10.1109/IROS45743.2020.9341156.

Warmbein, Angelika/Schroeder, Ines/Mehler-Klamt, Amrei/Rathgeber, Ivanka/Huber, Jana/Scharf, Christina/Hübner, Lukas/Gutmann, Markus/Biebl, Johanna/Lorenz, Andreas/Kraft, Eduard/Zoller, Michael/Eberl, Inge/Fischer, Uli (2022): »Robot-assisted early mobilization of intensive care patients: A feasibility study protocol«, in: Pilot Feasibility Studies 8(1), S. 236–245. DOI: 10.1186/s40814-022-01191-0.

Heimübungsprogramm für Personen nach Schlaganfall mit der App MARTHA

Lena Rettinger, Andrea Greisberger, Carissa Klupper

Einleitung

Ergo- und Physiotherapie sind für die Rehabilitation nach einem Schlaganfall entscheidend, da das regelmäßige und intensive Training wesentlich zum Therapieerfolg beiträgt (Kwakkel 2006). Jedoch sind sowohl die Kapazitäten niedergelassener Therapeut*innen als auch die Kostenübernahme begrenzt, wodurch keine täglichen Therapieeinheiten möglich sind. Dem eigenständigen Üben der Patienten*innen zuhause kommt somit eine besondere Bedeutung zu, zumal das Üben im häuslichen Umfeld auch in Leitlinien empfohlen wird (Veerbeek et al. 2014). Zur Gestaltung eines Übungsprogramms für die obere Extremität wurde vor allem im deutschsprachigen Raum das »Schädigungsorientierte Training« auf seine Wirksamkeit hin untersucht (Platz et al. 2009; Platz et al. 2005) und in der deutschen Leitlinie als adäquate Intervention zum Training der oberen Extremität empfohlen (Nelles et al. 2017).

Obwohl die positive Wirkung eines Übungsprogramms von Personen nach Schlaganfall nicht infrage gestellt wird (Miller et al. 2017), ist die Adhärenz zu einem Heimübungsprogramm sehr unterschiedlich und teilweise nicht zufriedenstellend: Untersuchungen ergaben, dass nur zwischen 28 und 65 Prozent der Befragten ein empfohlenes Heimübungsprogramm auch wirklich durchführten (Mahmood et al. 2020; Miller et al. 2017). Häufig werden Übungen von den Personen nach Schlaganfall individuell an ihre Situation angepasst (Donoso Brown et al. 2015; Miller et al. 2017). Barrieren, die mit der Nichtdurchführung des Heimübungsprogramms assoziiert sind, sind selbst wahrgenommene Fatigue (Miller 2017), subjektives Gefühl der Hilflosigkeit (Bachmann/Oesch/Bachmann 2017) und unspezifische Übungen (Donoso Brown et al. 2015). Ein strukturiertes und individuell anpassbares

Heimübungsprogramm mit gleichzeitiger regelmäßiger Betreuung im Rahmen einer Therapie könnte die Adhärenz zum Übungsprogramm steigern (Bachmann/Oesch/Bachmann 2017; Jurkiewicz/Marzolini/Oh 2011). Weitere Förderfaktoren sind das Anbieten von visuellen Informationen z.B. in Form von Videos (Chaiyawat/Kulkantrakorn 2012; Chung et al. 2020; Emmerson et al. 2018), die Vereinbarung und Sichtbarkeit individueller Ziele (Grossklaus et al. 2014), eine transparente Fortschrittsanzeige (Chen et al. 2020: 7), individuelle Anpassungsmöglichkeiten bezüglich des Schwierigkeitsgrades der Übungen (ebd.), Erinnerungen an die Durchführung eines Heimübungsprogramms (Chen et al. 2019: 7) und eine überschaubare Anzahl an Übungen (max. vier) (Bachmann/Oesch/Bachmann 2017).

Um diesen Anforderungen eines Heimübungsprogramms gerecht zu werden, könnten sich telerehabilitative Maßnahmen eignen (Grau-Pellicer et al. 2020). Systematische Übersichtsarbeiten kommen zu dem Schluss, dass telerehabilitative Maßnahmen einem klassischen Übungssetting in der Schlaganfallrehabilitation gleichwertig gegenüberstehen (Laver et al. 2020; Sarfo et al. 2018). Nutzer*innen (Patient*innen, Angehörige und Fachleute des Gesundheitswesens) scheinen mit telemedizinischen Angeboten zufrieden zu sein und es zeigt sich eine ausreichende Akzeptanz (Johansson/Wild 2011; Mahmood et al. 2019). Die niederländische Schlaganfallleitlinie (Veerbeek et al. 2014) empfiehlt die Einbindung telerehabilitativer Maßnahmen in den Rehabilitationsprozess, da durch die telerehabilitative Unterstützung Patient*innen leichter selbstständig ein Heimübungsprogramm durchführen können. Die regelmäßige Evaluation des Übungsprogramms mit dem*der Therapeut*in soll Teil der Maßnahme sein. Um die Akzeptanz von telerehabilitativen Maßnahmen zu steigern, wird empfohlen, diese an die Bedürfnisse der Nutzer*innen anzupassen. Zu diesen Bedürfnissen zählen u.a. ein einfaches und ruhiges Interface, Feedback zu erhalten, und die Möglichkeit, ein Ziel zu setzen und dieses zu evaluieren (Wentink et al. 2018). Eine frühzeitige Einbindung potenzieller Nutzer*innen bei der Entwicklung von telerehabilitativen Maßnahmen wird ausdrücklich empfohlen und sorgt für eine nutzer*innenzentrierte Entwicklung (Dobrics/Hetterle 2014).

Eine Analyse der schon vorhandenen telerehabilitativen Angebote für die Schlaganfallrehabilitation zeigt, dass es sowohl im internationalen (Piran et al. 2019) als auch im deutschsprachigen Raum noch nicht viele Möglichkeiten gibt (Fröhlich 2019). Aufseiten der Therapeut*innen besteht allerdings Interesse an der Verwendung einer App im Rahmen der Therapie von Personen nach Schlaganfall (Abid Aziz 2020).

Ziel des Projekts eTherapy (gefördert von der MA23, Stadt Wien, Magistratsabteilung 23), welches dieser Publikation zugrunde liegt, war es, eine App zu entwickeln, die das Heimübungsprogramm für die Motorik der oberen Extremitäten von Personen nach Schlaganfall unterstützt. Hierbei sollen Übungsvideos und -anleitungen in Anlehnung an das Schädigungsorientierte Training (Platz et al. 2009; Platz et al. 2005) erstellt werden. Der*die Physio- oder Ergotherapeut*in stellt aus diesen Materialien, entsprechend der persönlichen Zielsetzung der Person nach Schlaganfall, in der App ein Heimübungsprogramm zusammen. Zielsetzung, Zielfortschritt und -erreichung und Übungsdurchführung sollen ebenfalls in der App ersichtlich sein, um die Adhärenz und Motivation zu fördern. Weiters sollen die Personen nach Schlaganfall eine Möglichkeit haben, die Übungserfahrung zu dokumentieren. So kann die Kommunikation mit dem*der Therapeut*in erleichtert werden.

Ziel der Evaluationsstudie war es, die Benutzungsfreundlichkeit und Akzeptanz eines ersten Prototyps der App zu überprüfen. Die verfolgten Forschungsfragen lauten: Wie beurteilen Personen nach Schlaganfall sowie Ergo- und Physiotherapeut*innen die Benutzungsfreundlichkeit der App? Wie ist die Akzeptanz der App bei Personen nach Schlaganfall sowie bei Ergo- und Physiotherapeut*innen?

Methode

Als Grundlage für die Entwicklung der App wurde eine ausführliche Literatur- und Apprecherche zum Thema durchgeführt. Weiterhin bildete eine Bedarfserhebung unter Physio- und Ergotherapeut*innen (Abid-Aziz 2020) die Basis für die Konzeption. In interprofessioneller Kooperation zwischen Software-Entwickler*innen, Physio- und Ergotherapeut*innen der FH Campus Wien wurde die App MARTHA entwickelt. Übungsvideos wurden, nach einem von den beteiligten Therapeut*innen erstellten Skript, von einer Film-Produktionsfirma (www.takacsfilm.com) gedreht und in die App integriert.

Nach Fertigstellung der App MARTHA wurde eine Evaluationsstudie mit dem Prototypen im Zeitraum August bis Oktober 2020 durchgeführt. Sowohl Personen nach Schlaganfall als auch deren Therapeut*innen wurden zur Beurteilung der Benutzungsfreundlichkeit und der Akzeptanz mit qualitativen (Fokusgruppen und Einzelinterviews) wie auch quantitativen (Fragebögen und

Nutzungsdaten) Methoden einbezogen. Die Datenerhebung hatte explorativen Charakter.

Die Rekrutierung erfolgte über eine willkürliche Stichprobe im Großraum Wien (Österreich) und umfasste Ergo- und Physiotherapeut*innen, die Personen nach Schlaganfall behandeln. Sie erfolgte über das Netzwerk der Studienmitarbeiter*innen (persönliche Gespräche, Anschreiben via E-Mail), über Postings in Facebookgruppen (z.B. Physiotherapie Österreich, Ergotherapie Österreich) und über Newsletter, Homepageauftritte und etwaige andere Informationskanäle der Berufsverbände (Ergotherapie Austria, Physio Austria).

Ein Informationsgespräch und die Überprüfung der Ein- und Ausschlusskriterien der Therapeut*innen erfolgte durch die Projektmitarbeiter*innen im Rahmen eines (Video-)Telefongesprächs. Die teilnehmenden Ergo- und Physiotherapeut*innen mussten über eine Berufsberechtigung in Österreich verfügen, mindestens zwei Jahre Erfahrung in der Behandlung von Personen nach Schlaganfall aufweisen und zum Zeitpunkt der Rekrutierung mindestens eine Person nach Schlaganfall (ambulant oder in der freiberuflichen Praxis) betreuen, die den Ein- und Ausschlusskriterien (siehe unten) entspricht und an der Studie teilnehmen will. Um genügend Raum für ein durchzuführendes Heimübungsprogramm im Rahmen der therapeutischen Betreuung zu geben, durfte maximal zwei Mal pro Woche eine Therapie stattfinden. Die teilnehmenden Personen nach Schlaganfall wurden über ihre Therapeut*innen rekrutiert. Die Ein- und Ausschlusskriterien für Personen nach Schlaganfall waren:

- Sie befinden sich in regulärer Ergo- bzw. Physiotherapie (gültige ärztliche Verordnung vorhanden, maximal zwei Therapieeinheiten pro Woche).
- Sie sind zum Zeitpunkt des Einschlusses mindestens 18 Jahre alt.
- Sie haben die Diagnose ischämischer oder hämorrhagischer Insult und eine daraus resultierende Beeinträchtigung der sensomotorischen Fertigkeiten der oberen Extremität.
- Sie besitzen grobmotorische Fertigkeiten der betroffenen oberen Extremität, so dass diese als Hilfshand eingesetzt werden kann.
- Sie können eine Berührung (mit geschlossenen Augen) an der betroffenen oberen Extremität wahrnehmen.
- Sie zeigen beim Mirroring (Wahrnehmung von Gelenkstellungen der betroffenen oberen Extremität) minimale bis keine Abweichungen.
- Sie verfügen über keine kognitiven Einschränkungen, die das Durchführen eines Heimübungsprogramms verhindern.

- Sie besitzen keine nicht-korrigierbare Beeinträchtigung des Sehens, die die Verwendung eines Tablets verhindert.
- Sie haben keine Sprachverständnisstörungen (z.B. Aphasie), die mit der Teilnahme an der Studie nicht vereinbar sind.
- Sie haben keine zusätzlichen orthopädischen Erkrankungen, die die Verwendung der oberen Extremität beeinträchtigen.
- Sie nehmen an keiner anderen Interventionsstudie teil, die die Wirkung einer Intervention für die obere Extremität untersucht.
- Sie willigen schriftlich und freiwillig in die Teilnahme an der Studie ein.

Personen nach Schlaganfall wurden von der Teilnahme an der Studie ausgeschlossen, wenn

- sie während der Intervention einen Re-Insult erlitten,
- der Fall einer Hospitalisierung in jeglicher Form auftrat,
- eine Verletzung der betroffenen oberen Extremität während des Interventionszeitraums stattfand,
- die derzeitige Therapie vorzeitig beendet wird,
- ein Therapeut*innenwechsel während des Interventionszeitraums stattfand.

Die Abklärung dieser Ein- und Ausschlusskriterien der Personen nach Schlaganfall erfolgte durch die behandelnden Therapeut*innen. Zur Unterstützung wurde den Therapeut*innen dafür eine Checkliste zur Verfügung gestellt. Die Teilnahme an der Studie erfolgte für alle Teilnehmer*innen freiwillig und konnte jederzeit ohne Angabe von Gründen beendet werden. Nach einem Informationsgespräch wurde von allen Teilnehmer*innen eine schriftliche Einwilligungserklärung unterschrieben.

Der Interventionszeitraum betrug mindestens vier Wochen und konnte auf maximal drei Monate von den Personen nach Schlaganfall und deren Therapeut*innen verlängert werden. Während des gesamten Interventionszeitraums wurde die routinemäßige Therapie weitergeführt und durch die Nutzung der App MARTHA in der Therapie und im häuslichen Umfeld ergänzt. Hierfür bekamen die Studienteilnehmer*innen ein Tablet mit der App zur Verfügung gestellt und die Therapeut*innen wurden hinsichtlich der Nutzung eingeschult. Zu Beginn der Intervention sollten gemeinsam in der App Ziele vereinbart und nach zwei oder vier Wochen evaluiert werden. Darüber hinaus wurden keine Vorgaben zur Art der Nutzung der App gemacht, um eine möglichst natürliche Verwendung im therapeutischen Alltag zu ermöglichen.

Von den inkludierten Therapeut*innen und Personen nach einem Schlaganfall wurden zu Beginn im Rahmen eines persönlichen oder telefonischen Interviews demografische Daten sowie Daten zur Technikaffinität erfasst. Um Informationen über die Durchführbarkeit, Akzeptanz und Benutzungsfreundlichkeit der App MARTHA zu erlangen, wurde von den Therapeut*innen während der Intervention ein Nutzungstagebuch geführt. Nach der Intervention nahmen Therapeut*innen und Personen nach Schlaganfall an einem Interview oder an einer Fokusgruppe teil (Ergebnisse werden an anderer Stelle publiziert). Am Ende der Intervention wurde die Benutzungsfreundlichkeit von MARTHA mit dem Fragebogen USE (Usability, Satisfaction and Ease of Use; Lund et al. 2001) mittels einer Sieben-Punkte-Likert-Skala bewertet. Weiterhin wurden Nutzungsdaten aus den retournierten Tablets ausgelesen, um das Nutzungsverhalten der Teilnehmer*innen zu analysieren. Die quantitativen Ergebnisse wurden mit Häufigkeitsanalysen und Medianwerten deskriptiv beschrieben.

Ergebnisse

In der Folge wird die App MARTHA, welche aus der Entwicklungsarbeit resultiert, sowie die Ergebnisse der Nutzung und Benutzungsfreundlichkeit dargestellt.

Die App MARTHA

Martha: Ein Avatar begleitet die Personen nach Schlaganfall bei ihrem Übungsprogramm als »Master Therapy Assistant – MARTHA« (siehe Abbildung 1).

Abbildung 1: Startbildschirm der App MARTHA

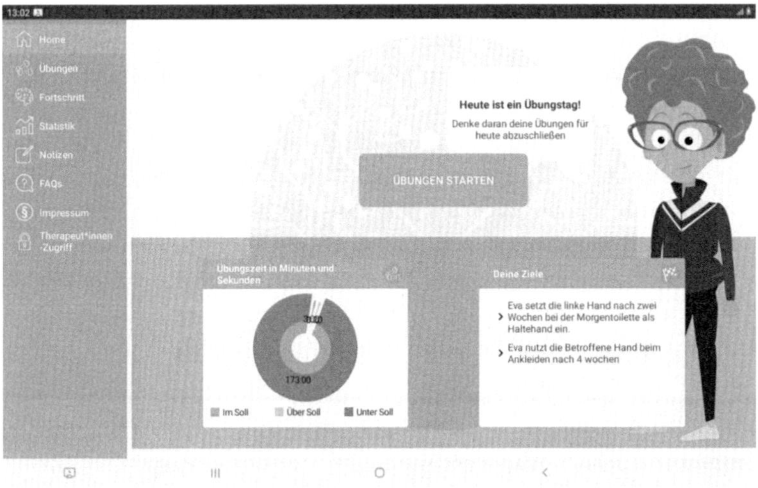

Quelle: Eigene Darstellung (Screenshot aus der App MARTHA)

Startbildschirm: Hier haben die Personen nach Schlaganfall eine Übersicht über ihr bereits absolviertes Programm, ihre vereinbarten Ziele und darüber, ob heute ein vereinbarter Übungstag ist. Mit einem Tippen können sie ihr Übungsprogramm starten.

Zielsetzung und Evaluation: In diesem Teil der App formulieren Personen nach Schlaganfall in Zusammenarbeit mit ihrer*m Therapeut*in persönliche Therapieziele nach den SMART-Kriterien. Auf zwei Skalen kann in regelmäßigen Abständen von 0 bis 10 beurteilt werden, wie weit man hinsichtlich der Zielerreichung fortgeschritten ist und wie zufrieden man mit diesem Ergebnis ist.

Übungsvideos: Die App enthält 36 Übungsvideos und Beschreibungen für das Training der oberen Extremität. Sie sind in vier Kategorien eingeteilt: Griffbildung, Zielgenauigkeit, Objektmanipulation und Statik/Dynamik. Die Videos sind jeweils für die rechte und linke Körperseite verfügbar. In einem eigenen Menü für die Therapeut*innen (»Therapeut*innenzugriff«) können diese relevante Übungen auswählen. Die Übungsfrequenz, -dauer und -beschreibung kann individuell für die Person nach Schlaganfall angepasst werden.

Übungsablauf, Stimmungsbild und Notizen: Wenn das Übungsprogramm (Abbildung 2) von der Person nach Schlaganfall gestartet wird, wird sie gebeten, ihre aktuelle Stimmung auf einer Skala von 0 bis 10 einzuschätzen. Anschließend wird eine kurze Beschreibung der ersten Übung gelistet und das Übungsvideo kann abgespielt werden. Nachdem das Video angesehen wurde, startet die Übungszeit, welche durch eine ablaufende Uhr dargestellt wird. Dieser Ablauf wiederholt sich für jede zugewiesene Übung. Nach der Absolvierung des Programms wird erneut die Stimmung abgefragt. Bei relevanten Änderungen (von mehr als zwei Punkten) vor und nach dem Üben wird die Person angeregt, eine Notiz zu hinterlassen, um zu dokumentieren, woran dieser Unterschied gelegen haben könnte. Die Notiz kann schriftlich oder mittels Sprachaufzeichnung erfolgen und durch Fotos oder Videos ergänzt werden. Die Notizen helfen bei der Kommunikation über das Übungsprogramm in der folgenden Therapieeinheit.

Abbildung 2: Übungsprogramm in der App MARTHA

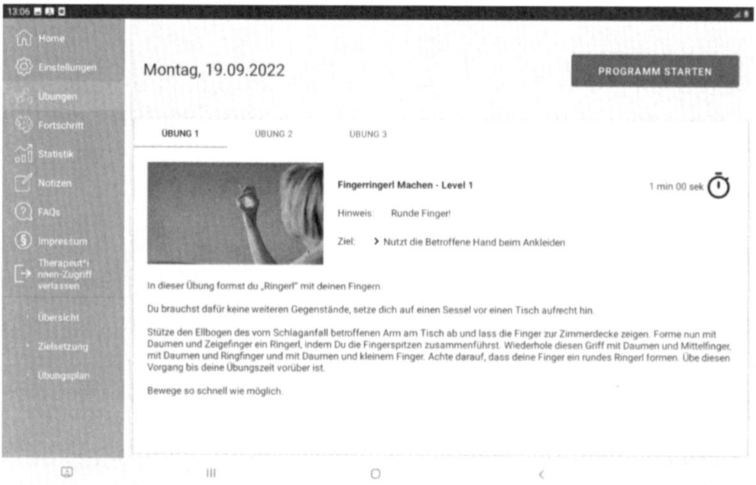

Quelle: Eigene Darstellung (Screenshot aus der App MARTHA)

Statistik: Auf dem Startbildschirm findet sich ein Überblick über die bereits absolvierten Übungsminuten und darüber, ob diese dem vereinbarten Maß entsprechen oder dies unter- oder überschreiten. Auf einer Statistikseite, welche über das Menü abgerufen werden kann, findet sich eine Übersicht über den Zielfortschritt in Form eines Liniendiagramms.

Erinnerungen und weitere Einstellungen: Basierend auf den Bedürfnissen und Präferenzen der Person nach Schlaganfall können Erinnerungen an das Übungsprogramm eingestellt werden. Die Erinnerung erfolgt mittels Audiosignal- oder Vibrationssignal an ausgewählten Tagen und Uhrzeiten. Weitere Einstellungen betreffen die geplante Therapielänge, die Anrede der Person nach Schlaganfall und Exportfunktionen.

Nutzungsdaten und Benutzungsfreundlichkeit

13 Therapeut*innen und 18 Personen nach Schlaganfall nahmen an der Untersuchung teil. MARTHA wurde von den Teilnehmer*innen durchschnittlich 46 Tage (Median) genutzt (Min-Max: 21–94). Die Therapeut*innen gaben ihren Patient*innen zwischen 12 und 66 Übungstage auf (Median: 29). Es wurden durchschnittlich zwei Ziele verfasst (Min-Max: 1–7). Während die Mehrzahl der Personen nach Schlaganfall keine Notizen verfassten (n=10), schrieben fünf Personen zwischen einer und fünf Notizen sowie eine Person 53 Notizen. Die Statistik wurde durchschnittlich elf Mal angesehen, wobei auch hier die Werte stark schwankten (0–109 Mal). Lediglich eine Therapeutin machte von der Exportfunktion Gebrauch. Die Therapeut*innen wählten 29 der 36 Übungsvideos aus.

Die Auswertung der Benutzungsfreundlichkeit aus dem USE-Fragebogen (bester möglicher Wert=7) ergab bei den Therapeut*innen einen Median-Wert von sechs für die Subskalen Nützlichkeit (Min-Max: 4–7) und Zufriedenheit (Min-Max: 3–7) und sieben für die Benutzungsfreundlichkeit (Min-Max: 5–7) und das einfache Erlernen (Min-Max: 6–7). Die Patient*innen gaben im Median Werte von fünf Punkten für die Nützlichkeit (Min-Max: 1–7) und Zufriedenheit (Min-Max: 1–7), sechs Punkte für die Benutzungsfreundlichkeit (Min-Max:1-7) und sieben Punkte für das einfache Erlernen (Min-Max: 1–7) (siehe Abbildung 3).

*Abbildung 3: Ergebnisse der Benutzungsfreundlichkeit entsprechend der Ergebnisse aus dem USE-Fragebogen. Grau, durchgehende Linie: Personen nach Schlaganfall; Schwarz, gestrichelte Linie: Therapeut*innen*

Quelle: Eigene Darstellung

Schlussbemerkungen

Der Einsatz der App MARTHA zur Unterstützung des Heimübungsprogramms nach einem Schlaganfall stellte sich als durchführbar dar. Die Nutzungsdauer und die Intensität der Nutzung unterschieden sich zwischen den Teilnehmer*innen stark. Die Benutzungsfreundlichkeit wurde auf allen Skalen positiv beurteilt.

Literatur

Abid Aziz, Nadia (2020): »Bedarfserhebung einer Heimübungsprogramm-unterstützenden App für Schlaganfallpatient*innen bei Wiener Ergo- und Physiotherapeut*innen«. Hochschulschrift. Wien.

Bachmann, Caroline/Oesch, Peter/Bachmann, Stefan (2017): »Recommendations for improving adherence to home-based exercise: A systematic review«, in: Physikalische Medizin, Rehabilitationsmedizin, Kurortmedizin 28(1), S. 20–31. DOI: 10.1055/s-0043-120527.

Chaiyawat, Pakaratee/Kulkantrakorn, Kongkiat (2012): »Effectiveness of home rehabilitation program for ischemic stroke upon disability and quality of life: a randomized controlled trial«, in: Clinical Neurology and Neurosurgery 114(7), S. 866–870. DOI: 10.1016/j.clineuro.2012.01.018.

Chen, Yu/Abel, Kingsley Travis/Janecek, John T./Chen, Yunan/Zheng, Kai/Cramer, Steven C. (2019): »Home-based technologies for stroke rehabilitation: A systematic review«, in: International Journal of Medical Informatics 123, S. 11–22. DOI: 10.1016/j.ijmedinf.2018.12.001.

Chen, Yu/Chen, Yunan/Zheng, Kai/Dodakian, Lucy/See, Jill/Zhou, Robert/Chiu, Nina/Augsburger, Renee/McKenzie, Alison/Cramer, Steven C. (2020): »A qualitative study on user acceptance of a home-based stroke telerehabilitation system«, in: Topics in Stroke Rehabilitation 27(2), S. 81–92. DOI: 10.1080/10749357.2019.1683792.

Chung, Bryan Ping Ho Chung/Chiang, Wendy Kam Ha/Lau, Herman/Lau, Titanic Fuk On/Lai, Charles Wai Kin/Sit, Claudia Sin Yi/Chan, Ka Yan/Yeung, Chau Yee/Lo, Tak Man/Hui, Elise/Lee, Jenny Shun Wah (2020): »Pilot study on comparisons between the effectiveness of mobile video-guided and paper-based home exercise programs on improving exercise adherence, self-efficacy for exercise and functional outcomes of patients with stroke with 3-month follow-up: A single-blind randomized controlled trial«, in: Hong Kong Physiotherapy Journal 40(1), S. 63–73. DOI: 10.1142/s1013702520500079.

Dobrics, Mario/Hetterle, Thomas (2014): »Ergebnisbericht des Arbeitskreises ›Erfahrungsaustausch‹ der AAL-Austria«. Siehe https://www.aal.at/wp-content/uploads/2015/11/AK_AAL_Erfahrungsaustausch_Ergebnisbericht_20141104.pdf, zuletzt abgerufen am 20.12.2022.

Donoso Brown, Elena V./Dudgeon, Brian J./Gutman, Karli/Moritz, Chet T./Wescott McCoy, Sarah (2015): »Understanding upper extremity home programs and the use of gaming technology for persons after stroke«, in: Disability and Health Journal 8(4), S. 507–513. DOI: 10.1016/j.dhjo.2015.03.007.

Emmerson, Kellie B./Harding, Katherine E./Lockwood, Kylee J./Taylor, Nicholas F. (2018): »Home exercise programs supported by video and automated reminders for patients with stroke: A qualitative analysis«, in: Australian Occupational Therapy Journal 65(3), S. 187–197. DOI: 10.1111/1440-1630.12461.

Fröhlich, Lisa (2019): »Heimübungsprogramme mittels Smartphone, Tablet und Computer zur Unterstützung der physio- und ergotherapeutischen Behandlung von SchlaganfallpatientInnen«. Wien: FH Campus Wien.

Grau-Pellicer, Montserrat/Lalanza, Jaume F./Jovell Fernández, Esther/Capdevila, Lluis (2020): »Impact of mHealth technology on adherence to healthy PA after stroke: a randomized study«, in: Topics in Stroke Rehabilitation 27(5), S. 354–368. DOI: 10.1080/10749357.2019.1691816.

Grossklaus, Luca/Heller, U./Nüscheler, R./Stammler, L. (2014): »Adhärenz in der Physiotherapie«, in: physioscience 10(02), S. 57–61. DOI: 10.1055/s-0034-1366477.

Jurkiewicz, Michael T./Marzolini, Susan/Oh, Paul (2011): »Adherence to a home-based exercise program for individuals after stroke«, in: Topics in Stroke Rehabilitation 18(3), S. 277–284. DOI: 10.1310/tsr1803-277.

Johansson, Tim/Wild, Claudia (2011): »Telerehabilitation in stroke care – A systematic review«, in: Journal of Telemedicine and Telecare 17(1), S. 1–6. DOI: 10.1258/jtt.2010.100105.

Kwakkel, Gert (2006): »Impact of intensity of practice after stroke: issues for consideration«, in: Disability and Rehabilitation 28(13-14), S. 823–830. DOI: 10.1080/09638280500534861.

Laver, Kate E./Adey-Wakeling, Zoe/Crotty, Maria/Lannin, Natasha A./George, Stacey/Sherrington, Catherine (2020): »Telerehabilitation services for stroke«, in: Cochrane Database of Systematic Reviews 1(1), Cd010255. DOI: 10.1002/14651858.CD010255.pub3.

Lund, Arnold (2001): »Measuring usability with the USE questionnaire«, in: Usability Interface 8(2), S. 3–6

Mahmood, Amreen/Solomon, John Michael/English, Coralie/Bhaskaran, Unnikrishnan/Menon, Girish/Manikandan, Natarajan (2020): »Measurement of adherence to home-based exercises among community-dwelling stroke survivors in India«, in: Physiotherapy Research International 25(2), e1827. DOI: 10.1002/pri.1827.

Miller, Kristine K./Porter, Rebecca E./DeBaun-Sprague, Erin/Van Puymbroeck, Marieke/Schmid, Arlene (2017): »Exercise after stroke: patient adherence and beliefs after discharge from rehabilitation«, in: Topics in Stroke Rehabilitation 24(2), S. 142–148. DOI: 10.1080/10749357.2016.1200292.

Nelles, Gereon/Brinkmann, Sabine/Dettmers, Christian/Dohle, Christian/Eckhardt, Gabriele/Freivogel, Susanna/Hummelsheim, Horst/Jahn, Klaus/Klamroth, Sarah/Liepert, Joachim/Mehrholz, Jan/Müri, René/Platz, Thomas/Pfeifer, Klaus/Renner, Caroline/Roschka, Sybille/Steib, Simon/Voller, Bernhard (2017): »Rehabilitation von sensomotorischen Störungen, S2k-Leitlinie«. Siehe https://register.awmf.org/assets/guidelines/030-123l_S2k_Rehabilitation_sensomotorische_St %C3 %B6rungen_2018-04-verlaengert.pdf, zuletzt abgerufen am 20.12.2022.

Piran, Pirouz/Thomas, Jinu/Kunnakkat, Saroj/Pandey, Abhishek/Gilles, Nadege/Weingast, Sarah/Burton, Dee/Balucani, Clotilde/Levine, Steven (2019): »Medical mobile applications for stroke survivors and caregivers«, in: Journal of Stroke and Cerebrovascular Diseases 28(11), 104318. DOI: 10.1016/j.jstrokecerebrovasdis.2019.104318.

Platz, Thomas/van Kaick, Stephanie/Mehrholz, Jan/Leidner, Ottmar/Eickhof, Christel/Pohl, Marcus (2009): »Best conventional therapy versus modular impairment-oriented training for arm paresis after stroke: a single-blind, multicenter randomized controlled trial«, in: Neurorehabilitation and Neural Repair 23(7), S. 706–716. DOI: 10.1177/1545968309335974.

Platz, T./van Kaick, S./Möller, L./Freund, S./Winter, T./Kim, I.H. (2005): »Impairment-oriented training and adaptive motor cortex reorganisation after stroke: a fTMS study«, in: J Neurol 252(11), S. 1363–1371. DOI: 10.1007/s00415-005-0868-y.

Sarfo, Fred S./Ulasavets, Uladzislau/Opare-Sem, Ohene K./Ovbiagele, Bruce (2018): »Tele-rehabilitation after stroke: An updated systematic review of the literature«, in: J Stroke Cerebrovasc Dis 27(9), S. 2306–2318. DOI: 10.1016/j.jstrokecerebrovasdis.2018.05.013.

Veerbeek, Janne/Van Wegen, Erwin/Van Peppen, Roland/Hendriks, Erik/Rietberg, Marc/Van der Wees, Philip J./Goos, Jos/Hanssen, Walter/Harmeling-Van der We, Barbara/De Jong, Lex/Kamphuis, Jip/Noom, Margo/Van der Schaft, Rob/Smeets, Caroline/Vluggen, Tom/Vijsma, Dennis/Vollmar, Caroline/Kwakkel, Gert (2014): »KNGF guideline stroke«. Royal Dutch Society for Physical Therapy. Siehe https://www.kngf.nl/bina

ries/content/assets/kennisplatform/onbeveiligd/guidelines/stroke_practi ce_guidelines_2014.pdf, zuletzt abgerufen am 20.12.2022.

Wentink, Manon M./van Bodegom-Vos, Leti/Brouns, Berber/Arwert, Henk J./Vliet Vlieland, Thea P.M./de Kloet, Arend J./Meesters, Jorit J.L. (2018): »What is important in e-health interventions for stroke rehabilitation? A survey study among patients, informal caregivers and health professionals«, in: International Journal of Telerehabilitation 10(1), S. 15–28. DOI: 10.5195/ijt.2018.6247.

Digitale Versorgung in der Logopädie/Sprachtherapie

Von der Präsenz- und Videotherapie zur Teletherapie

Juliane Leinweber

Einleitung

Im stetigen Wandlungsprozess der Digitalisierung im Gesundheitswesen prägte die Weltgesundheitsorganisation (WHO) 2021 den Begriff der *digitalen Gesundheit*. Diese umfasst das Wissen und die Praxis, so dass durch Entwicklung und Nutzung digitaler Technologien zur Verbesserung der Gesundheit beigetragen werden kann (WHO 2021: 11). Auch der Sachverständigenrat (SVR) hat sich durch eine Begutachtung 2021 zur Digitalisierung für Gesundheit zu deren Zielen und Rahmenbedingungen geäußert und eine Definition geschaffen, welche Aspekte in einem umfassenden Konzept einbezogen sein müssen, um dieser komplexen und dynamischen Entwicklung nachzukommen (SVR 2021). So definieren Ritterfeld und Hastall explizit für den Bereich der Logopädie/Sprachtherapie *Neue Technologien* als »sämtliche Hilfsmittel oder Unterstützungssysteme [digitaler Natur], die zur Verbesserung der Sprach- und Sprechfähigkeit, dem sprachgebundenen Lernen und Wissenserwerb, der (formalen) Bildung und dem Alltagsmanagement der interpersonalen Kommunikation, der Beziehungspflege und der sozialen Teilhabe dienen« (Ritterfeld/Hastall 2017: 36). Mit der Digitalisierung im Gesundheitswesen, insbesondere im Bereich der Logopädie/Sprachtherapie, gehen wir auch von einer Veränderung in der logopädischen/sprachtherapeutischen Versorgung aus, in der zunehmend digitale Elemente in den Handlungsfeldern der Logopädie Einzug finden (erweitert nach Malchus 2018). Das betrifft sowohl die Bereiche der Organisation und Dokumentation im Bereich der elektronischen Patient*innen- und Rezeptverwaltung als auch die Bereiche Information, Beratung und Anleitung durch eLearning-Angebote, Online-Plattformen und

Videosprechstunden. In den Handlungsfeldern der Diagnostik und Therapie gibt es ebenso zunehmend digitale Gesundheitsleistungen, die vermehrt Eingang in die Regelversorgung finden (werden), wie z.B. Apps als digitale Gesundheitsanwendungen (DiGA) oder telemedizinische Leistungen (TML) in Form der Videotherapie. Auf den Bereich der Logopädie/Sprachtherapie lässt sich das erweiterte Fünf-Säulen-Modell von Dockweiler und Razum (Dockweiler/Razum 2016) übertragen, so dass sich vor allem in der Säule *Versorgung* die digitale Gesundheitsleistung den TML zuordnen lässt, um die es vor allem in diesem Beitrag geht. Dabei soll der Fokus auf der Videotherapie im nationalen Raum liegen, deren rasante Entwicklung vor allem durch die Corona-Pandemie vorangetrieben wurde. Mit dem Umstieg auf eine rein digitale logopädische/sprachtherapeutische Versorgung ist auch deutlich geworden, welche Bereiche sich im Versorgungsalltag damit verändern, die sowohl neue Aufgaben der*des Logopäd*in/Sprachtherapeut*in betreffen als auch andere Anforderungen und Arbeitsabläufe/-prozesse. Mit dem Einsatz dieser digitalen Versorgungsmöglichkeit gehen auch Herausforderungen einher, die die Aspekte der Akzeptanz und Nutzung betreffen ebenso wie die digitale Kompetenz aufseiten der Therapeut*innen, Betroffenen und Angehörigen. Wissenschaftliche Projekte im Bereich der digitalen Versorgungsmöglichkeiten in der Logopädie/Sprachtherapie können einen Beitrag leisten, um die Anforderungen der Nutzenden an solche digitalen Lösungen herauszuarbeiten und (weiter) zu entwickeln ganz im Sinne der *digitalen Gesundheit*.

Teletherapie in der Logopädie/Sprachtherapie

Telemedizinische Leistungen (TML) im Bereich der Logopädie/Sprachtherapie werden nach dem GKV-Spitzenverband (2022) als »synchrone Kommunikation zwischen einem Leistungserbringer und einer oder einem Versicherten oder seiner Bezugs-/Betreuungspersonen, im Wege einer Onlinebehandlung per Videoübertragung in Echtzeit« (GKV 2022: 5), definiert. Diese Definition nähert sich ebenfalls der Definition von *telehealth, telerehabilitation, telespeech, teletherapy, virtual care, teleSLP* im internationalen Raum (z.B. SPA 2022; RCSLT 2020; ASHA o.J.). Dabei wird die Teletherapie als Anwendung von Telekommunikationstechnik verstanden, um trotz einer bestehenden Distanz zwischen Patient*in und Therapeut*in klinisch tätig sein zu können (SPA 2022). In der Regel werden zwei Formen der Teletherapie voneinander unterschieden: die

(1) synchrone Teletherapieform, die interaktiv und in Echtzeit erfolgt, und die (2) asynchrone Therapieform, bei der mit Material und Aufnahmen für bspw. Feedback und Monitoring gearbeitet wird (SPA 2022). Eine Zwischenform ist die hybride Therapieform, die sich durch die Nutzung sowohl synchroner als auch asynchroner Therapieelemente auszeichnet (SPA 2022; ASHA o.J.). In Deutschland werden die mobilen Gesundheitsanwendungen explizit nicht mit in die Definition der TML einbezogen. Somit wird der Weg für ein synchrones Versorgungsangebot geschaffen, das die Kombination von synchronen und asynchronen sowie hybriden Versorgungsformen, wie sie im internationalen Raum Anwendung findet, vernachlässigt. Eine wissenschaftsbasierte Annäherung an eine teletherapeutische Versorgungsform ist daher notwendig, um die durch die Corona-Pandemie angetriebenen Potenziale der Videotherapie aufzuarbeiten und als integralen Bestandteil zu verorten. Ziel muss die Weiterentwicklung der Logopädie/Sprachtherapie im digitalen Gesundheitswesen sein, bei der die teletherapeutische Versorgung mit Elementen aus Videotherapie, Präsenztherapie und Eigentraining als digitale Innovation in Deutschland vorangetrieben wird.

Projekte zur Video- und Teletherapie am Gesundheitscampus Göttingen

Videotherapie in der ambulanten Logopädie (ViTaL)

Das 2021 durchgeführte ViTaL-Verbundprojekt fokussierte sich auf die Chancen der Videotherapie und den damit verbundenen Digitalisierungsschub in der Logopädie/Sprachtherapie in der Patient*innenversorgung (Barthel et al. 2021a; Schwinn et al. 2020a; Schwinn et al. 2020b). Ziel des Projekts war eine Bestandsaufnahme der Videotherapie in der ambulanten logopädischen/sprachtherapeutischen Praxis während der Corona-Pandemie. Dabei gab es drei methodische Zugänge:

- Eine systematische Literaturrecherche und -analyse zur Videotherapie in der (inter-)nationalen logopädischen/sprachtherapeutischen Versorgung.
- Eine Online-Befragung, in der ambulant tätige Logopäd*innen und Sprachtherapeut*innen zur Nutzung der Videotherapie befragt wurden. Dabei lag der Fokus darauf, welche z.B. technischen, organisatorischen und sozialen Herausforderungen bestanden.

- Eine Videointeraktionsanalyse aus einer qualitativen Forschungsperspektive, in der Aufzeichnungen von videobasierten Therapien untersucht wurden, um Strukturen und Prozesse, insbesondere Entscheidungsprozesse und Technikfunktionalität, in der Videotherapie zu rekonstruieren.

Aus der Vielfalt der methodischen Zugänge sind Kernaussagen und Empfehlungen für die Nutzung von Videotherapie in der ambulanten logopädischen/sprachtherapeutischen Versorgung entstanden (Barthel et al. 2021b). Diese richten sich sowohl an ambulant tätige Logopäd*innen/Sprachtherapeut*innen und betreffen deren Interaktionen mit Betroffenen und Angehörigen in der Videotherapie als auch an die (Berufs-)Politik. Sie beziehen sich auf die zukünftige Nutzung und Vergütung der Videotherapie und auch auf die technischen Ausstattungen der Nutzenden und die erforderlichen flächendeckenden digitalen Strukturen in Deutschland (Barthel et al. 2021b).

Videotherapie in der ambulanten Logopädie/Sprachtherapie in Berlin/Brandenburg (VitaminB)

Da das Projekt ViTaL nur die Perspektive der Logopäd*innen/Sprachthera-peut*innen berücksichtigte, wurden im Anschlussverbundprojekt VitaminB neben der therapeutischen Perspektive auch die der Betroffenen und Angehörigen berücksichtigt. Die Ziele dieses Projekts waren: (1) den Nutzen sowie die Zufriedenheit und die Akzeptanz der Videotherapie aus drei Perspektiven zu triangulieren, (2) die Auswirkung förderlicher und hinderlicher Faktoren in der Umsetzung von Videotherapie herauszuarbeiten und (3) Handlungsempfehlungen für die Implementierung von Videotherapie als Bestandteil der regulären Versorgung abzuleiten. Diesen Zielen wurde sich methodisch qualitativ genähert. Zunächst wurden 30 episodische Interviews mit Logopäd*innen (n=10), Patient*innen (n=10) und Angehörigen (n=10) geführt und anschließend mit verschiedenen Akteur*innen aus der logopädischen Versorgung in einer Online-Fokusgruppe diskutiert. Die Ergebnisse wurden darüber hinaus noch in einem Fokusinterview mit der Vertretung einer Krankenkasse präsentiert. Daraus wurden 30 Handlungsempfehlungen an Behandelnde, Betroffene, Angehörige, (Berufs-)Politik und Anbietende von Therapieplattformen abgeleitet mit dem zentralen Ergebnis, dass Videotherapie als gleichwertige Alternative zur Präsenztherapie in der Logopädie implementiert werden soll. Um dies realisieren zu können, wurden Implementierungsbedingungen zur Sicherung der Struktur- und Prozessqualität benannt und die Potenziale für eine zukünftige qualitätsgesicherte Videotherapie aufgezeigt. Zudem ist immer individuell zu prüfen, ob Videotherapie indiziert ist. Wichtig dabei ist, dass sich weder aus dem Alter noch aus dem logopädischen Störungsbild oder der Technikkompetenz eindeutige Kriterien für oder gegen die Videotherapie ableiten lassen (Hecht et al. 2022).

Konzeption und Entwicklung einer Plattform zur Telediagnostik und Teletherapie bei neurogenen Sprachstörungen – teletherapeutisches lebensgeschichtliches Erzählen zur Steigerung von Lebensqualität (TELL)

Ziel des Verbundprojekts TELL ist die erstmalige Umsetzung einer erzählbasierten Biografiearbeit zur Steigerung der Lebensqualität von Menschen mit Aphasie (Corsten et al. 2015) als teletherapeutischer Ansatz. Damit sollen die Krankheitsverarbeitung unterstützt und die negativen sozialen Implikationen der neurologischen Sprachstörung durch die digitale Lösung abgemildert werden. Es soll eine Plattform entwickelt und erprobt werden u.a. mit einem Videokonferenzsystem zur multimodalen, teilhabeorientierten Gruppen- und Einzeltherapie bei Aphasie zur Steigerung der Lebensqualität. Zur Konzeptentwicklung des Videokonferenzsystems wurden in einer ersten Phase die Bedürfnisse der Nutzer*innen mithilfe einer Literaturrecherche und der Durchführung von Fokusgruppen analysiert. In einer nächsten Phase finden regelmäßige Pilotierungen mit Betroffenen und Therapeut*innen nach dem User-Centred-Design-Ansatz (Heitplatz et al. 2019) statt, um die technische Funktionalität und Usability überprüfen zu lassen und durch das Feedback weiterentwickeln und abschließen zu können. Dabei spielt die Expertise der Logopädie/Sprachtherapie durch die frühe Einbindung der Nutzenden in den Entwicklungsprozess eine zentrale Rolle in der Ergebnisqualität mit dem Ziel einer nachhaltigen Nutzung der entwickelten digitalen Lösung. Die letzte Phase des Projekts, in der die finale Version der Plattform evaluiert wird, steht noch aus.

Hybride und interaktive Sprach- und Sprechtherapie nach Schlaganfall (HiSSS)

Ein weiteres Verbundprojekt im Bereich der Teletherapie stellt HiSSS dar mit dem Ziel, ein technikgestütztes, interaktives Therapiesystem zu entwickeln, in dem die drei Elemente Präsenztherapie, Videotherapie und Eigentraining abgebildet werden sollen. Diese zu entwickelnde digitale Lösung soll in die vorhandenen therapeutischen Rahmenbedingungen eingebettet werden und eine automatische Spracherkennung, eine optische Erfassung von Gesicht, Sprach-, Sprech- und oralen Bewegungsdaten beinhalten sowie eine Analyse über KI-gestützte Verfahren. Ausgangspunkt ist die logopädische/sprachtherapeutische Perspektive, so dass ein Therapiekonzept für den digitalen Raum entwickelt werden kann. Für die Entwicklung des Systems stehen methodisch dabei Fokusgruppen zur Anforderungsanalyse sowie Co-Creation-Workshops mit Betroffenen und Therapeut*innen im Vordergrund, so dass dessen Entwicklung und Evaluation zyklisch erfolgen kann.

Schlussbetrachtung und Ausblick

Eine telemedizinische Versorgung (Videobehandlung) ist zunächst durch die Corona-Pandemie erzwungen worden, zeigte aber im Verlauf das Potenzial für eine zukünftige logopädische/sprachtherapeutische Versorgung, für deren Implementierung es noch einiger Rahmenbedingungen im fachbezogenen und auch im strukturellen Sinne bedarf. Dafür ist weiterhin eine Entwicklung wissenschaftsbasierter Standards einer innovativen teletherapeutischen Versorgung im internationalen Sinne erforderlich, so dass auch eine digitale Versorgungsqualität in der Logopädie/Sprachtherapie in Deutschland gewährleistet werden kann. Diese qualitativ abgesicherte digitale logopädische/sprachtherapeutische Versorgungsform als integraler Bestandteil der Regelversorgung kann demnach einen Beitrag für eine verbesserte Gesundheit in der Versorgung von Menschen mit Kommunikationsstörungen leisten. Dafür benötigt die wissenschaftsbasierte Logopädie/Sprachtherapie im nationalen Raum Akteur*innen aus der logopädischen Versorgung, die sich an der Entwicklung digitaler Versorgungsformate beteiligen.

Dank

Ich danke meinen Kolleginnen Julia Adam, Maria Barthel, Mirjam Gauch, Katharina Giordano, Annika Hecht, Birte Meier, Bianca Spelter und Manja Wonschik, die mich zu diesem Thema am Gesundheitscampus Göttingen unterstützen und eine Weiterentwicklung stetig mit vorantreiben. Ebenso danke ich allen Verbundpartnern der hier genannten Projekte.

Literatur

ASHA (o.J.): »Telepractice«. American Speech-Language-Hearing Association. Siehe https://www.asha.org/practice-portal/professional-issues/telepractice/, zuletzt abgerufen am 29.11.2022.

Barthel, Maria/Schwinn, Silke/Borgetto, Bernhard/Leinweber, Juliane (2021a): »Digitalisierungschancen – Spurensuche nach Evidenz. Ergebnisse der Videointeraktionsanalyse aus dem Forschungsprojekt ›ViTaL‹«, in: Forum Logopädie 35(1), S. 34–39. DOI: 10.2443/skv-s-2021-53020210105.

Barthel, Maria/Schwinn, Silke/Einfeldt, Ann-Kathrin/Borgetto, Bernhard/Leinweber, Juliane (2021b): »Digitalisierungschancen nutzen! Kernaussagen und Empfehlungen für die Nutzung von Videotherapie in der ambulanten logopädischen/sprachtherapeutischen Versorgung (Kurzfassung)«, in: Forum Logopädie 35(2), S. 49–50.

Corsten, Sabine/Schimpf, Erika J./Konradi, Jürgen/Keilmann, Annerose/Hardering, Friedericke (2015): »The participants' perspective: How biographic-narrative intervention influences identity negotiation and quality of life in aphasia«, in: International Journal of Language and Communication Disorders 50(6), S. 788–800. DOI: 10.1111/1460-6984.12173.

Dockweiler, Christoph/Razum, Oliver (2016): »Digitalisierte Gesundheit: Neue Herausforderungen für Public Health«, in: Das Gesundheitswesen 78(01), S. 5–7. DOI: 10.1055/s-0041-110679.

GKV Spitzenverband (2022): »Vertrag nach § 125 Absatz 1 SGB V«. Siehe https://www.gkv-spitzenverband.de/media/dokumente/krankenversicherung_1/ambulante_leistungen/heilmittel/vertraege_125abs1/20220831_SSST_Vertrag_Lesefassung.pdf, zuletzt abgerufen am 29.11.2022.

Hecht, Annika/Wargers, Ina/Borgetto, Bernhard/Leinweber, Juliane (2022): »Videotherapie in der ambulanten logopädischen Versorgung: Empirisch begründete Handlungsempfehlungen«, Poster auf dem 21. Deutschen Kongress für Versorgungsforschung, Potsdam. DOI: 10.3205/22dkvf073.

Heitplatz, Vanessa N./Leinweber, Juliane/Frieg, Hendrike/Bilda, Kerstin/Ritterfeld, Ute (2019): »Konzepte zur Nutzer*inneneinbindung am Beispiel der Entwicklung einer digitalen Anwendung zum Training der Sprechverständlichkeit (ISi-Speech)«, in: André Posenau/Wolfgang Deiters/Sascha

Sommer (Hg.), Nutzerorientierte Gesundheitstechnologien im Kontext von Therapie und Pflege. Bern: Hogrefe, S. 183–194.

Malchus, Karoline (2018): »E-Health in der Logopädie: Anforderungen an das Fachpersonal«. Vortrag auf dem 47. dbl-Jahreskongress, Bielefeld.

RCSLT (2020): »Telehealth Guidance«. Royal College of Speech Language Therapists. Siehe https://www.rcslt.org/members/delivering-quality-services/telehealth-guidance/, zuletzt abgerufen am 29.11.2022.

Ritterfeld, Ute/Hastall, Matthias R. (2017): »Begrifflichkeiten, Systematik, Akzeptanzfaktoren und Innovationen«, in: Kerstin Bilda/Juliane Mühlhaus/Ute Ritterfeld (Hg.), Neue Technologien in der Sprachtherapie. Stuttgart: Thieme, S. 75–83.

Schwinn, Silke/Barthel, Maria/Leinweber, Juliane/Borgetto, Bernhard (2020a): »Digitalisierungschancen in der Krise. Erste Ergebnisse zur Umsetzung der Videotherapie in der ambulanten Logopädie (ViTaL)«, in: Forum Logopädie 34(5), S. 18–21. DOI: 10.2443/skv-s-2020-53020200503.

Schwinn, Silke/Barthel, Maria/Leinweber, Juliane/Borgetto, Bernhard (2020b): »Digitalisierungschancen – Umsetzung von Videotherapie im Lockdown: Ergebnisse der Online-Befragung aus dem Forschungsprojekt ›ViTaL‹«, in: Forum Logopädie 34(6), S. 36–40. DOI: 10.2443/skv-s-2020-53020200605.

SPA (2022): »Position Statement: Telepractice in Speech Pathology«. The Speech Pathology Association of Australia Limited. Siehe https://www.speechpathologyaustralia.org.au/SPAweb/Members/Position_Statements/Position_Statements, zuletzt abgerufen am 29.11.2022.

SVR (2021): »Digitalisierung für Gesundheit – Ziele und Rahmenbedingungen eines dynamisch lernenden Gesundheitssystems«. Sachverständigenrat Gesundheit. Siehe https://www.svr-gesundheit.de/fileadmin/Gutachten/Gutachten_2021/SVR_Gutachten_2021.pdf, zuletzt abgerufen am 29.11.2022.

WHO (2021): »Global strategy on digital health 2020–2025«. World Health Organization. Genf. Siehe https://www.who.int/docs/default-source/documents/gs4dhdaa2a9f352b0445bafbc79ca799dce4d.pdf, zuletzt abgerufen am 06.12.2022.

Onlinetherapie für Menschen mit Aphasie

Tipps und Hinweise zur Anwendung im therapeutischen Alltag

Elisabeth Meyer

Einleitung: Aphasie im Kontext von Onlinetherapie

Als Aphasie wird eine erworbene zentrale Sprachstörung bezeichnet, die durch eine Schädigung des Gehirns hervorgerufen wird. Die Beeinträchtigungen können sich in unterschiedlichem Ausmaß auf alle Modalitäten der Sprache (Sprachverstehen und -produktion, Lesen, Schreiben) sowie alle linguistischen Ebenen (Phonologie, Morphologie, Semantik, Syntax, Pragmatik) erstrecken und sich expressiv wie rezeptiv zeigen (Schneider et al. 2021). Entsprechend komplex und omnimodal gestaltet sich die logopädische Therapie einer Aphasie. Es stehen verschiedene, zunehmend evidenzbasierte, Therapieansätze zur Verfügung, die meist ein interaktives und kollaboratives Arbeiten von Logopäd*innen und Betroffenen erfordern.

Eine Änderungsvereinbarung der Heilmittelrichtlinie ermöglicht mittlerweile die »Durchführung der Heilmittelbehandlung als telemedizinische Leistung« für gesetzlich Versicherte. Telemedizinische Leistungen werden dabei als »synchrone Kommunikation zwischen einem Leistungserbringer und einer oder einem Versicherten oder seiner Bezugs-/Betreuungspersonen, im Wege einer Onlinebehandlung per Videoübertragung in Echtzeit«, definiert (GKV-Spitzenverband 2022b). Daraus ergeben sich neue Anforderungen an Logopäd*innen, da neben einer fachlich-wissenschaftlichen Expertise zusätzlich eine entsprechende Medienkompetenz erforderlich wird.

Welche Umsetzungsmöglichkeiten einer (interaktiven) Onlinetherapie für Menschen mit Aphasie es aktuell gibt und was bei der Anwendung im therapeutischen Alltag von Logopäd*innen beachtet werden sollte, wird im Folgenden erläutert.

Aktuelle Umsetzungsmöglichkeiten einer Onlinetherapie für Menschen mit Aphasie

Technische Voraussetzungen und Hilfsmittel

Die technischen Grundvoraussetzungen sind zunächst ein Computer mit einer Webcam (gegebenenfalls extern), der Zugang zu einer stabilen Internetverbindung sowie ein Headset für eine gute Audioqualität. Darüber hinaus können weitere Hilfsmittel die Durchführung der Therapie erleichtern. Patient*innen können beispielsweise von alternativen Eingabegeräten wie Grafiktablets profitieren. Diese vereinfachen Eingabeprozesse und ermöglichen das Trainieren schriftsprachlicher Fähigkeiten. Analoge Inhalte (Bilder, Texte, Schrift etc.) können über sogenannte Mirror Cams geteilt werden. Dabei handelt es sich um Spiegel, die über der Webcam des Computers angebracht werden und dadurch die Fläche des Tastaturbereichs reflektieren. Logopäd*innen können zudem professionelle USB-Dokumentenkameras nutzen, um Therapiematerialien zu präsentieren.

Videodienste

Für gesetzlich Versicherte muss die Onlinetherapie mit vom GKV-Spitzenverband zertifizierten Videodienstanbieter*innen erfolgen (GKV-Spitzenverband 2022b). Mit Stand zum 11. November 2022 waren für den Bereich der Stimm-, Sprech-, Sprach- und Schlucktherapie insgesamt 22 Videodienste zertifiziert (GKV-Spitzenverband 2022a). Der Funktionsumfang der Videodienste unterscheidet sich teils erheblich. In Tabelle 1 sind die Funktionen, die ein interaktives, kollaboratives Arbeiten ermöglichen, sowie die Anzahl der Videodienste,[1] die die jeweiligen Funktionen erfüllen, aufgeführt.

1 Bei den 22 zertifizierten Videodiensten handelt es sich größtenteils um firmeninterne Lösungen, die nicht öffentlich zugänglich sind. Insgesamt konnten elf Anbieter*innen getestet werden, auf die sich die Angaben in Tabelle 1 beziehen.

Tabelle 1: Funktionen von Videokonferenzdiensten

Funktion	Definition	Einsatzmöglichkeit	Anzahl Videodienste mit dieser Funktion (Angaben in Bezug auf 11 getestete Anbieter; Stand 11/11/22)
Bildschirm teilen	Übertragung des Bildschirminhalts	Teilen von Therapiematerialien über den Computerbildschirm	11
Chat	Austausch von Textnachrichten während der Videokonferenz	Über den Bildschirm geteilte Inhalte können kommentiert werden	8
Whiteboard	Weiße Fläche, auf die man gemeinsam mit verschiedenen Zeichenwerkzeugen schreiben oder malen kann		3
Teilnahme über Tablet	Ermöglicht die Teilnahme über Tablets wie iPad, Galaxy Tab etc.		11
Bildschirm eines Tablets teilen	Übertragung des Bildschirminhalts eines Tablets	Teilen und Einbinden von Apps in die Videotherapie	0
Kommentieren	Ermöglicht, geteilte Inhalte mit Kommentaren, Symbolen, Zeichen etc. zu versehen		2

Mehrere Bildschirme teilen	Übertragung mehrerer Bildschirminhalte gleichzeitig, z.B. Computerbildschirm parallel zu Whiteboard	Teilen von Therapiematerialien über den Computerbildschirm und gleichzeitige Bearbeitung dieser auf dem Whiteboard	2
Fernzugriff	Möglichkeit, von einem Computer aus auf einen anderen zuzugreifen und diesen zu steuern	Therapeut*in teilt Bildschirm und präsentiert digitale Materialien, die die Patient*innen durch Fernzugriff bearbeiten können	0

Quelle: Eigene Darstellung

Programme zum Präsentieren digitaler Therapieinhalte

Darüber hinaus gibt es verschiedene Programme, die beim Erstellen oder Einbinden digitaler Therapieinhalte hilfreich sein können. Abhängig von den Funktionen des Videodienstes können die erstellten Inhalte unterschiedlich präsentiert und bearbeitet werden. Die vielfältigsten Möglichkeiten bieten sogenannte Online-Whiteboards. Sie ermöglichen Logopäd*innen, Materialien in Form von Text, Bild, Audio oder Video einzustellen, über einen Link mit den Patient*innen zu teilen und damit gemeinsam synchron zu arbeiten. Der große Vorteil ist, dass bezüglich des Videodienstes keine besonderen Funktionen benötigt werden.

Datenschutz

Grundsätzlich dürfen (Online-)Therapien ausschließlich unter Einsatz von Programmen erfolgen, die konform mit der Datenschutz-Grundverordnung (DGSVO) sind. Diese Vorgabe basiert unter anderem auf dem Recht auf Schutz personenbezogener Daten (§ 8 Abs. 1 EU-Grundrechtecharta). Personenbezogene Daten in Bezug auf eine Onlinetherapie können IP-Adresse, Name, Fotos, Videos oder andere Inhalte sein, die einen Rückschluss auf die entsprechende Person zulassen. GKV-zertifizierte Videodienste erfüllen diese

Vorgabe und sind DGSVO-konform. Voraussetzung für den Einsatz weiterer Programme ist die Prüfung ihrer (DGSVO-konformen) Datenverarbeitung sowie die Aufklärung und Einwilligung der Patient*innen.

Beratung und Schulung von Patient*innen und deren Angehörigen

Damit Patient*innen bestmöglich an einer Onlinetherapie partizipieren können, ist ein sicherer Umgang mit der Technik und den verwendeten Programmen notwendig. Logopäd*innen sollten sich daher mit den individuellen Voraussetzungen und Bedürfnissen vertraut machen: Welche Technik ist vorhanden? Von welchem zusätzlichen Equipment oder Hilfsmittel können die Patient*innen profitieren? Alle verwendeten Programme sollten patient*innenorientiert ausgewählt und vor Beginn der eigentlichen Therapie hinreichend erläutert und erprobt werden.

Zusammenfassung

Die aktuellen Umsetzungsmöglichkeiten einer Onlinetherapie für Menschen mit Aphasie sind vielfältig und können sowohl für Logopäd*innen als auch für Patient*innen sowie deren Angehörige mit Vorteilen verbunden sein. Voraussetzung ist jedoch eine entsprechende Medienkompetenz, die eine patient*innenorientierte, datenschutzkonforme Auswahl vorhandener Ressourcen ermöglicht. Darüber hinaus gibt es besonders im Hinblick auf den Funktionsumfang der Videodienste großen Entwicklungsbedarf. Das im Rahmen einer Aphasietherapie notwendige interaktive und kollaborative Arbeiten der Logopäd*innen mit den Betroffenen ist mit deren alleiniger Nutzung oft nicht möglich. Eine Berücksichtigung des Funktionsumfangs bei der Zertifizierung wäre wünschenswert.

Literatur

GKV-Spitzenverband (2022a): »Videosprechstunde, -betreuung/telemedizinische Leistung per Video«. Siehe https://www.gkv-spitzenverband.de/krankenversicherung/digitalisierung/kv_videosprechstunde/videosprechstunde.jsp, zuletzt abgerufen am 02.03.2023.

GKV-Spitzenverband (2022b): »Vertrag nach § 125 Absatz 1 SGB V über die Versorgung mit Stimm-, Sprech-, Sprach- und Schlucktherapie einschließlich der Übergangsänderungsvereinbarung in der Fassung vom 01.09.2022. Verträge nach § 125 Abs. 1 SGB V – GKV-Heilmittel«. Siehe https://www.gkv-heilmittel.de/fuer_heilmittelerbringer/vertraege/vertraege.jsp, zuletzt abgerufen am 02.03 2023.

Schneider, Barbara/Wehmeyer, Meike/Grötzbach, Holger (2021): »Aphasie: ICF-orientierte Diagnostik und Therapie«. Berlin, Heidelberg: Springer. DOI: 10.1007/978-3-662-62835-5.

Stärkung digitaler Gesundheitskompetenzen bei Senior*innen

Ein Praxisprojekt in der Gesundheitsregion^{plus} Regensburg

Simone Eckert

Schon vor der Corona-Pandemie war im deutschen Gesundheitswesen und damit verknüpft auch in den Bereichen der Gesundheitsförderung und -prävention eine zunehmende Digitalisierung zu erkennen. Um die innovativen Lösungen effizient einsetzen und nutzen zu können, werden entsprechende digitale Gesundheitskompetenzen aufseiten der potenziellen Nutzer*innen, den Patient*innen, benötigt. Gerade mehrfach Erkrankte und chronisch Kranke würden von digitalen Neuerungen am meisten profitieren, stellen aber, nicht zuletzt aufgrund ihres meist schon höheren Alters, gleichzeitig eine wenig technikaffine Gruppe dar. Diesem Umstand soll in dem vorliegenden Praxisprojekt zur Stärkung der digitalen Gesundheitskompetenzen von Senior*innen in der Gesundheitsregion^{plus} Regensburg begegnet werden.

Hintergrund und Ausgangspunkt

Die Lebenserwartung ist in Bayern – wie in der gesamten Bundesrepublik Deutschland – in den letzten Jahren kontinuierlich gestiegen (Statista 2022). Immer mehr Senior*innen werden immer älter. Schon jetzt macht der Anteil der über 65-Jährigen etwa 20 Prozent der Bevölkerung aus. Der Anteil der über 65-Jährigen lag 2019 in Regensburg bei 16 Prozent (Stadt Regensburg 2019), im Landkreis Regensburg bei 19,3 Prozent (Bayerisches Landesamt für Statistik 2020). Die gewonnenen Lebensjahre möchten Senior*innen folgerichtig gerne gesund und im gewohnten Lebensumfeld verbringen.

Mit steigendem Alter nimmt jedoch das Risiko für (chronische) lebensstilassoziierte Erkrankungen zu. Oftmals treten aufgrund der Konstellation der

Risikofaktoren mehrere chronische Erkrankungen parallel auf. Liegen mehr als zwei Diagnosen vor, spricht man von Multimorbidität (DEGAM 2017). Bei der Behandlung dieser Mehrfacherkrankungen stoßen Ärzt*innen an die Grenzen der vorhandenen Leitlinien, da diese nur auf einzelne Erkrankungen abgestimmt sind und das komplexe Zusammenspiel mehrerer Behandlungen nicht berücksichtigen (DEGAM 2017). Gleichzeitig sind für eine erfolgreiche Therapie das Verständnis und das Mitwirken der Patient*innen erforderlich. Jedoch ist der Wissensstand seitens der Patient*innen in den meisten Fällen unzureichend für eine entsprechende Therapiemitwirkung, also Umsetzung notwendiger Maßnahmen im Alltag. In der Kürze eines Ärzt*innen-Patient*innengesprächs können die notwendigen Kompetenzen nicht ausreichend aufgebaut und der Wissensstand nicht wesentlich verbessert werden, so dass Potenziale aufgrund der ausbleibenden Mitwirkung nicht genutzt werden können und Therapien schlechter verlaufen, als sie könnten.

Bedeutung von Prävention und Gesundheitsförderung – insbesondere im Alter

Gesundheitsförderung und Prävention nehmen einen hohen Stellenwert ein, um den Körper gesund zu erhalten. Ein aktiver, selbstbestimmter Lebensstil mit Bewegung, gesundheitsförderlicher Ernährung, sozialen Kontakten und Vorsorgeuntersuchungen kann helfen, lange eigenständig und ohne gesundheitliche Einschränkungen leben zu können. Je früher ein derartiger Lebensstil gepflegt wird, umso eher lässt sich das Risiko für Erkrankungen und beginnende Multimorbidität senken. Somit gewinnt die Prävention chronischer Krankheiten wie Bluthochdruck, Hypercholesterinämie, Diabetes und Übergewicht (Adipositas) im Alter an Bedeutung.

Obwohl regelmäßige körperliche Aktivität im Alter eine wichtige Ressource zum Erhalt von Mobilität und körperlicher Funktionsfähigkeit darstellt, belegen Studien, dass sich nur etwa ein Drittel der Senior*innen ab 65 Jahren täglich ausreichend bewegt (RKI 2015). Hinzu kommt, dass viele Senior*innen, vor allem nach dem Verlust der Partnerin oder des Partners, sich sozial zurückziehen und weniger Kontakte pflegen. Die gesellschaftliche Teilhabe nimmt mit steigendem Alter oftmals ab und die Vereinsamung zu. Laut dem Statistischen Bundesamt (2021) sind 19,2 Prozent der Männer und 32,2 Prozent der Frauen über 65 Jahre verwitwet und/oder leben primär alleine. Werden weniger Kontakte und Hobbys in einem intakten verlässlichen Umfeld gepflegt, geht ein nicht unwesentlicher Teil an sozialer Interaktion und Teilhabe am gesellschaftlichen Leben sukzessive verloren. Dieser Effekt wird vor allem durch einen niedrigen sozioökonomischen Status und in ländlichen Regionen durch geringe Mobilität verstärkt.

Digitalisierung forciert die Herausforderungen

Die aufgezeigten Herausforderungen für die Gestaltung eines gesunden, eigenständigen Älterwerdens werden durch die Digitalisierung und die zunehmend komplexeren medizinischen und technischen Entwicklungen zusätzlich vorangetrieben. Digitalisierung im Gesundheitswesen und in der Medizin lässt sich schon seit vielen Jahren erkennen. So unterstützen beispielsweise Fitness-Apps und Trackingsysteme die Dokumentation der Bewegungsaktivitäten; andere Apps helfen, eigene Vitaldaten wie Blutdruck oder Blutzuckerwerte zu überwachen.

Die Entwicklungen im Gesundheitswesen, wie der zunehmende Mangel an Arbeitskräften oder der Kostendruck, forcieren zudem die Entwicklung digitaler Lösungen. Von Entwicklungen wie der elektronischen Patient*innenakte profitieren vor allem Menschen, die viele (Fach-)Ärzt*innen aufsuchen und mehrere Diagnosen aufweisen. Dies sind, wie bereits kurz skizziert, vor allem (meist ältere) multimorbide Menschen.

Neben dem medizinischen und pflegerischen Bereich hat die Digitalisierung auch in allen anderen Lebensbereichen Einzug gehalten. Ob man die Kommunikationstechniken betrachtet oder den Konsum: Überall wurden analoge Prozesse in die virtuelle Welt verlagert. Um Senior*innen weiter Teilhabe am gesellschaftlichen, sozialen und kulturellen Leben zu ermöglichen, müssen sie bei der Transformation mitgenommen, sprich ihnen die notwendigen Zugangsmöglichkeiten eröffnet werden.

Gesundheitskompetenz als Basis für gesundheitsförderliches Verhalten

Während die Lebenserwartung bei den Senior*innen kontinuierlich gestiegen ist, hat gleichzeitig die Komplexität in den Bereichen der Gesundheit und Gesundheitsförderung stark zugenommen. Medizinischer Fortschritt, ein ausdifferenziertes Angebotsspektrum unterschiedlicher Leistungserbringer*innen, digitale Entwicklungen und Künstliche Intelligenz bei gleichzeitig sehr komplexen multifaktoriellen Krankheitsbildern bedingen entsprechende Gesundheitskompetenzen, um mit diesen Gegebenheiten umgehen zu können. Um gesundheitsrelevante Entscheidungen treffen zu können, z.B. ob eine Operation gegenüber einer konservativen Behandlung vorzuziehen ist, braucht es entsprechendes Wissen und die Fähigkeit, die entsprechenden Optionen bewerten zu können.

Neben den klassischen Fähigkeiten des Lesens, Schreibens und Rechnens werden unter dem Begriff »Gesundheitskompetenzen« (engl: Health Literacy) die notwendigen Fähigkeiten verstanden, gesundheitsrelevante Informationen zu finden, zu verstehen, zu beurteilen und umsetzen zu können (Schaeffer et al. 2018). Dies betrifft sowohl die Felder der Krankheitsbewältigung (Diagnosen, Therapien) als auch deren Prävention und eine allgemeine lebenslange Gesundheitsförderung. Gesundheitskompetenzen sind damit ein zentraler Schlüssel für ein entsprechendes Verhalten.

Studien der Universität Bielefeld zur Gesundheitskompetenz (Health Literacy Survey Germany) zeigen, dass 54,3 Prozent der Befragten eine eingeschränkte Gesundheitskompetenz aufweisen (Schaeffer et al. 2016). Damit schneidet Deutschland im EU-Vergleich schlechter als der Durchschnitt ab. In der Gruppe ab 65 Jahren haben 15,2 Prozent der Befragten eine inadäquate Gesundheitskompetenz, weitere 51,1 Prozent haben eine problematische Gesundheitskompetenz und sehen sich oftmals vor Probleme im Gesundheitssystem gestellt. Das bedeutet, dass die Mehrheit der Bevölkerung Probleme hat, gesundheitsrelevante Informationen zu finden, zu verstehen, einzuordnen, zu bewerten und zu nutzen. Bedeutsam ist das Ergebnis nicht nur vor dem Hintergrund individueller Einschränkungen, sondern es stellt auch eine gesamtgesellschaftliche Herausforderung dar, da eine geringe Gesundheitskompetenz häufig mit einem schlechteren Gesundheitszustand, intensiverer Inanspruchnahme des Gesundheitssystems und einem schlechteren Gesundheitsverhalten einhergeht.

Während vor allem jüngere Generationen hier leichter in dieses immer komplexere Zusammenspiel hineinwachsen und sich Informationen aus gesicherten Internetquellen besorgen können oder in Interaktion mit Online-Beratungsmöglichkeiten treten, werden weniger »digitale« – meist ältere – Personen nach und nach ausgegrenzt. Der Zugang zu Wissen über Gesundheit und Prävention sowie Anwendungsmöglichkeiten für Prävention und Gesundheitsförderung werden immer schwieriger. Je älter Senior*innen bereits sind, umso mehr erschweren Ängste vor den neuen digitalen Möglichkeiten die

Zugriffe auf vorhandene Angebote. Die bei steigendem Krankheitsrisiko und entsprechender Gesundheitsförderung dringend notwendigen Gesundheitskompetenzen werden bei weniger digitalen Senior*innen nicht adäquat aufgebaut. Damit werden sie von der Entwicklung immer stärker abgekoppelt und sind auf kompetente Hilfe aus dem Familien- oder Freundeskreis angewiesen. Dies konterkariert das Bedürfnis, auch im hohen Alter noch eigenständig und gesund leben zu können. Wer keine Kenntnisse hat und keinen Zugang zu Informationsquellen, wird der Möglichkeit beraubt, kompetente eigenständige Entscheidungen für das eigene Wohlbefinden treffen zu können.

Zielsetzung

Die beschriebenen Herausforderungen zeigen, dass Senior*innen dringend Kompetenzen in den Bereichen Gesundheit und Digitalisierung aufbauen müssten, um ihren Beitrag zu dem gewünschten »zuhause wohnen und leben« leisten zu können. Doch anders als Schüler*innen via Schulwesen können Senior*innen unterschiedlichsten Alters nicht gezielt in einem klar bestimmten Setting erreicht werden. Vor allem vulnerable Gruppen werden durch klassische »Komm-Angebote«, d.h. Maßnahmen, die ein aktives Zugehen auf die Anbieter*innen erfordern, schlecht bis gar nicht erreicht. Beispielsweise werden Weiterbildungskurse etablierter Bildungsträger*innen eher von höheren oder mittleren Bildungs- und Sozialschichten genutzt. Sogenannte bildungsfernere Schichten werden mit klassischen Vorträgen und Kursen nicht erreicht. Um also auch bereits sozial zurückgezogenen oder weniger mobilen Senior*innen neue Kontakt- und Bildungsmöglichkeiten zu eröffnen, sollte ein zeit- und ortsunabhängiges Angebot entwickelt werden.

Wesentliche Ziele des Praxisprojekts sind daher

- die Vermittlung von digitalen Gesundheitskompetenzen und
- die Möglichkeit der Vernetzung

entsprechend dem eigenen Wissensstand, im eigenen Lerntempo und mit der Wahlmöglichkeit, welche Inhalte wann erarbeitet und in welchem Umfang persönliche Informationen an weitere Plattformnutzer*innen weitergegeben werden.

Durch den Aufbau von Gesundheitskompetenzen sollen Senior*innen ermächtigt werden, die Verantwortung für die eigene Gesundheitserhaltung übernehmen zu können. Sie sollen in die Lage versetzt werden, informierte und kompetente Gesundheitsentscheidungen zu treffen und zu wissen, wo sie im Bedarfsfall Hilfe und Unterstützung erhalten können. Aufgrund des hohen Krankheitsrisikos mit steigendem Alter sollen Senior*innen die Vorteile einer vernetzten Versorgung nutzen können: beispielsweise, wenn durch die Nutzung der elektronischen Patient*innenakte Ärzt*innen gegenseitig Zugriff auf Befunde haben und sich abstimmen können.

Mittels zielgruppengerechter digitaler Gesundheitskurse sollen derzeit noch fitte Senior*innen lernen:

- welche Möglichkeiten auch im Alter bestehen, sich gesund zu erhalten (z.B. soziale Kontakte, Ernährung, Bewegung, Vorsorgeuntersuchungen),
- wie sie kompetent und eigenständig ihre gesundheitlichen Bedürfnisse decken können (z.B. durch Kenntnis regionaler Angebote und Hilfen),
- eigenständig in einer digitalen Gesundheitswelt zurechtzukommen (z.B. Teledoktor*innen, Vernetzung mit Gleichgesinnten, Pflege von Hobbys und Interessen).

Zum anderen soll mit dem Praxisprojekt auch eine Vernetzungsplattform für ältere Menschen geschaffen werden, die bestehende digitale Plattformen wie Facebook oder TikTok nicht nutzen, weil sie nicht altersgerecht gestaltet sind. Vor allem die niedrigschwellige Kennenlern-Möglichkeit stellt für isolierte Menschen ein Tor zurück in die Gesellschaft dar und kann somit einen Beitrag zur psychischen Gesunderhaltung leisten.

Projektziel

Während die Zielsetzung, die digitalen Gesundheitskompetenzen bei Senior*innen zu stärken, weit über den zeitlichen und finanziellen Projektrahmen hinausgeht und mit dem Vorhaben ein Startschuss fällt, dienen die Projektziele der Planung des Fördervorhabens.

Das Projekt adressiert derzeit vorrangig bereits aus dem Berufsleben ausgeschiedene Senior*innen (ca. ab 65 Jahren) im Gebiet der Gesundheitsregion^{plus} Regensburg. Im gewählten Setting werden ländliche Kommunen ebenso beteiligt wie die Quartiere im Stadtgebiet. Besondere Berücksichtigung finden sollen durch den gewählten Projektansatz bereits von Vereinsamung bedrohte Ältere, die sowohl im städtischen Bereich (hohe Lebenshaltungskosten verringern Handlungsspielräume) als auch im ländlichen Bereich (geringe Mobilität bei fehlendem Angebot) vorkommen. Zielgruppe sind explizit nicht hochbetagte und bereits in stationären Senioreneinrichtungen untergebrachte Senior*innen. Das Projekt bleibt im primärpräventiven Bereich und möchte derzeitige Best Ager gewinnen und entsprechende nachhaltige Strukturen aufbauen, die eine Teilhabe und nachhaltige Gesundheitsförderung ermöglichen (Verhaltens- und Verhältnisprävention).

Umsetzung des Vorhabens

Für die Umsetzung der zeit- und ortsunabhängigen Gesundheitskurse fand sich im Rahmen eines Vernetzungstreffens der Digitalen Regionalen Entwicklung (DiRegEnt) ein passendes Start-up-Unternehmen, welches sich bereits auf die Zielgruppe der älteren und wenig digital-affinen Bürger*innen eingestellt hatte. Das junge Unternehmen hatte bereits die digitale Web-App »Lumoo« entwickelt und als Alpha-Version in Betrieb. Diese Plattform bildet die Basis für die Realisierung des Vorhabens.

Entsprechend den Kriterien für gute Projektpraxis wurde der Umsetzungsprozess partizipativ angelegt. So wurden mehrstufige Entwicklungsschritte geplant, bei denen sowohl Expert*innen aus unterschiedlichen Lebenswelten (Erwachsenenbildung, Gesundheitswesen, Seniorenarbeit, Gesundheitswirtschaft) als auch Senior*innen aus Stadt und Landkreis einbezogen wurden. Nach einer ersten Konkretisierung und Spezifizierung des Vorhabens zusammen mit dem Start-up wurde ein Kreativ-Workshop für die Senior*innen veranstaltet. Von Senior*innen-Service-Stellen ausgewählte Vertreter*innen der Zielgruppe konnten in diesem Rahmen mit ihren Einschätzungen den weiteren Entwicklungsprozess beeinflussen. Es wurde bewusst eine Mischung aus digital-affinen und weniger affinen Teilnehmer*innen gewählt, um auch von den Skeptiker*innen Näheres in Bezug auf deren Hinderungsgründe und Zugangshürden zu erfahren. Obwohl die teilnehmenden Senior*innen insgesamt sehr auskunftsfreudig und diskussionsbereit waren, führte die Komplexität und der Grad der Abstraktion an Grenzen. Zwar konnten relevante Themen wie Sicherheit, Datenschutz und Umgang mit sensiblen Daten und konkrete Zugangshürden ermittelt werden, allerdings blieben weitergehende Vorschläge und Anforderungsmerkmale für eine spätere Nutzung aus. Die Ergebnisse des Kreativ-Workshops zeigen damit einmal mehr, dass die Integration von Konsument*innen bzw. Stakeholder*innen bei der Entwicklung von Innovationen vor allem in frühen Stadien nur bedingt möglich ist, vor allem, wenn eben auch die eingebunden werden sollen, die später am meisten von einem Kompetenzzuwachs profitieren würden. Im Marketing wird bei der Konsument*innenintegration daher auf sogenannte Lead User gesetzt, während bei der Entwicklung von Präventionsprojekten eben genau die vulnerablen Zielgruppen Berücksichtigung finden sollen. Dieser Diskrepanz wurde durch den zweigleisigen Ansatz Rechnung getragen. So bildeten die Expert*inneninterviews quasi die Lead User ab und die teilnehmenden Senior*innen waren sprichwörtlich Stellvertreter*innen der späteren Zielgruppe.

Der Übergang zwischen der Spezifizierung und dem nächsten Schritt, der Entwicklung der Kursinhalte, gestaltete sich fließend, da sowohl bei den Expert*inneninterviews als auch beim Kreativ-Workshop immer auch die inhaltliche Ebene gestreift wurde. Nach diesen iterativen Schritten folgte die Umsetzung der festgelegten Inhalte und die technische Umsetzung auf der bestehenden Plattform des Start-ups.

Ergebnisse

Insgesamt wurden drei Kurse mit je drei Lerneinheiten definiert. Die einzelnen Lektionen bieten anwender*innenorientierte Einheiten, die sich mit einem inhaltlichen Schwerpunkt beschäftigen. Zur Charakterisierung werden die Lerneinheiten mit einer Einschätzung hinsichtlich der Dauer und des Schwierigkeitsgrades ausgezeichnet. Innerhalb eines Kurses ergibt die Anordnung der Lerneinheiten einen sinnvollen Lernpfad, jedoch können die Einheiten auch frei angesteuert und ausgewählt werden. Die Nutzer*innen können also selbst bestimmen, welchen Themen sie sich als Erstes widmen möchten. Zwischen den einzelnen Kursen und Lerneinheiten werden aber auch immer Querbezüge hergestellt, um anzuleiten, an welchen Stellen vertiefende Erklärungen zu finden sind. Bei der Nutzung ermöglicht die Web-App den gezielten Einstieg zur Fortsetzung, wenn der Lernvorgang unterbrochen wurde. Die Kurse sind interaktiv gestaltet und verbinden unterschiedliche Gestaltungselemente wie z.B. Filmsequenzen.

Im ersten Kurs »Gesund in allen Lebenslagen« stehen Gesundheitsförderung und Prävention im Fokus. Den Senior*innen soll in der ersten Lerneinheit zunächst ein Gefühl für die Definition des Begriffs Gesundheit vermittelt werden. Die offizielle Definition der Weltgesundheitsorganisation (WHO) unterscheidet sich von der im Alltag gebräuchlichen Verwendung. Dadurch werden Optionen aufgezeigt, auch mit fortschreitendem Alter noch an der eigenen Gesunderhaltung arbeiten zu können. Verweise auf bestehende Institutionen, die sowohl Interessen der Senior*innen vertreten als auch Anlaufstellen für Hilfe und Unterstützung sein können, runden den Kurs ab.

Nachdem die Grundlagen für den Einfluss des eigenen Handelns auf die Gesundheit thematisiert wurden und ein gewisser Grad an Selbstwirksamkeit vermittelt wurde, zielen die Inhalte des zweiten Kurses auf digitale Unterstützungsmöglichkeiten ab. Unter dem Titel »Gesundheitsförderung goes digital« werden Apps, Wearables und Smart-Home-Lösungen vorgestellt sowie deren Chancen und Risiken beleuchtet. Die ersten Schritte in die digitale Welt werden anhand von begleitenden Beispielcharakteren, sogenannten Personae (Clara und Karl), erleichtert.

Im dritten Kurs steht die digitale »Medizinwelt« im Fokus. Es werden all die unaufhaltsamen Entwicklungen vorgestellt und die Zielgruppe wird sanft an die unausweichlichen Neuerungen herangeführt. So werden Apps auf Rezept und die elektronische Patient*innenakte erklärt sowie deren Vorteile wieder anhand der Beispielcharaktere anschaulich verdeutlicht.

Im eLearning-Bereich der Web-App (»Lumoo erklärt«) finden sich neben den entwickelten Kursen zum Aufbau von Gesundheitskompetenzen bereits Kurse zur Digitalisierung, die ebenfalls frei genutzt werden können. Ein Lexikon, um Fachbegriffe nachzulesen, eine Linkliste zu den zentralen regionalen Anlaufstellen und Gedächtnistrainings in Form von Quizeinheiten lockern die Wissensvermittlung auf und nutzen Ansätze der Gamification.

Das Matchingprinzip des Communitybereichs der Web-App (»Lumoo vernetzt«) basiert auf Interessensschnittstellen und ermöglicht die Identifikation Gleichgesinnter in der Umgebung. Über die digitale Kontaktaufnahme (durch ein Matching gleicher Interessen) können soziale Kontakte auch in die analoge, reale Welt übertragen werden. Aus dem lockeren, unverbindlichen Erstkontakt in der App können Verabredungen zu gemeinsamen Veranstaltungen oder ein intensiver Austausch folgen, aber auch ein Kontaktabbruch bei einem unguten Gefühl. Gerade der Kontaktabbruch bei Dissonanzen im Kennenlernprozess fällt im digitalen Raum meist leichter und kann die Hemmschwelle, auf Unbekannte zuzugehen, reduzieren.

Fazit und Ausblick

Da die Zielgruppe als wenig digital-affin gekennzeichnet ist, kann der offizielle Start der Plattform erst erfolgen, wenn interne Testungen und Qualitätsprüfungen abgeschlossen wurden. Anders als bei jüngeren Zielgruppen können negative Erfahrungen mit einer Beta-Version zu Enttäuschungen und Ablehnungstendenzen führen. Daher wurde die Bewerbung des neuen Angebots auf das Ende des Entwicklungs- und damit auch Projektzeitraums gelegt. Aufgrund der Einbettung des gesamten Vorhabens in die Strukturen und Netzwerke der Gesundheitsregion^{plus} konnten aber Multiplikatoren und essenzielle »Türöffner*innen« mit Zugang zur Zielgruppe eingebunden und auf dem Laufenden gehalten werden. Die Entwicklungsphasen wurden in Gremien der Gesundheitsregion immer wieder präsentiert und zur Diskussion gestellt, um einen Abgleich mit den Anforderungen und vorhandenen Interessenlagen zu finden.

Nichtsdestotrotz besteht auch für die senior*innengerechte Plattform »Lumoo« die Herausforderung, zum Start eine ausreichend hohe Anzahl an Nutzer*innen zu generieren, um vor allem den Mehrwert der Vernetzungsmöglichkeiten im Communitybereich sicht- und erlebbar zu machen. Daher soll bei der Bekanntmachung vor allem auf bewährte analoge Wege wie Zeitungsberichte oder Schnupperkurse bei bestehenden vertrauten Anlaufstellen gesetzt werden, die den Weg in den digitalen Raum erleichtern können.

Das Praxisprojekt stellt den wachsenden Anteil der älter werdenden Gesellschaft und dessen Einfluss auf das Gesundheitswesen in den Fokus und versucht einen neuen, barrierearmen Zugangsweg zu digitalen Entwicklungen zu ebnen. Ohne eine kompetente Mitwirkung an der eigenen Gesunderhaltung jedes*r einzelnen Senior*in können die großen Herausforderungen der medizinischen und pflegerischen Versorgung nicht bewältigt werden. Mit dem durch die BARMER Bayern geförderten und begleiteten Projekt soll ein erster Schritt in Richtung digitale Gesundheitskompetenzen bei Senior*innen beschritten werden. Ob mit einem spielerisch interaktiven Plattformansatz wie der Web-App »Lumoo« die vorhandenen Innovations-Aversionen und grundsätzlichen Bedenken gegenüber digitalen Entwicklungen überwunden und Senior*innen besser an die aktuellen Entwicklungen angebunden werden können, wird zu einem späteren Zeitpunkt zu evaluieren sein.

Literatur

Bayerisches Landesamt für Statistik (2020): »Statistik kommunal 2019«. Siehe https://www.statistik.bayern.de/mam/produkte/statistik_kommunal/2019/09375.pdf, zuletzt abgerufen am 20.09.2022.

Destatis (2021): »Bevölkerung. Lebensformen älterer Menschen«. Statistisches Bundesamt. Wiesbaden. Siehe https://www.destatis.de/DE/Themen/Querschnitt/Demografischer-Wandel/Aeltere-Menschen/lebensformen.html, zuletzt abgerufen am 22.01.2023.

Deutsche Gesellschaft für Allgemeinmedizin und Familienmedizin (DEGAM) (2017): »S3-Leitlinie Multimorbidität«. Siehe https://www.degam.de/files/Inhalte/Leitlinien-Inhalte/Dokumente/DEGAM-S3-Leitlinien/053-047_Multimorbiditaet/053-047l_ %20Multimorbiditaet_redakt_24-1-18.pdf, zuletzt abgerufen am 22.01.2023.

RKI (2015): »Gesundheit in Deutschland. Gesundheitsberichterstattung des Bundes«. Robert Koch Institut. Siehe https://www.rki.de/DE/Content/Gesundheitsmonitoring/Gesundheitsberichterstattung/GesInDtld/gesundheit_in_deutschland_2015.pdf?__blob=publicationFile, zuletzt abgerufen am 22.01.2023.

Schaeffer, D./Hurrelmann, K./Bauer, U./Kolpatzik, K. (Hg.) (2018): »Nationaler Aktionsplan Gesundheitskompetenzen. Die Gesundheitskompetenzen in Deutschland stärken«. Berlin: KomPart. Siehe https://sd52d226e4403c15a.jimcontent.com/download/version/1581875179/module/7775446063/name/Nationaler %20Aktionsplan %20Gesundheitskompetenz.pdf, zuletzt abgerufen am 23.01.2023.

Schaeffer, D./Vogt, D./Berens, E.-M./Hurrelmann, K. (2016): »Gesundheitskompetenz der Bevölkerung in Deutschland. Ergebnisbericht«. Siehe https://www.uni-bielefeld.de/fakultaeten/gesundheitswissenschaften/ag/ag6/downloads/Ergebnisbericht_HLS-GER.pdf, zuletzt abgerufen am 06.09.2022.

Stadt Regensburg (2019): »Regensburg in Zahlen 2019«. Siehe http://www.statistik.regensburg.de/publikationen/publikationen/Regensburg_in_Zahlen/regensburg_in_zahlen_2019.pdf, zuletzt abgerufen am 23.01.2023.

Statista (2022): »Statistiken zum Thema Lebenserwartung«. Siehe https://de.statista.com/themen/47/lebenserwartung/#topicHeader__wrapper, zuletzt abgerufen am 20.09.2022.

Digitalisierung als Schlüsselfaktor für eine hochwertige Gesundheitsversorgung?!

Die Perspektive einer großen Krankenversicherung

Claudia Wöhler, Melina Colonna

Einleitung: Digitalisierung der Gesundheitsversorgung in Deutschland – wo stehen wir?

Die Digitalisierung des Gesundheitswesens ist ein drängendes Thema, welches vor allem auch auf die Themen Prävention, Gesundheitsförderung sowie auf die Zukunft der medizinischen und pflegerischen Versorgung einzahlt. Doch der Handlungsbedarf ist sehr groß.

Studien belegen, dass Deutschland im Bereich der Digitalisierung im Gesundheitswesen hinterherhinkt. Bereits 2018 analysierte die empirica Gesellschaft für Kommunikations- und Technologieforschung im Auftrag der Bertelsmann Stiftung den Stand der Digitalisierung von insgesamt 17 Ländern und entwickelte auf dieser Basis den Digital-Health-Index. Hierbei belegten Estland, Kanada und Dänemark mit 81,9 bis 72,5 von 100 Punkten die ersten Plätze, während Deutschland mit 30 Punkten auf Platz 16, dem vorletzten Platz, im Gesamt-Ranking landete (Thiel et al. 2018).

Eine weitere Statistik der OECD zeigt, dass die Fortschritte in Bezug auf Verfügbarkeit, Qualität, Verknüpfung und Nutzung von Datensätzen in der EU sowie den OECD-Ländern sehr unterschiedlich sind. Hier belegt Deutschland ebenfalls den 17., d.h. den vorletzten Platz (Socha-Dietrich 2021).

Auch im Branchenvergleich ist festzustellen, dass das Gesundheitswesen im Bereich der Digitalisierung steigerungsfähig ist. Eine Studie des Bundesministeriums für Wirtschaft und Energie (BMWi) untersuchte 2018, wie weit die Digitalisierung in deutschen Unternehmen fortgeschritten ist und wie sie sich in den nächsten fünf Jahren entwickeln wird. Hierbei stellte das BMWi fest, dass das Gesundheitswesen gemessen am Wirtschaftsindex DIGITAL, welcher zwischen 0 und 100 Punkten den Digitalisierungsgrad der deutschen Wirtschaft abbildet, mit 37 Punkten das Schlusslicht des Branchenvergleichs bildet, dass jedoch eine Verbesserung bis zum Jahre 2023 um fünf Punkte auf insgesamt 42 Punkte erwartet wird (BMWi 2018).

Eine weitere repräsentative Studie der techconsult im Auftrag der Deutschen Telekom befragte im Sommer 2020 mehr als 2.000 kleine und mittelständische Unternehmen aus diversen Branchen, um den Digitalisierungsgrad der Unternehmen zu eruieren. Mit Ausnahme des Baugewerbes ist der Digitalisierungsgrad über alle weiteren Branchen hinweg im Vergleich zum Vorjahr angestiegen, wobei sich das Gesundheitswesen im Mittelfeld der befragten Branchen befindet (Deutsche Telekom 2020).

Ebenfalls liegen deutsche Kliniken in Bezug auf den Digitalisierungsgrad im internationalen Vergleich deutlich zurück. Mithilfe des Electronic Medical Record Adoption Model (EMRAM) wird der Digitalisierungsgrad von Krankenhäusern ermittelt. Das Modell setzt sich aus acht Stufen zusammen, wobei die niedrigste Stufe 0 bedeutet, dass das Krankenhaus nicht digitalisiert ist, während die höchste Stufe 7 besagt, dass das Krankenhaus völlig digitalisiert ist und somit papierlos betrieben wird. Im Jahr 2017 wurden durch die Healthcare Information and Management Systems Society (HIMSS) Daten von insgesamt 167 Krankenhäusern erhoben und ausgewertet. Deutschland erreichte hierbei einen Wert von 2,3, knapp unter dem EU-Durchschnitt von 3,6. Etwa 40 Prozent der untersuchten Kliniken in Deutschland erreichten die Stufe 0, während lediglich zwei Kliniken die Stufe 6 erreichten. Keine Klinik erreichte die höchste Stufe 7. Das größte Defizit zeigte sich vor allem in kleineren Kliniken mit weniger als 200 Betten. Diese erreichten im Durchschnitt lediglich einen EMRAM Score von 1,3. Viele andere Länder hingegen, wie beispielsweise Dänemark, die Niederlande, aber auch die Türkei und die USA erreichen einen höheren EMRAM Score. Weitere Evaluationen, wie der European Hospital Survey (EHS), welcher von der EU-Kommission in Auftrag gegeben wurde, bestätigen die Ergebnisse des EMRAM und zeigen auf, dass die Digitalisierung innerhalb der deutschen Krankenhäuser im internationalen Vergleich im Rückstand liegt (siehe Beiträge in Klauber et al. 2019).

Nach Inkrafttreten des Krankenhauszukunftsgesetzes im Jahre 2020 wurde das Konsortium DigitalRadar vom Bundesministerium für Gesundheit (BMG) mit der Evaluation der digitalen Reife deutscher Krankenhäuser beauftragt. Dem ersten Zwischenbericht des DigitalRadar zufolge, welcher im September 2022 erschien, beteiligten sich insgesamt 1.624 Kliniken an der Evaluation und erreichten einen durchschnittlichen Wert von 33,3 von insgesamt 100 Punkten. Auch hier konnte festgestellt werden, dass größere Kliniken im Vergleich zu kleineren Krankenhäusern digital besser aufgestellt und ausgestattet sind (Amelung et al. 2022).

Eine weitere aktuelle Studie von McKinsey belegt, dass das Digitalisierungspotenzial sehr hoch ist. Auch das Einsparpotenzial, welches durch den Ausbau digitaler Technologien erzielt werden könnte, ist enorm. Allein fünf von 26 Technologien würden rund 22 Milliarden Euro Nutzen realisieren. Dabei geht es nicht ausschließlich um aufwändige und kostenintensive Investitionen in neue versorgungsrelevante Technologien, sondern um die Ablauforganisationen der Institutionen (Biersdorf et al. 2022).

Wie geht es mit der Digitalisierung der Gesundheitsversorgung in Deutschland weiter?

Der gesamte Gesundheitsmarkt, die Gesundheitswirtschaft, aber auch die Möglichkeiten der Gesundheitsversorgung entwickeln sich stetig weiter. Unternehmen wie Amazon, Google und Co., die bereits heute unsere Daten mittels Big Data auswerten und nutzen, bereiten sich darauf vor, in den Gesundheitsmarkt sowie die Gesundheitsversorgung, aber auch in die Versicherung einzusteigen. Dadurch ist es notwendig, effiziente Regularien und Rahmenbedingungen zur Ausgestaltung des Gesundheitswesens zu setzen. Vor allem aber muss die Qualitätsverbesserung durch die Nutzung digitaler Angebote vorangetrieben werden und darf nicht unter dem Aspekt des Datenschutzes leiden. Denn Digitalisierung sowie künstliche Intelligenz können bei zielgerichteter Nutzung die Mediziner*innen nicht nur unterstützen, sondern auch entlasten. Dies wiederum kann einen erheblichen Beitrag zum effektiven Personaleinsatz leisten.

Es ist dringend notwendig, dass sich alle Akteur*innen im Gesundheitswesen chancenorientierter mit der Digitalisierung auseinandersetzen und beschäftigen. Denn es existiert enormes Potenzial im Bereich der Effektivität und Effizienz sowohl personeller als auch finanzieller Ressourcen, die durch die Digitalisierung in großen Schritten vorangebracht werden können. Auch die Qualität der Versorgung könnte deutlich verbessert werden. Das Großartige an dem Nebeneinander digitaler Elemente, künstlicher Intelligenz sowie administrativer Systeme, Apps u.Ä. ist, dass mithilfe dieser technischen Errungenschaften sehr viel geleistet und auch das Verhalten der Menschen positiv beeinflusst und geleitet werden kann. Denn bereits heute nutzen über

80 Prozent der Menschen, die Symptome einer Erkrankung aufweisen, erst einmal die Google-Suchfunktion, bevor sie einen Termin bei einem Arzt oder bei einer Ärztin ausmachen, um sich untersuchen zu lassen. Das Nutzer*innenverhalten rund um die Gesundheit der Menschen und die Bekämpfung von Erkrankungen bieten erhebliches Potenzial.

Hierzu ist es jedoch unerlässlich, offener und chancenorientierter an die digitalen Möglichkeiten heranzugehen. Hiervon ist auch der Sachverständigenrat zur Begutachtung der Entwicklung im Gesundheitswesen (2021) überzeugt und hat deutlich gesagt, dass er mit Blick auf die Versorgung und Forschung der Meinung ist: »Daten teilen, heißt besser heilen«. Wichtig für die Nutzung der vorhandenen Daten sind angepasste und adäquate Ausbildungen, Vermittlung und Aneignung von Know-how sowie Offenheit in der Versorgung gegenüber entsprechenden Angeboten künstlicher Intelligenz, aber auch der administrativen Möglichkeiten.

Eine repräsentative Umfrage des Meinungsforschungsinstituts Civey im Auftrag des Bundesverbands Medizintechnologie (2021) zeigt sehr deutlich, dass die Bereitschaft zur Datenspende durchaus vorhanden ist und mittlerweile 48 Prozent der Deutschen bereit sind, eigene Daten freiwillig für die medizinische Diagnose, 42 Prozent für die Gesundheitsforschung sowie 41 Prozent für die Nachverfolgung bei Corona-Verdachtsfällen bereitzustellen (BVMed 2021). Dies steht jedoch im diametralen Gegensatz zu dem, was derzeit auf politischer Ebene diskutiert wird. Denn zur Thematik der gemeinsamen Datennutzung sind zurzeit viele verschiedene Ebenen in der Diskussion; sowohl auf europäischer als auch auf Bundesebene. Der aktuelle Koalitionsvertrag beinhaltet einige Aussagen zum Umgang mit patient*innenbezogenen Daten sowie den Möglichkeiten zur Nutzung ebensolcher Daten im Einklang mit der EU-Datenschutz-Grundverordnung (DSGVO). Auch die gesetzlichen Krankenversicherungen haben in Bezug auf die Datennutzung nicht nur einen Effizienzanspruch, sondern auch den Anspruch, innovativ voranzugehen, was die Möglichkeiten in der Versorgung und in dem Austausch mit Leistungserbringer*innen und Patient*innen anbelangt. Allein die elektronische Patient*innenakte birgt Potenziale von rund 7 Milliarden Euro und kann eine Schlüsselrolle in der Gesundheitsversorgung einnehmen, wenn sie richtig eingesetzt und genutzt wird. Des Weiteren hat die elektronische Patient*innenakte viele Vorteile und kann zu einer deutlichen Verbesserung der medizinischen sowie der Notfallversorgung führen und somit einen deutlichen Qualitätsschub in der Gesundheitsversorgung mit sich bringen (Biersdorf et al. 2022).

Ein weiteres äußerst wichtiges Thema, welches nicht aus dem Blick verloren werden darf, stellt die Nutzung von Daten für die Forschung dar. Dabei ist jedoch die Berücksichtigung des ethischen Anspruchs von großer Bedeutung. Selbstverständlich kann in großen Teilen der Gesetzgeber entscheiden, wo, wann und wie welche personenbezogenen Daten genutzt werden und wie diese geschützt werden müssen. Für die BARMER gehört es jedoch zum Selbstverständnis, gesellschaftliche Verantwortung zu übernehmen und sich mit ethischen Fragestellungen bezüglich Daten und deren Verwendung zu beschäftigen. Daher hat die BARMER ein eigenes Wertesystem zur Orientierung in Fragen der digitalen Ethik entwickelt. Hierin hat sie acht Grundwerte formuliert, mit denen die Digitalisierung im Gesundheitswesen funktioniert und trotz sich stetig verändernder Voraussetzungen ethisch einwandfrei gehandhabt werden kann. Durch die Kommunikation der ethischen Werte möchte sich die BARMER einerseits gegenüber Versicherten und Partner*innen im Gesundheitswesen positionieren, aber auch durch intensive Gespräche mit der Ärzt*innenschaft und den Vertreter*innen der Pflege sensibilisieren und Synergien schaffen, die Mut machen, sich stärker mit der Digitalisierung sowie der Datennutzung auseinanderzusetzen.

Abbildung 1: Das BARMER-Wertesystem

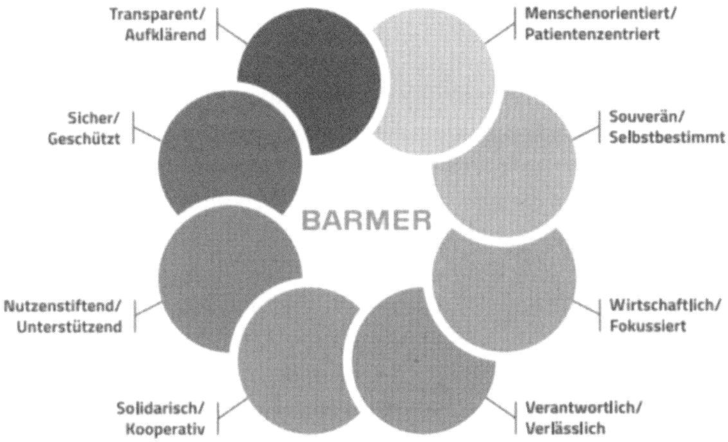

Quelle: BARMER

Die Perspektive einer Krankenversicherung

Als gesetzliche Krankenversicherung sieht die BARMER drei große Handlungsfelder: zum einen die Digitalisierung der gesetzlichen Krankenversicherungen durch die Digitalisierung von Kommunikationskanälen sowie internen Prozessen, außerdem die Digitalisierung des Gesundheitswesens in der Versorgung durch Innovationen und zum anderen die Verbindung zwischen den digitalen Aspekten der gesundheitlichen Versorgung und Kommunikation sowie dem, was als Gesamtgesellschaft rund um die Digitalisierung gemacht wird (BARMER 2021).

Bis zum Jahr 2025 sieht die EU-Kommission die Schaffung eines europäischen Gesundheitsdatenraums für einen effizienten Austausch und direkten Zugriff auf unterschiedliche Gesundheitsdaten vor und berücksichtigt dabei nicht nur die Gesundheitsversorgung selbst (Primärnutzung), sondern auch die Gesundheitsforschung (Sekundärnutzung). Doch in Deutschland gibt es keinen verbindlichen Rechtsrahmen für die Datennutzung zu Forschungszwecken außer der DSGVO, die hauptsächlich auf Datensparsamkeit und Zweckbindung abzielt. Die ungenutzten Daten hemmen das Innovationspotenzial für die Patient*innen. Deutschland muss proaktiver mit der Frage umgehen, wie wir diese Regelungen umsetzen. Es steht außer Frage, dass Sicherheit die absolute Maxime ist, aber es muss dennoch chancenorientiert an die Thematik herangegangen werden, damit die Behandlungs- und Versorgungsqualität sich entsprechend weiterentwickeln kann.

Das Angebotsportfolio der BARMER zeigt deutlich, wie sich das Angebot einer gesetzlichen Krankenversicherung einerseits für die Versicherten verändert, aber andererseits auch in der Kommunikation an den Schnittstellen zu den Leistungserbringer*innen. Noch vor zwei bis drei Jahren lag der Fokus von digitalen Angeboten vor allem auf Präventionsprojekten, Apps zur Mediation sowie der Sturzprävention. Bis heute hat die BARMER jedoch zahlreiche Services und Leistungen rund um die Kommunikation und Informationsbedarfe der Versicherten entwickelt und auf den Weg gebracht. Beispielsweise können mit der Teledoktor-App BARMER-Versicherte immer und überall verlässlichen medizinischen Rat erhalten. Ohne Wartezeiten und interaktiv per Chat, E-Mail, Video oder Telefon. Mit der BARMER-App können digitale Bonuspunkte für die persönliche Gesundheit gesammelt werden und mit dem BARMER-Kompass kann der aktuelle Bearbeitungsstatus des Antrags auf Krankengeld, Zahnersatz, Hilfsmittel oder Mutterschaftsgeld jederzeit eingesehen werden. Diese Beispiele zeigen deutlich, wie erheblich der Informationsbedarf heutzutage ist.

Der Weg geht jedoch noch weiter. Vor allem die Thematik rund um die elektronische Patient*innenakte beschäftigt die gesetzlichen Krankenversicherungen sehr intensiv, da diese viele verschiedene Facetten hat. Der Gesetzgeber hat zwar den Weg vorgegeben, wann welche Bausteine in der elektronischen Patient*innenakte verfügbar sein müssen. Dennoch kommen immer wieder technische Probleme bzw. Desaster an unterschiedlichsten Stellen auf; sei es in den Ärzt*innenpraxen mit den Konnektoren oder der technischen Umsetzbarkeit des elektronischen Rezepts.

Es ist einerseits ein äußerst zäher Prozess, andererseits darf nicht außer Acht gelassen werden, wie viele Akteur*innen mit ihren unterschiedlichen Bedürfnissen, Interessen und Bedarfen daran beteiligt sind. Am Ende ist die Zielsetzung, alle gesetzlich und privat versicherten Menschen in Deutschland zusammenzubringen, so dass diese, unabhängig von Zeit, Ort sowie der Art und Weise, wie sie bei einer Ärztin oder einem Arzt, einer Apotheke, einer*m Physiotherapeut*in etc. eine Leistung erfragen oder in Anspruch nehmen, reibungslos über einen Kanal kommunizieren können und zu guter Letzt auch noch Services und Leistungen, wie bspw. Erinnerungen zum Thema Impfen, zur nächsten Vorsorgeuntersuchung o.Ä., erhalten. Letztendlich wird hierbei ganz Deutschland mit den verschiedensten Themen und Grundlagen vernetzt. Arztpraxen sind heute mit unterschiedlichen Konnektoren und Praxisverwaltungsprogrammen versorgt, Kliniken haben wiederum diverse andere Programme und auch die knapp 100 verschiedenen Krankenkassen arbeiten mit unterschiedlichen Technologien. Diese müssen alle sukzessive miteinander kompatibel gemacht werden. Vollkommen unabhängig von der bestehenden Diskussion rund um den Patient*innendatenschutz ist das eine technische Mammutaufgabe.

Werkzeuge für die Versicherten

Nun ist die technische Umsetzung und Gewährleistung der entsprechenden Anforderung des Gesetzgebers eine Kernaufgabe. Viel wichtiger jedoch ist es, den Bedürfnissen und Anforderungen der Menschen zu entsprechen. Hierbei stellt sich eine Reihe von Fragen: Wie soll mit dem Thema Gesundheitsversorgung umgegangen werden? Wie sehen die Erwartungen an die verschiedenen digitalen Möglichkeiten aus? Erwartet man eine App, die einem alle Leistungen ermöglicht, oder doch eher zehn Apps zu verschiedenen Leistungen oder möchte man eigentlich doch alles per Papier erledigen?

Das Nutzer*innenverhalten der deutschen Bevölkerung ist absolut heterogen und es muss versucht werden immer wieder zu eruieren, welche Altersgruppen, welche Bevölkerungsgruppen, welche Patient*innengruppen welche Informationsbedarfe haben, und dementsprechend die Technologien zu programmieren. Um diese Informationen zu erheben, führt die BARMER, wie andere Krankenkassen ebenfalls, permanent Untersuchungen bzw. Befragungen durch. Hierbei werden Personen innovativ zu bestimmten Produkten befragt. Ziel dabei ist herauszufinden, ob Produkte nutzer*innenorientiert sind und den Bedarf der unterschiedlichen Nutzer*innengruppen abdecken oder gegebenenfalls Anpassungen bzw. Änderungen erfolgen müssen.

Die BARMER-App versucht genau diese Bausteine der Versichertenwünsche abzubilden, so dass die Versicherten ihre Anliegen rund um ihre Gesundheit und Krankenversicherung digital abwickeln können. Beginnend beim Bonusprogramm, in dem Punkte gesammelt und Prämien erlangt werden können, über das Ausfüllen von Anträgen und das Uploaden von Arbeitsunfähigkeitsbescheinigungen bis hin zum Vorsorge- und Impfplaner, mit deren Hilfe Untersuchungen und Termine einfach geplant werden können. Ziel der BARMER ist es, ihre Services und Leistungen permanent am Bedarf der Versicherten auszurichten, um damit nicht nur den aktuellen Status quo z.B. zu einem aktuellen Krankengeldantrag transparent zu machen, sondern zudem zur Aufrechterhaltung der Gesundheit und der Prävention anzuregen und auch bei diesen Themen Unterstützung anzubieten.[1] Beispielsweise ist die Darmkrebsvorsorge ein wichtiges, für viele Menschen jedoch auch sehr unangenehmes Thema, obwohl bei einer frühzeitigen Erkennung des Darmkrebses die Heilungschancen oft gut sind. Deshalb übernimmt die BARMER für all ihre Versicherten ab 40 Jahren die Kosten für eine Untersuchung zur Darmkrebsfrüherkennung. Voraussetzung hierfür ist, dass keine Anzeichen oder besondere Risiken für Darmkrebs bestehen, da Beschwerden jederzeit kostenlos abgeklärt werden können. Alle gesetzlich anspruchsberechtigten BARMER-Versicherten erhalten digital über die BARMER-App eine persönliche Einladung mit vielen Informationen rund um die Darmkrebsfrüherkennung. Diese Informationen sollen als Entscheidungshilfe zur Verfügung stehen und Handlungsmöglichkeiten bei einem eventuell

1 Siehe https://www.barmer.de/unsere-leistungen/apps-skills/barmer-app, zuletzt abgerufen am 17.11.2022.

auffälligen Befund aufzeigen. Das persönliche Testkit für den Selbsttest zum Nachweis von Blut im Stuhl (iFOBT) kann ganz bequem online bestellt und der Selbsttest zuhause durchgeführt werden. Die Rücksendung des Tests erfolgt mit der Post. Außerdem erinnert der BARMER-Gesundheitsmanager rechtzeitig an wichtige Vorsorgetermine, wie die Darmkrebsfrüherkennung.[2] Die BARMER möchte hiermit einen entsprechenden und vor allem wichtigen Beitrag zur Prävention und Aufrechterhaltung der Gesundheit ihrer Versicherten leisten. Außerdem ist sie fortlaufend mit der Weiterentwicklung der Services und Leistungen beschäftigt, um die Bedürfnisse ihrer Versicherten aufzunehmen und umzusetzen.

Ein weiteres Beispiel vor dem Hintergrund, dass alle Altersgruppen betrachtet und involviert werden müssen, ist der BARMER-Pflegcoach[3] sowie das psychologisch gestützte Online-Beratungs-Angebot »Pflegen und Leben«.[4] Gerade im Bereich der Pflege sind es in der Regel nicht die Pflegebedürftigen, die nach Informationen suchen, sondern deren Angehörige. Hierfür ein passendes Angebot aufzubauen, ist äußerst komplex, da es für verschiedenste Altersgruppen, von den jungen, 20-jährigen pflegenden Angehörigen bis hin zu den älteren, 70-jährigen pflegenden Angehörigen, gleichermaßen zusammenpassen muss.

Der BARMER-Pflegecoach bietet pflegenden Angehörigen eine Plattform, auf der sie rund um die Uhr nützliche Informationen übersichtlich und prägnant dargestellt abrufen können, damit mehr Zeit für das Wesentliche bleibt.[5]

Doch die reine Informationsvermittlung ist vor allem bei psychisch, körperlich und zeitlich sehr belasteten pflegenden Angehörigen nicht ausreichend. Es ist wichtig, pflegende Angehörige auch dabei zu unterstützen, ihre eigene Resilienz und damit auch die psychische Gesundheit der stark belasteten Angehörigen aufrechtzuerhalten oder auch zu verbessern. Das psychologisch gestützte Online-Beratungs-Angebot »Pflegen und Leben« in Kooperation mit dem Zentrum ÜBERLEBEN gGmbH setzt genau hierbei an.

---

2 Siehe https://www.barmer.de/unsere-leistungen/leistungen-a-z/arzt-und-behandlung/krebsvorsorge/darmkrebs-frueherkennung-1004586, zuletzt abgerufen am 17.11.2022.

3 Siehe https://www.barmer-pflegecoach.de, zuletzt abgerufen am 17.11.2022.

4 Siehe https://www.pflegen-und-leben.de, zuletzt abgerufen am 17.11.2022.

5 Siehe https://www.barmer.de/unsere-leistungen/pflege/pflegecoach, zuletzt abgerufen am 17.11.2022.

Es bietet pflegenden Angehörigen eine kostenfreie Unterstützung und Begleitung bei seelischer Belastung und leistet somit einen wichtigen Beitrag zur Aufrechterhaltung der psychischen Gesundheit und Stärkung der Resilienz.[6]

Schlussbemerkung

Es ist daher ein dringendes Petitum, einen viel größeren Bogen zu spannen und die Frage zu stellen sowie zu beantworten, in welcher Art und Weise in der Zukunft eine hochwertige Gesundheits- und pflegerische Versorgung benötigt wird und welche Bausteine hierfür erforderlich sein werden. Wesentliche Bausteine sind natürlich Prävention, das Bewusstsein innerhalb der Gesellschaft und auch die Eigenverantwortung sowie die Unterstützung für die Gesunderhaltung auf der eine Seite. Auf der anderen Seite jedoch stellt sich die Frage, wie eine hochwertige Versorgung gewährleistet und wie das System der Sozialversicherungen, Kranken- und Pflegeversicherungen aufrechterhalten werden können. Dabei spielt vor allem die Digitalisierung eine unglaublich große Rolle. Denn es wird nicht funktionieren, wenn nur mehr Geld in das System gegeben wird. Es muss eine Agenda aufgesetzt werden, die aufzeigt und definiert, wie eine solche Versorgung aussehen soll und wo sowie in welcher Art entsprechende Angebote gemacht werden müssen bzw. können. Dies betrifft sowohl die Versorgung als auch die Bereitstellung von Informationen und damit auch das Wechselspiel zwischen digitalen Möglichkeiten in der Administration sowie der Versorgung und dem Personaleinsatz. Es muss ein Nebeneinander und Miteinander aller Bereiche gewährleistet werden. Die Fortschreibung des Status quo wird Deutschland nicht nach ganz oben in der zu Beginn aufgeführten OECD-Bewertung bringen, weder in der Gesundheitsversorgung noch in der Qualität oder der Digitalisierung.

Literatur

Amelung, Volker/Angelkorte, Mike/Augurzky, Boris/Brauer, Robert/Freigang, Felix/Fritzsche, Frank/Geissler, Alexander/Göller, Aydan/Haering, Alexander/Haring, Malte/Hollenbach, Johannes/Luckmann, Manuel/Materne,

6 Siehe https://www.pflegen-und-leben.de/online-beratung-pflegen-und-lebende.html, zuletzt abgerufen am 17.11.2022.

Kerstin/O'Connor, Ronan/Peukert, Jens/Püschner, Franziska/von Roehl, Lorenz/Scheuer, Armin/Snowdon, Anne/Steuber, Christoph/Thun, Sylvia/Vollrath, Isabel/Wiesmann, Anne (2022): »Zwischenbericht: Ergebnisse der ersten nationalen Reifegradmessung deutscher Krankenhäuser«. Digitalradar. Siehe https://www.digitalradar-krankenhaus.de/download/220914_Zwischenbericht_DigitalRadar_Krankenhaus.pdf, zuletzt abgerufen am 17.11.2022.

BARMER (2021): »Digitale Ethik: Verantwortung und Wertesystem«. Siehe https://www.barmer.de/verantwortung/digitale-verantwortung/cdr-news/digitale-ethik-barmer-1056692, zuletzt abgerufen am 17.11.2022.

Biesdorf, Stefan/Niedermann, Florian/Sickmüller, Katharina/Tuot, Kristin (2022): »Digitalisierung im Gesundheitswesen. Die 42-Milliarden-Euro-Chance für Deutschland«. McKinsey. Siehe https://media.hcm-magazin.de/uploads/2022/06/220524_mckinsey_die-42-mrd-euro-chance.pdf, zuletzt abgerufen am 17.11.2022.

BMWi (2018): »Monitoring-Report Wirtschaft DIGITAL 2018 – Wirtschaftsindex DIGITAL«. Bundesministerium für Wirtschaft und Energie. Siehe https://www.bmwk.de/Redaktion/DE/Publikationen/Digitale-Welt/monitoring-report-wirtschaft-digital-2018-langfassung.pdf, zuletzt abgerufen am 17.11.2022.

BVMed (2021): »Digitalstrategie. Umfrage: Knapp die Hälfte der Deutschen würde Daten für medizinische Zwecke zur Verfügung stellen«. Siehe https://www.bvmed.de/de/bvmed/presse/pressemeldungen/umfrage-knapp-die-haelfte-der-deutschen-wuerde-daten-fuer-medizinische-zwecke-zur-verfuegung-stellen, zuletzt abgerufen am 17.11.2022.

Deutsche Telekom (2020): »Digitalisierungsindex Mittelstand 2020/2021. Der digitale Status quo des deutschen Mittelstands«. Siehe https://telekom-digitalx-content-develop.s3.eu-central-1.amazonaws.com/Telekom_Digitalisierungsindex_2020_GESAMTBERICHT_57e2241e33.pdf, zuletzt abgerufen am 17.11.2022.

Klauber, Jürgen/Geraedts, Max/Friedrich, Jörg/Wasem, Jürgen (Hg.) (2019): »Krankenhaus-Report 2019: Das digitale Krankenhaus«. Berlin, Heidelberg: Springer. DOI: 10.1007/978-3-662-58225-1.

Sachverständigenrat zur Begutachtung der Entwicklung im Gesundheitswesen (2021): »Digitalisierung für Gesundheit Ziele und Rahmenbedingungen eines dynamisch lernenden Gesundheitssystems«. Siehe https://www.svr-gesundheit.de/fileadmin/Gutachten/Gutachten_2021/SVR_Gutachten_2021.pdf, zuletzt abgerufen am 17.11.2022.

Socha-Dietrich, Karolin (2021): »Empowering the health workforce to make the most of the digital revolution«. OECD Health Working Papers, No. 129. OECD. DOI: 10.1787/18152015.

Thiel, Rainer/Deimel, Lucas/Schmidtmann, Daniel/Piesche, Klaus/Hüsing, Tobias/Rennoch, Jonas/Stroetmann, Veli/Stroetmann, Karl (2018): »#SmartHealthSystems. Digitalisierungsstrategien im internationalen Vergleich«. Bertelsmann Stiftung. Siehe https://www.bertelsmann-stiftung.de/fileadmin/files/Projekte/Der_digitale_Patient/VV_SHS-Gesamtstudie_dt.pdf, zuletzt abgerufen am 17.11.2022.

JADECARE – Implementierung digital unterstützter, integrierter, patientenzentrierter Gesundheitsversorgung in Europa

Martina Rimmele, Thomas Ewert[1]

Einleitung

Der demografische Wandel und eine damit einhergehende Verschiebung des Krankheitsspektrums hin zu chronischen, mit dem Altern assoziierten Erkrankungen führen zu sich ändernden Anforderungen an die gesundheitliche Versorgung und zu einer steigenden Inanspruchnahme von Gesundheitsleistungen. Dies bedingt eine wachsende Nachfrage nach umfassender, effizienter Gesundheitsversorgung in Europa mit intelligenten personenbezogenen und koordinierten, informationell vernetzten Ansätzen. Im Europäischen Projekt »JADECARE – Joint Action on implementation of digitally enabled integrated person-centred care« wird daran gearbeitet, eine fach- und sektorenübergreifende Gesundheitsversorgung mithilfe digitaler Lösungen umzusetzen. Außerdem soll durch das Projekt die Transformation zu effizienten digital unterstützten Gesundheitssystemen in Europa gefördert werden.

JADECARE konzentriert sich auf die Anpassung und den Transfer von vier ausgewählten Best-Practice-Beispielen digital unterstützter integrierter Versorgung in 21 Regionen in Europa. Im ersten Jahr des dreijährigen Projekts wurden die Bausteine der Best-Practice-Beispiele auf die lokalen Bedürfnisse der teilnehmenden Partnerregionen adaptiert, lokale Maßnahmenpakete entwickelt und Wirkungsindikatoren mit Zielwerten definiert. In der laufenden Implementierungsphase werden die Maßnahmenpakete mittels einzelner, konkreter Maßnahmen umgesetzt. Im Jahr 2023 schließen eine Auswir-

1 Der Text ist eng abgestimmt mit dem JADECARE-Konsortium.

kungsbewertung, Implementierungserfolg- und Prozessanalyse, die Berichterstattung und Publikationen das Projekt ab.

Das Projekt arbeitet durch aktive Einbindung politisch relevanter Stakeholder*innen über strukturierte Erfahrungsaustausche verschiedener Gremien an einem nachhaltigen Transformationsprozess. Zusätzlich strebt JADECARE an, die hierzu erforderlichen Kompetenzen von Gesundheitsbehörden für eine digital unterstützte integrierte Gesundheitsversorgung zu stärken.

Die Koordinierungsstelle E-Health des Bayerischen Landesamtes für Gesundheit und Lebensmittelsicherheit (LGL) ist im Projekt aktiv in inhaltlicher Veranstaltungsorganisation, der Ermittlung und Beteiligung relevanter Stakeholder*innen und der Dissemination der Ergebnisse sowie im Wissensaufbau, -austausch und -transfer involviert.

Demografischer Wandel erfordert innovative digitale Transformation im Gesundheitswesen

Es wird erwartet, dass die EU-Mitgliedsstaaten in den kommenden Jahren und Jahrzehnten aufgrund der raschen Bevölkerungsalterung und des mäßigen Wirtschaftswachstums unter einer erheblichen Belastung der öffentlichen Ausgaben für Gesundheit und Langzeitpflege leiden werden (Robert Koch Institut 2015).

Andererseits könnten bis zu einem Fünftel der Gesundheitsausgaben in Europa bereits jetzt zielgerichteter verwendet werden; z.B. verursachen unnötige Einweisungen jedes Jahr über 37 Millionen zusätzliche Krankenhaustage (OECD 2018).

Eine umfassende, effizientere, zielgerichtete Gesundheitsversorgung und vermehrte öffentliche Gesundheitsförderung und Prävention bei Risikogruppen, auf Basis effizienter Datenanalysen, scheint notwendig, um der mit dem demografischen Wandel einhergehenden Zunahme chronischer Erkrankungen und Multimorbidität nachhaltig zu begegnen. Neue innovative Strategien für eine effiziente technische und informationelle Vernetzung der relevanten Akteur*innen sind notwendig. Eine bessere Koordinierung zwischen den Akteur*innen kann bei der Entwicklung digitaler Gesundheitslösungen dazu beitragen, den Zugang zu einer hochwertigen Gesundheitsversorgung zu gewährleisten, eine sektoren- und berufsfeldübergreifende (integrierte) Versorgung zu fördern und damit die Effizienz der Versorgungsprozesse zu steigern.

Gezielte Investitionen in diesen Bereichen bieten zudem vielversprechende Möglichkeiten, die Widerstandsfähigkeit der Gesundheitssysteme in der Zukunft zu erhöhen.

Einzelne europäische, digital basierte, in der Praxis bewährte Versorgungsmodelle und -strategien haben bereits das Potenzial gezeigt, dass eine gezielte, patientenzentrierte und koordinierte Gesundheitsversorgung in hoher Qualität mit informationell vernetzten Ansätzen ermöglicht werden kann. Damit einhergehend hat die Umgestaltung der Gesundheitssysteme in Europa und die Konzeption, Entwicklung und Umsetzung innovativer Technologien, die die Nachhaltigkeit der Systeme gewährleisten, begonnen. Hierbei ist anzumerken, dass die Umgestaltung innerhalb der EU unterschiedlich weit vorangeschritten ist.

JADECARE – Entstehung und Ziele

Um den Herausforderungen einer digital unterstützten Transformation von Gesundheitssystemen zu begegnen, die durch neue Technologien, Produkte und organisatorische Veränderungen gefördert werden und sich auf eine integrierte, personenzentrierte Versorgung konzentrieren, hat die Europäische Union eine Reihe von Initiativen ins Leben gerufen, z.B. die Europäische Innovationspartnerschaft für aktives und gesundes Altern, die durch Partnerschaften zwischen Regionen gemeinsame Aktionen oder die Bündelung von Forschungsprojekten anbietet. Das Projekt JADECARE wurde auf der Grundlage dieser Aktionen initiiert, nachdem die Europäische Kommission vier auf regionaler Ebene bewährte Best Practices ausgewählt hatte. Diese sollten in JADECARE auf andere Mitgliedsstaaten übertragen werden.

Die ausgewählten Best Practices umfassen Versorgungsbeispiele zur Integration bei chronischen Erkrankungen, bei Multimorbidität, für gebrechliche Menschen und Patient*innen mit komplexen Bedürfnissen, zur Unterstützung von Selbstversorgung, zur Prävention und Förderung der Gesundheit der Bevölkerung bis hin zu Disease Management und Case Management (siehe https://www.jadecare.eu).

Die Idee zu JADECARE wurde von der Europäischen Kommission in die Gesundheitsministerien der Mitgliedsstaaten, so auch ins Bundesministerium für Gesundheit in Deutschland, eingebracht. Dieses übertrug die Ausarbeitung und Weiterentwicklung einer möglichen Beteiligung in die dafür zuständige »Bund-Länder-Arbeitsgruppe Digitalisierung im Gesundheitswesen«. Aus dieser Arbeitsgruppe übernahmen die Sozialbehörde Hamburg, das Bayerische Staatsministerium für Gesundheit und Pflege und mit diesem die nachgeordnete Behörde, das Bayerische Landesamt für Gesundheit und Lebensmittelsicherheit mit der Koordinierungsstelle E-Health, sowie das ZTG Zentrum für Telematik und Telemedizin Nordrhein-Westfalen die Beteiligung am Projekt.

Wesentliche Ziele des Projekts JADECARE sind, die Kompetenzen der jeweiligen Gesundheitsbehörden zu stärken und wichtige Aspekte der Umgestaltung des jeweiligen Gesundheitssystems erfolgreich anzugehen, insbesondere den Übergang zu einer digital gestützten, integrierten, personenzentrierten Versorgung. Dies wird unterstützt durch den Transfer der bewährten Best Practices von den Systemen der »Early Adopters«, im Projekt »original Good Practices« (oGP) genannt, auf die Systeme der »Next Adopters« (NA).

JADECARE konzentriert sich hierbei auf einen Transfer aus den folgenden vier oGPs:

- die Gesundheitsstrategie des Baskenlandes: integrierte Versorgung für Ältere und chronisch Erkrankte (Spanien),
- der Open Innovation Hub Katalonien für IT-gestützte integrierte Versorgung von chronisch Erkrankten (Spanien),
- das OptiMedis-Modell zur bevölkerungsbasierten integrierten Versorgung (Deutschland) und
- die Digitale Roadmap für eine integrierte Gesundheitsversorgung der Region Süddänemark (Dänemark).

Insgesamt sind Partner aus 16 Ländern in ganz Europa beteiligt, die ein umfassendes Szenario an Unterschieden und Besonderheiten aufweisen. Der lokale Kontext, der Reifegrad integrierter Versorgungssysteme, der rechtliche Rahmen, die Kultur und die relevanten lokalen Interessengruppen (Stakeholder*innen) und Entscheidungsträger*innen müssen daher für jeden der 21 NAs berücksichtigt werden (Webgate EC Europa, Project 951442, 2020). Partnerländer sind Belgien, Estland, Italien, Serbien, Kroatien, Frankreich, Lettland, Slowenien, Tschechische Republik, Deutschland, Portugal, Spanien, Dänemark, Griechenland, Großbritannien und Ungarn.

Die einzelnen Ziele im Projekt sind:

- durch Bereitstellung von Expertise aus Best-Practice-Modellen integrierter Versorgung zu innovativen, effizienten, personenbezogenen und nachhaltigen Gesundheitssystemen für eine öffentliche Gesundheitsförderung beizutragen,

- die Kompetenz nationaler Behörden in Bezug auf effiziente Lösungen digital unterstützter, integrierter, personenzentrierter Gesundheitsversorgung zu fördern,
- die Leistungsfähigkeit von Gesundheitsbehörden der Mitgliedsstaaten zu stärken, um relevante Aspekte der digitalen Gesundheitssystem-Transformation erfolgreich, nachhaltig und über das Projekt hinaus gestalten zu können,
- Innovationen zu fördern, die Nachhaltigkeit der JADECARE-Wirkprinzipien auf lokaler, regionaler und nationaler Ebene sicherzustellen und die Leistungsfähigkeit und Ergebnisse in der Gesundheitsversorgung zu verbessern,
- die Gesundheitsdienste digital zu transformieren, unter direktem Einbezug der Gesundheitsberufe, Bürger*innen und Patient*innen, Gesundheitseinrichtungen, Anbieter*innen digitaler Lösungen und Entscheidungsträger*innen.

Methodik der Umsetzung des Transfers und der begleitenden Unterstützung

Aus den vier oGPs werden erfolgreiche Bausteine und Kernelemente identifiziert, an das lokale Umfeld, die Ziele und den digitalen Reifegrad der NAs angepasst und im Folgenden in diese überführt. Damit einhergehend soll während des Transfers die Kompetenz von Gesundheitsbehörden für die dazu notwendigen nachhaltigen, digitalen Transformationsschritte gestärkt werden. Die Methodik von JADECARE ermöglicht den Transfer in unterschiedlichen Kontexten; sozioökonomisch, kulturell, rechtlich, der Situation und dem digitalen Reifegrad des Gesundheitssystems entsprechend. Der Transferprozess wurde strukturiert in drei einzelne Schritte aufgegliedert:

1. Prä-Implementierung

Vorbereitend wurden im ersten Projektjahr der Bedarf, Umfang und Anwendungsbereich (Scope) (Palmer et al. 2019) jedes NA auf der Grundlage der Anforderungen, Erwartungen, strategischen Ziele, realistischen Möglichkeiten, des lokalen Reifegrads an digitaler Versorgung (SCIROCCO 2022) und der bestehenden lokalen Interventionen definiert. Mehrtägige Studienbesuche wurden konzeptionell entwickelt und aufgrund der pandemischen Lage (SARS-Cov-2) virtuell an den Standorten der oGPs organisiert und durchgeführt.

Mithilfe dieser Studienbesuche konnten die NAs ein vertieftes Verständnis für das jeweilige Best-Practice-Modell und für dessen praktische Vor-Ort-Umsetzung erlangen und die für die Planung der Umsetzung erforderlichen strategischen Maßnahmen erfassen. Dadurch konnten die NAs die für sie am besten geeigneten Best-Practice-Kernelemente aus einer oGP oder eine Kombination von Kernelementen aus verschiedenen oGPs für eine Umsetzung in ihrem eigenen Standort auswählen. Weiterhin wurde durch die Studienbesuche der Aufbau eines robusten und nachhaltigen Netzwerks mit den Akteur*innen der jeweiligen oGPs unterstützt.

Im Anschluss führten die NA eine SWOT-Analyse (van Wijngarden/Scholten/van Wijk 2012) durch, welche insbesondere die jeweils präferierten Kernelemente aus den oGPs beinhaltete. Unterstützt wurden sie hierbei durch Akteur*innen der oGPs. Die ausgewählten oGP-Kernelemente wurden daraufhin gezielt für jeden NA angepasst und lokale Interventions-Aktionspläne mit Maßnahmenkatalogen in Strategie und Umfang für die spezifischen Interventionen für jede NA-Situation entwickelt. Es wurden von Anfang an Maßnahmen entwickelt und mit eingeplant, die eine Nachhaltigkeit der Umsetzungen der Kernelemente über das Projektende hinaus am Standort der NAs gewährleisten sollen.

2. Implementierung

Die derart definierten lokalen Maßnahmenpläne werden derzeit im zweiten Projektjahr in einer einjährigen operativen Implementierungsphase mit Unterstützung der oGPs und weiteren Konsortialpartnern umgesetzt.

Die Umsetzung der spezifischen lokalen Interventionen wird auf der Grundlage von zwei Runden des PDSA-Zyklus (Plan, Do, Study, Act) nach Aguayo (1990) durchgeführt.

Die Implementierungsphase beinhaltet zusätzlich eine regelmäßige Überprüfung der vorab definierten NA-spezifischen Wirkungsindikatoren durch eines der unterstützenden, horizontalen Arbeitspakete im Projekt (siehe Kapitel »Struktur des JADECARE-Projekts«). Die Überwachung des Projektfortschritts erlaubt eine systematische Bewertung der Qualität, der Einhaltung der Projektvorgaben und eine Überprüfung der geplanten Durchführung des Projekts und der Erreichung der Ziele. Es wird ein umfassender

Ansatz mit quantitativen und qualitativen Methoden angewandt, die die Partner unterstützen, erkannte Probleme zu überwinden und die Umsetzung der Maßnahmen zu erleichtern. Die Wirkungsauswertung besteht zum einen aus einer Festlegung des Bewertungsplans und der zu sammelnden Informationen, quantitativen und qualitativen Erhebungsmethoden oder -quellen, und zum anderen aus den quantitativen und qualitativen Wirkungsindikatoren mit festgelegten Zielwerten. In der Datenerhebung werden die Informationen gemäß dem Bewertungsplan gesammelt, und sodann werden eine Datenanalyse (statistische Analyse für quantitative Daten oder Inhaltsanalyse für qualitative Daten) und eine Berichterstattung erstellt.

Das Projekt wird mittels eines weiteren unterstützenden Arbeitspaketes (s. Kapitel »Struktur des JADECARE-Projekts«) von Anfang an durch den Aufbau einer »learning community« begleitet. Das Arbeitspaket beinhaltet strukturierte Konzepte für Wissens- und Methodengenerierung und für Wissensaustausch mit anschließender Erarbeitung einer Blaupause für weitere Rollouts und für die Skalierung digital unterstützter Gesundheitsversorgung auch in anderen Kontexten.

3. Post-Implementierung

In dieser Phase soll eine Auswirkungsbewertung der Umsetzungen und des Transferprozesses und eine Erkenntnisanalyse durchgeführt werden. Die Methodik der Analyse der Projektergebnisse soll eine systematische Bewertung der Qualität und der Einhaltung der Projektvorgaben und eine Überprüfung der Durchführung des Projekts und der Erreichung der Ziele erlauben.

Die Auswirkung des Projekts wird dabei auf zwei Ebenen gemessen: a) für die Joint Action insgesamt (einschließlich der Auswirkungen auf externe Stakeholder*innen) und b) für die NA-Standorte einzeln. Die Auswirkungen werden beschrieben, analysiert und in Berichten zusammengefasst.

Abbildung 1: Implementierungsstrategie und Zeitplan. Eine dreistufige Implementierungsstrategie wird für den Transfer der oGP-Kernelemente genutzt: 1) Prä-Implementierung: Planung und Vorbereitung der Aktionspläne, 2) Implementierung: Roll-out und Umsetzung mittels der PDSA-Zyklus-Methodik (Plan, Do, Study, Act), 3) Post-Implementierung: Wirksamkeitsbewertung und Learnings

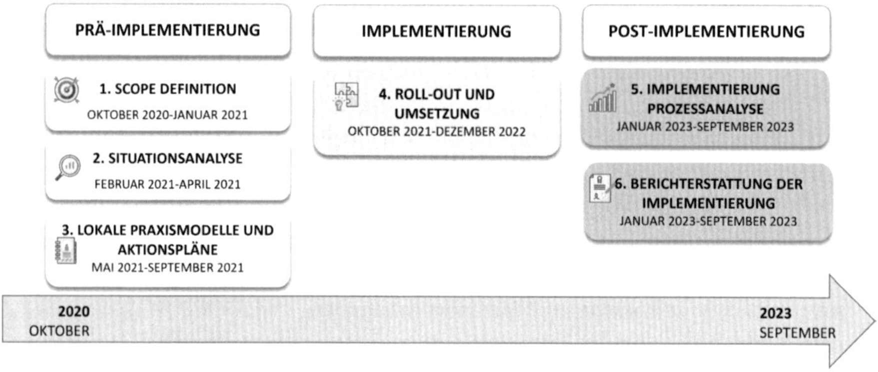

Quelle: Eigene Darstellung

Struktur des JADECARE Projekts

Das Projekt setzt sich aus acht Arbeitspaketen (Work Packages, WP) zusammen: vier »horizontale« WPs, WP 1–4, die die Joint Action als grundlegende Struktur unterstützend begleiten, und vier oGP-spezifische Transfer-Arbeitspakete (tWP), WP 5–8 (siehe Abbildung 2). Die tWPs sind eng mit den Aufgaben der horizontalen WPs 1–4 verknüpft und werden durch sie maßgeblich in der Durchführung der Implementierung unterstützt.

Das Projekt wird von einem dezidierten WP 1, der Projektkoordination, geleitet, deren Aufgaben in Management und Koordinierung des Gesamtprojekts und in der technischen, wissenschaftlichen, finanziellen und administrativen Leitung liegen, in der Einhaltung ethischer Grundsätze, und in einer reibungslosen Kommunikation mit der Europäischen Kommission.

WP 2 ist zuständig für die Disseminationsstrategie und den Disseminationsplan. Dies beinhaltet insbesondere die Projektwebsite, Social Media, Newsletter, Flyer und Projektmarkenbildung. Weiterhin werden Ergebnisse und Projekterfolge sowohl an die breite Öffentlichkeit als auch an die externen Stakeholder*innen kommuniziert. Relevante Stakeholder*innen (beispielsweise Kostenträger*innen, Leistungserbringer*innen, gesundheitspolitische

Entscheidungsträger*innen, Patient*innenorganisationen, Entwickler*innen digitaler Lösungen für das Gesundheitswesen, Wissenschaftler*innen) werden mittels Newslettern und in jährlichen Stakeholder*innen-Foren über den Stand des Projekts informiert und an einem Austausch mit weiteren ausgewiesenen Expert*innen im Forschungsgebiet beteiligt. Außerdem gewährleistet WP 2 die Organisation weiterer Veranstaltungen und die Bereitstellung eines aktuellen wissenschaftlichen Veranstaltungskalenders relevanter Kongresse im Bereich digital unterstützter integrierter Versorgung für das Konsortium.

Abbildung 2: Arbeitspakete und Struktur des Projekts

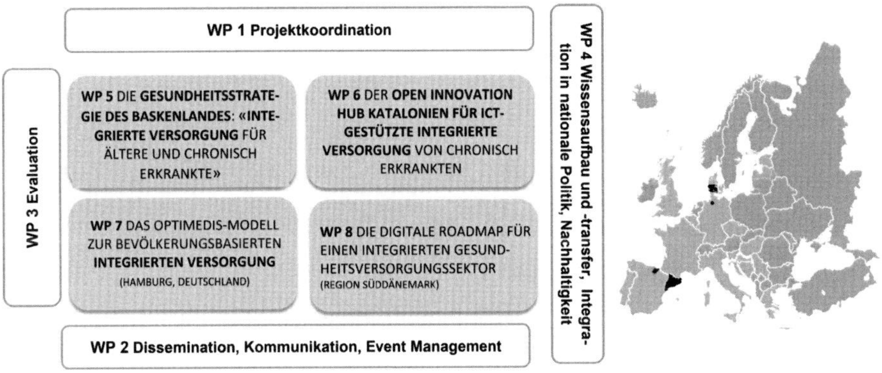

Quelle: Eigene Darstellung

WP 3 entwickelt die Überwachung des Projektfortschritts, die Qualitätssicherung der Umsetzung und die Bewertung der Auswirkungen. Die mit diesen Aufgaben betrauten Partner*innen arbeiten eng mit dem JADECARE-Konsortium zusammen, um qualitativ hochwertige und mehrwertgenerierende Maßnahmen zu gewährleisten. Dies beinhaltet auch eine Überprüfung, ob die Maßnahmen und Implementierungsmethodik wie geplant umgesetzt und die Ziele erreicht werden. WP 3 erstellt einen Plan zur Folgenabschätzung und ist für die Zwischen- und Abschlussberichte verantwortlich.

WP 4 erleichtert den Wissensaustausch und die Wissensgenerierung über den Aufbau einer »learning community« über strukturierte Studienbesuche, strukturiert koordinierte thematische Workshops, Methoden-Webinare sowie eine Toolbox auf der Website und unterstützt die lokale Planung der Maßnahmen der NAs und der Nachhaltigkeit der Maßnahmen der NAs. WP 4 richtet einen politischen Beirat ein, um die Nachhaltigkeit und den EU-Mehrwert zu unterstützen, und erstellt die Blaupause für weitere Ausweitungen und Roll-outs.

Die vier Best-Practice-Modelle (oGPs) in JADECARE

Akteur*innen der vier oGPs unterstützen die teilnehmenden Regionen der Mitgliedsstaaten beim Praxis- und Wissenstransfer in deren Gesundheitssysteme in den tWPs 5–8 (AGENAS 2022).

tWP 5: Die Gesundheitsstrategie des Baskenlandes: »Integrierte Versorgung für Ältere und chronisch Erkrankte«

Die oGP hat zum Ziel, die Gesundheit und Lebensqualität der Bevölkerung zu verbessern, indem die Qualität, Effizienz und Nachhaltigkeit des Gesundheitssystems sowie die Zusammenarbeit zwischen Sozialdiensten und Gemeinden erhöht werden soll.

Der Ansatz beinhaltet Risikostratifizierung mit digitalen Instrumenten und Analysen, digital unterstützte integrierte Versorgung inklusive Krankheitsmanagement und Fallmanagement auf Bevölkerungsebene, Empowerment von Bürger*innen mithilfe neuer Organisationsmodelle, Arbeitsabläufe, Prozesse und digitaler Instrumente sowie entsprechende neue Berufsbilder.

Als Beispiel umfasst die Bildung der neuen Organisationsmodelle –»Integrierte Gesundheitsversorgungsorganisationen – Integrated healthcare organisations, IHO« – im Baskenland eine Vereinheitlichung der Strukturen der Gesundheitsversorgung durch Zusammenlegung verschiedener Gesundheitsorganisationen. Bezirkskrankenhäuser werden mit den zugehörigen ambulanten Gesundheitszentren und -einrichtungen zu einer einzigen integrierten Gesundheitsversorgungsorganisation zusammengelegt. Damit einhergehend erfolgt eine Konzentration auf personenzentrierte Versorgungsprozesse, d.h. eine gemeinsame Gestaltung von Versorgungspfaden zwischen Primär- und Krankenhausversorgung in der IHO. Die Unabhängigkeit der Einzelorganisationen wird dabei beibehalten, aber eine Integration von neuen Gesundheitsversorgungs- und Pflegemodellen insbesondere für chronisch erkrankte Patient*innen etabliert, z.B. über telemedizinische Konsultationen, Tele-Assistenz, neue Präventionsmodelle oder Patient*innen-Empowerment.

Acht NAs aus sieben Ländern implementieren Kernelemente dieser oGP.

tWP 6: Der Open Innovation Hub Katalonien für IT-gestützte integrierte Versorgung von chronisch Erkrankten

Die oGP ist ein Netzwerk von Einrichtungen, das Synergien zwischen relevanten Stakeholder*innen des Gesundheits- und Sozialsystems schaffen will. Es hat sich zum Ziel gesetzt, die Kontinuität der Gesundheitsversorgung unter Nutzung digitaler Werkzeuge personenbezogen zu gewährleisten, und dies sowohl in einer individuellen als auch bevölkerungsbezogenen Perspektive zu ermöglichen.

Die oGP umfasst sowohl vertikale (spezialisierte vs. ambulante Versorgung) als auch horizontale (Gesundheitsversorgung vs. soziale Versorgung) Integration. Sie kombiniert eine bevölkerungsbezogene Gesundheitsversorgung mit einem kooperativen, adaptiven Fallmanagement-System zur Integration von Pflegediensten:

Der digital unterstützte interoperable Rahmen dieses Konzepts zeichnet sich durch eine cloudbasierte Zusammenführung der elektronischen Patient*innenakten der Primärversorgung und der Spezialversorgung unter Beachtung von Datenschutz und Datensicherheit aus. Zur Förderung des gemeinsamen Austauschs der Sektoren wird eine übergreifende Plattform mit Dashboard angeboten. Ein Zugang für Gemeinde- und Pflegedienste zu dieser Plattform unterstützt die Aktivitäten und die Pflege in der Häuslichkeit und in der Gemeinde und führt zum kooperativen adaptiven Fallmanagement. Die jeweils persönlichen Gesundheitsdaten in dieser regionalen Gesundheitsplattform werden gemeinsam mit und von Patient*innen in deren persönlichen Gesundheitsakten verwaltet. Diese enthalten auch die elektronischen Rezepte, elektronischen Befunde, Termine und entsprechenden Berichte.

Der Open Innovation Hub definiert drei Maßnahmenblöcke zur Erreichung des Best-Practice-Transfers:

1. Bewertung von Gesundheitsrisiken,
2. Einführung integrierter Gesundheits- und Pflegedienste (Förderung eines gesunden Lebensstils, vertikal-horizontale Integration, innovative Bewertung und rechtlich-regulatorische Fragen),
3. digitale Unterstützung für die integrierte Versorgung.

Fünf NAs aus vier Ländern implementieren Kernelemente dieser oGP.

tWP 7: Das OptiMedis-Modell zur bevölkerungsbasierten integrierten Versorgung

Dieses Konzept verfolgt parallel eine verbesserte Bevölkerungsgesundheit, eine verbesserte Patient*innenerfahrung im Hinblick auf eine gestiegene Dienstleistungsqualität und eine höhere Patient*innenzufriedenheit bei gleichzeitig gesteigerter Effizienz und Reduzierung der Pro-Kopf-Kosten für die Versorgung der Bevölkerung einer Region.

Gemeinsam mit regionalen Ärzt*innennetzen baut diese oGP über eine regionale Koordinierungsorganisation eine integrierte Versorgungsstruktur auf, in der Ärzt*innen, Therapeut*innen, Krankenhäuser, Apotheken und weitere Partner*innen zusammenarbeiten: Sie koordinieren die Behandlung und können über das elektronische Netz alle wichtigen Informationen auf einen Blick abrufen. Die Versicherten werden aktiv eingebunden und zur frühzeitigen Krankheitsvorbeugung und zur Teilnahme an spezifischen Gesundheits- und Pflegeprogrammen motiviert. Vereine, Schulen, Unternehmen und lokale Behörden in der Region werden ebenfalls einbezogen.

Sechs definierte Maßnahmenblöcke umfassen

a) »Shared savings«-Verträge mit Erstattungs- bzw. Beauftragungsorganisation,
b) eine starke Einbindung von Interessengruppen,
c) anbieterübergreifende elektronische Integration,
d) Beteiligung und Empowerment von Patient*innen,
e) datengesteuertes Management und datengesteuerte Präventionsmodule,
f) Gesundheitsförderung und öffentliche Gesundheitsmaßnahmen.

Fünf NAs aus fünf Ländern implementieren Kernelemente dieser oGP.

tWP 8: Die Digitale Roadmap für eine integrierte Gesundheitsversorgung der Region Süddänemark

Die oGP baut auf der »SAM:BO«-Vereinbarung auf, welche die digitale Verknüpfung der Gesundheitssektoren steuert. Diese wird ergänzt durch eine Reihe von Projekten zur digital unterstützten integrierten Versorgung in komplexen Krankheitsbildern.

Das Modell besteht aus zwei Maßnahmenblöcken mit verschiedenen Kernelementen:

a) Sektorenübergreifende digitale Kommunikation zur Sicherung einer kontinuierlichen Gesundheitsversorgung durch nationale übergreifende Standards und Vereinbarungen. Diese sind insbesondere Gesundheitsvereinbarungen mit elektronischen Messenger-Standards zur elektronischen Nachrichtenübermittlung und Sicherung eines optimalen Informationsaustauschs sowie die SAM:BO-Vereinbarung. SAM:BO (»Samarbejdsaftale om BOrgerforløb«) entspricht einer »Kooperationsvereinbarung zur Bürger*innenversorgung«, die regelt, wie sektorenübergreifende Gesundheitsversorgung der Bürger*innen organisiert, implementiert und adaptiert werden kann und wie die Sektoren digital verknüpft werden.
b) Ergänzt wird dies durch sektorenübergreifende digitale Projekte zur Unterstützung integrierter Gesundheitsversorgung in komplexen Krankheitsfeldern (beispielsweise Tele-Chronic Obstructive Pulmonary Disease [COPD], Tele-Psychiatrie, die »My Patient Journey«-Plattform, das »Digital Health Centre«, eine online-physische Rehabilitationsplattform, eine geriatrische Tele-Toolbox).

Als Beispiel einer sektorenübergreifenden digitalen Unterstützung integrierter Gesundheitsversorgung in komplexen Krankheitsfeldern sind besonders die mentalen Erkrankungen hervorzuheben. Tele-Psychiatrie wird in dieser oGP als eingebettete Therapieoption in die psychiatrische Versorgungskette für eine patient*innenzentrierte, bedürfnisorientierte Versorgung von minimal belasteten bis zu schwer beeinträchtigten Patient*innen geleistet.

Acht NAs aus fünf Ländern implementieren Kernelemente dieser oGP.

Implementierungsstand der Joint Action

Die lokalen Maßnahmenpakete werden derzeit von Ende 2021 bis Ende 2022 in der einjährigen Implementierungsphase in zwei PDSA-Zyklen operativ umgesetzt, die einen Evaluationszwischenschritt mit Anpassungsmöglichkeiten umfassen.

Drei der NAs führen Maßnahmen auf nationaler Ebene durch, 14 auf regionaler Ebene und vier auf lokaler Ebene. Die meisten NAs setzen Kernelemente und lokale Maßnahmenpläne im Zusammenhang mit digital unterstützten integrierten Versorgungsmaßnahmen um (36), elf implementieren Risikostratifizierungs-Kernelemente und neun setzen Kernelemente und Maßnahmen zum digitalen »Patient Empowerment« um.

Erste Learnings aus JADECARE: Potenziale der Digitalisierung für das Gesundheitswesen

Die Umgestaltung der Gesundheitsversorgung in Europa steht erst am Anfang und die zugrunde liegenden digitalen Gesundheitstechnologien, die die Umgestaltung von Gesundheit und Pflege unterstützen, müssen zielgerichtet konzipiert und entwickelt werden sowie ihr Kosten-Nutzen-Potenzial unter Beweis stellen. Im Verlauf von JADECARE werden erste Erkenntnisse zu Potenzialen der Digitalisierung für das Gesundheitswesen sichtbar:

- Ein datenbasiertes Management und die Unterstützung einer integrierten Gesundheitsversorgung und Pflege der Bevölkerung wurde in allen oGPs als fundamental für eine sektorenübergreifende Verbesserung der medizinischen Versorgung und Pflege beschrieben. Weiterhin sind die Berücksichtigung von Erfahrungen der Patient*innen und Leistungserbringer*innen, deren Empowerment und eine datenunterstützte Integration von Gesundheitssystem und Sozialsystem anzustreben.
- Gemeinsam getroffene verbindliche Vereinbarungen zur sektorenübergreifenden digitalen Kommunikation und Zusammenarbeit wurden als zukunftsweisende Modelle identifiziert. Als Beispiele aus den JADECARE oGPs dienen nationale Standards, digital verknüpfte sektorenübergreifende Gesundheitsvereinbarungen, nationale Standards für elektronische Nachrichtenübermittlung und Sicherung eines geschützten Informationsaustauschs mit Festlegung, wie eine sektorenübergreifende Gesundheitsversorgung der Bürger*innen organisiert, implementiert, gemonitort und adaptiert wird.
- Eine von Beginn an strukturiert geförderte Nachhaltigkeit von Maßnahmen zur Digitalisierung des Gesundheitswesens stellt ein zukunftweisendes Vorgehen dar, unter Berücksichtigung des jeweiligen lokalen Kontextes. Die in JADECARE erarbeitete Blaupause für weitere Roll-outs und die Skalierung digital unterstützter nachhaltiger integrierter Gesundheitsversorgung auch in anderen Kontexten kann dazu Evidenz und Mehrwert über die Laufzeit der Joint Action hinaus schaffen.
- Nachfolgende Rahmenbedingungen sollten prinzipiell berücksichtigt werden:
    - das politische Umfeld (z.B. Identifizierung bestehender politischer Strategien oder Programme, die die umzusetzenden Implementierungsaktionen unterstützen könnten),

- Verantwortlichkeiten für Nachhaltigkeit (z.B. Aufbau einer Governance-Struktur mit klarem Rechtsrahmen, in dem die Rolle jeder Partnerin und jedes Partners klar definiert ist und der zur regionalen Stakeholder*innen-Struktur passt),
- die kulturell geprägten Elemente von Zusammenarbeit und Konsensfindung (z.B. Aufbau aktiver Netzwerke engagierter Patient*innen, Ärzt*innen, Pfleger*innen oder Politiker*innen).

Dies sollte ebenso ein aktiv eingebundenes, regelmäßig tagendes Politiker*innen-Gremium von Beginn an bedienen und vernetzen, um die Maßnahmen in nationale (bestehende und neue) Gesundheitsprogramme zu überführen und zu verstetigen.

Förderhinweis

Das Projekt JADECARE ist ein Forschungs- und Innovationsprojekt, das durch das Programm Horizon 2020 der Europäischen Union für Forschung und Innovation unter der Finanzhilfevereinbarung Nr. 951442 finanziert wird. Die Informationen spiegeln ausschließlich die Meinung der Autor*innen wider. Die Europäische Kommission ist nicht verantwortlich für die Verwendung der hier enthaltenen Informationen.

Literatur

AGENAS (2022): »D4.1 Local good practices and action plans«. Agenzia Nazionale Per I Servizi Sanitari Regionale. Siehe https://www.jadecare.eu/wp-content/uploads/2022/11/D4.1-Local-Good-Practices-and-Action-Plans-accepted.pdf, zuletzt abgerufen am 15.01.2023.

Aguayo, Rafael (1990): »Dr. Deming: the American who taught the Japanese about quality«. Secaucus/New Jersey: Carol Publishing Group.

OECD (2018): »Health at a glance: Europe 2018: State of health in the EU cycle«. Paris: OECD Publishing. DOI: 10.1787/health_glance_eur-2018-en.

Palmer, Katie/Carfì, Aneglo/Angioletti, Carmen/Di Paola, Antonella/Navickas, Rokas/Dambrauskas, Laimi/Jureviciene, Elena/João Forjaz, Maria/Rodriguez-Blazquez, Carmen/Prados-Torres, Alexandra/Gimeno-Miguel, Antiono/Cano-del Pozo, Mabel/Bestué-Cardiel, María/Leiva-Fernández, Francisca/Poses Ferrer, Elisa/Carriazo, Ana M./Lama, Carmen/Rodríguez-Acuña, Rafael/Cosano, Inmaculada/Bedoya-Belmonte, Juan José/Liseckiene, Ida/Barbolini, Mirca/Txarramendieta, Jon/Fullaondo, Ane/Rijken, Mieke/Onder, Graziano (2019): »A methodological approach for implementing an integrated multimorbidity care model: Results from the pre-implementation stage of joint action CHRODIS-PLUS«, in: International Journal of Environmental Research and Public Health 16(24), S. 5044. DOI: 10.3390/ijerph16245044.

Robert Koch Institut (2015): »Gesundheitsberichterstattung des Bundes gemeinsam getragen von RKI und Destatis: Gesundheit in Deutschland«. Siehe https://www.rki.de/DE/Content/Gesundheitsmonitoring/Gesundheitsberichterstattung/GesInDtld/gesundheit_in_deutschland_2015.pdf?__blob=publicationFile, zuletzt abgerufen am 15.01.2023.

SCIROCCO (2022): »Scirocco self-assessment tool for integrated care«. Siehe http://scirocco-project-msa.inf.ed.ac.uk/, zuletzt abgerufen am 15.01.2023.

Webgate EC Europa, Project 951442 (2020): »Joint Action on implementation of digitally enabled integrated person-centred care [JADECARE] [951442] – Joint Actions«. Siehe https://webgate.ec.europa.eu/chafea_pdb/health/projects/951442/summary, zuletzt abgerufen am 15.01.2023.

van Wijngaarden, Jeroen D.H./Scholten, Gerard R.M./van Wijk, Kees P. (2012): »Strategic analysis for health care organizations: The suitability of the SWOT-analysis«, in: The International Journal of Health Planning and Management 27(1), S. 34–49. DOI: 10.1002/hpm.1032.

9x Ofra: Technikunterstütztes Wohnen als Beitrag zur Verbesserung der kommunalen Daseinsvorsorge

Anton Zahneisen

Einleitung und Übersicht

Im Forschungsprojekt »9x selbstbestimmt Wohnen in Oberfranken«, gefördert vom Bayerischen Staatsministerium für Gesundheit und Pflege (Start Oktober 2017), haben wir folgende Thesen untersucht:

- Die Entscheidung für das selbstständige Leben in der eigenen Häuslichkeit wird stark von der Familie bzw. dem Familiennetzwerk bestimmt.
- Ein Beratungsprozess, der alle relevanten Personen einbindet, beeinflusst positiv die Entscheidung für einen Verbleib zuhause.
- Selbst gefundene Lösungen helfen besser als von Expert*innen angebotene Maßnahmen.
- Technische Assistenzlösungen (AAL), die die benannten Probleme aufgreifen und individuell unterstützen, werden positiv bewertet.

Die Evaluation durch das Institut für Psychogerontologie der Universität Erlangen-Nürnberg konnte zeigen, dass das im Projekt genutzte Beratungssetting Familienrat (»family group conference«) geeignet ist, um gemeinsam tragfähige Lösungen für ein Fortbestehen selbstständigen Wohnens bei vorhandenem Unterstützungsbedarf zu finden und die Akzeptanz für die erforderlichen technischen Assistenzhilfen zu schaffen.

Wen haben wir erreicht?

Das im Projektantrag skizzierte Forschungsdesign der Projektpartner*innen Joseph-Stiftung Bamberg, Sozialstiftung Bamberg, Handwerkskammer für Oberfranken und Institut für Psychogerontologie (IPG) der Friedrich-Alexander-Universität Erlangen-Nürnberg (FAU) sah in einer qualitativen Studie vor, dass Familien, die vor der Herausforderung stehen, das Wohnen eines Angehörigen gestalten zu müssen, um eine Fortführung der Selbstständigkeit aktuell möglich zu machen, intensiv beraten und begleitet werden. Wir haben deshalb einen Querschnitt realer Pflegesituationen im häuslichen Umfeld in unsere Auswahl aufgenommen. Selbstverständlich sind daraus keine quantitativen Schlüsse zu ziehen; die Summe der gemachten Erfahrungen kann jedoch als Spiegel der gesellschaftlichen Situation von pflegenden Familien interpretiert werden.

Das Beratungssetting: Familienrat

Unser methodischer Zugang zur Arbeit mit den Familien ist ein der Sozialen Arbeit entlehntes Instrument und dort geläufig als Familienrat oder »family group conference«. Der Familien- und Angehörigenrat ist ein Hilfeplanverfahren, das konstruktive Bewegung in Familiensysteme bringen kann, die sich in Überforderungsgefühlen und Hoffnungslosigkeit »festgefahren« haben. Gleichermaßen wird aber Vorhandenes gestärkt, weil die Potenziale privater Netzwerke und die Problemlösungskultur der Familie genutzt werden. Man ist bei der Planentwicklung gewissermaßen unter sich und ungesteuert vom professionellen Hilfesystem, dessen Hilfen nur passgenau in Lücken des Netzwerkplanes eingebaut werden, um Exklusionseffekte durch professionelle Spezialsettings zu reduzieren und eine lebensweltliche Integration zu unterstützen. Wesentlich hierfür ist die Annahme, dass die Mitglieder eines Familiennetzwerks als Expert*innen des Alltags am besten verstehen, welche Probleme oder Herausforderungen zu bewältigen sind. Des Weiteren gilt die Annahme, dass selbstgefundene Lösungen leichter verantwortlich mitgetragen werden als Empfehlungen externer Expert*innen. Für die Umsetzung im Projekt haben wir uns auf folgende Schritte verständigt, die jeder für sich Gegenstand der wissenschaftlichen Evaluation durch das Team des IPG (mittels Fragebogen oder Interview) waren:

- Vorgespräch mit den Protagonist*innen (unsere Ansprechpartner*innen aus dem Erstkontakt),
- Vorgespräch mit der Zielperson,
- Vorgespräche mit allen Mitgliedern des Netzwerks (sofern bereit dazu),
- Vorbereitung eines Sorgeberichts (Zusammenfassung aller genannten Sorgen und Probleme) durch das Moderator*innenteam der Joseph-Stiftung und der Sozialstiftung Bamberg,
- Durchführung eines ersten Treffens mit allen Netzwerkmitgliedern,
- Erarbeitung von Zielen, Maßnahmen und Festlegung von Verantwortlichkeiten,
- Umsetzung,
- zweites Netzwerktreffen (Bilanztermin).

Die Arbeit des Familienrates in der Altenhilfe unterscheidet sich in einem Aspekt ganz wesentlich von der in der Jugendsozialarbeit. Deutlich spürbar ist der fehlende Druck einer übergeordneten Instanz, die unter Umständen über Rechtsmittel verfügt, um Maßnahmen, auch ohne Zustimmung der Familienmitglieder, durchzusetzen. Die Atmosphäre und die Arbeit im Familienrat der Altenhilfe ist geprägt von Freiwilligkeit, Neugier, Interesse an einer Lösung, aber auch von Abwarten und Skepsis, ob auf diesem Weg tatsächlich Verbesserungen für die aktuelle Situation zu erwarten sind. Drohkulissen sind ausschließlich hausgemacht: Der Ehemann, der mit Ausstieg droht, die Tochter, die sich noch mehr zurückziehen könnte, der selbstbestimmte Umzug ins Pflegeheim bei der nächsten gesundheitlichen Katastrophe.

Weil aber keine externe Institution den Familienrat empfiehlt oder anordnen kann, war es schwierig, überhaupt Teilnehmer*innen für dieses Beratungssetting zu finden. Wir gehen davon aus, dass die mangelnde Nachfrage und das geringe Teilnehmer*inneninteresse nicht nur durch die Verpflichtung zur Teilnahme an der Evaluation und Öffentlichkeitsarbeit bestimmt war, sondern auch durch die Tatsache, dass die Betreuung von Angehörigen eine zutiefst privat verankerte Sphäre ist und nicht Gegenstand öffentlicher Sorge.

Obwohl keine harten Konsequenzen drohen können und deshalb die Mitarbeit ausschließlich intrinsisch motiviert und freiwillig ist, ist die Arbeit im Familienrat, wie wir ihn praktiziert haben, fast immer von großem Erfolg und großer Zufriedenheit gekrönt.

Die vorläufigen Ergebnisse der Evaluation, aber auch unsere Erfahrungen als Moderator*innen und Expert*innen stützen den Eindruck, dass der Familienrat ein starkes Instrument der Beratung von Familien mit Unterstützungsbedarf sein kann. Es macht deshalb Sinn, darüber nachzudenken, wie dieses Verfahren stärker in der Altenhilfe verankert werden könnte. Da Freiwilligkeit und Offenheit wichtige Erfolgsfaktoren der Arbeit im Familienrat sind, macht es wenig Sinn, über Möglichkeiten der Verpflichtung zur Durchführung eines Familienrates nachzudenken. Die von uns favorisierte Idee eines Beratungsgutscheins, der mit der Pflege-Eingradung oder auch schon mit dem Antrag zur Begutachtung ausgegeben werden könnte, stärkt die Eigeninitiative und Eigenverantwortlichkeit der Familien, stärkt die Rolle der Pflegeversicherung als umfängliche und auch präventive Förderung pflegender Angehöriger und verhindert den kostenintensiven Auf- und Ausbau von flächendeckenden Beratungsressourcen und erleichtert dem Handwerk den Zugang zur Nachfrage nach technischen Assistenzmöglichkeiten für ein selbstbestimmtes Wohnen im Alter.

Was haben wir in den Familien/Netzwerken erlebt?

Angst und Sorgen

Das Grundproblem aller teilnehmenden Familien ist die Frage: Was passiert während meiner Abwesenheit und wenn die Zielperson allein ist? Ob nun die Tochter 50 Kilometer entfernt lebt oder die Mutter im Erdgeschoss wohnt und der Sohn im ersten Stock, spielt nur unwesentlich eine Rolle. Hinter die geschlossene Tür kann man nicht blicken. Die Abgeschlossenheit ist aber auch ein Bedürfnis beider Seiten nach einem selbstständigen Leben. Trotz gut organisierter Unterstützungsleistungen durch die Familie und auch durch externe Pflegedienste oder Helfer*innen bleibt die Ungewissheit über die Stunden, während die betroffene Person allein in ihrer Wohnung ist oder die Angehörigen das Haus verlassen haben. Im Familienrat erleben wir nun, dass die Risiken bei Abwesenheit und der Wunsch, etwas entspannt unternehmen zu können, artikuliert werden. Die Sorgen und die beschriebenen kritischen Situationen sind überall ähnlich: nachts aufstehen, auf dem Weg zur Toilette stürzen, das Haus unbemerkt verlassen, den Sturz nicht bemerken etc. Die Antworten und damit die ersten Hinweise zu den gesuchten Lösungen, die von den Mitgliedern der Familie gefunden werden, lauten, dass man wissen müsste, wenn die Mutter nachts aufsteht, dass man merken müsste, wenn die Zielperson das Haus oder die Wohnung verlässt oder ob sie gestürzt ist usw.

Der Weg zur Lösung

Erst jetzt kommt das Expert*innenwissen zum Tragen: Ja, es gibt einfache Maßnahmen, die helfen, dies alles zu wissen. Sensoren erkennen, ob die Zielperson das Bett verlässt, die Toilette aufsucht, dort unverhältnismäßig lange verweilt, die Haustür betätigt, die Wohnung verlässt und nicht mehr zurückkehrt, nicht mehr ins Bett zurückkehrt usw. Wir können Rauchentwicklung erkennen und die Gefahrenmeldung weiterleiten oder wir können sicherstellen, dass der Herd sich abschaltet. Im Smarthouse SOPHIA, einem Wohnlabor der Joseph-Stiftung in Bamberg, kann man dies alles sehen und erleben und mehr als 2.000 Personen haben in den letzten vier Jahren die Möglichkeit eines Hausbesuchs dort genutzt. Trotzdem hat kein*e Besucher*in sofort eine der dort gezeigten Lösungen nachgefragt, weder für sich noch für die eigene Klientel noch für eigene Angehörige.

Im Projekt machen wir nun die Erfahrung, dass die gemeinsame Arbeit an der aktuellen Situation zur Lösung führt, ohne die Details der Lösung zu kennen. Erst die Frage »Man wüsste wissen …« schafft die Voraussetzung und die notwendige Motivation. Jetzt wird der Hinweis auf die technischen Möglichkeiten gehört, auf die konkrete Situation angewandt und verarbeitet. Jetzt ist der Weg frei für eine positive Entscheidung, für die Nutzungserwägung oder Erprobung.

Zeitlicher Aufwand

Unser Aufwand deckt sich mit Zahlen, die auch andernorts für den Familienrat genannt werden und beträgt 20 bis 30 Stunden pro Netzwerk: Vorgespräche, Vorbereitung, Familienrat, Folgerat, Nachbereitung, Umsetzung der Lösungen, Begleitung bei der Umsetzung, Gespräche mit Expert*innen. Nicht immer geht es um AAL-Lösungen: Die Wohnungseinrichtung passt nicht mehr zu einer Person, die einen Rollator benutzt, um sich in der Wohnung bewegen zu können; die Stürze, von denen im Familienrat oft zu hören ist, werden nun in Zusammenhang mit der Wohnungseinrichtung gebracht; der Durchgang vom Esszimmer zur Küche wird durch einen großen Tisch versperrt, kein Durchkommen mit einem Rollator.

Alle sitzen zusammen und alles dreht sich um das Thema sicheres und selbstständiges Wohnen. Die Vorstellung einer Veränderung gefällt der Zielperson nicht, gleichzeitig erlebt sie aber, dass alle hier sind und gemeinsam nach einer akzeptablen Lösung suchen, die helfen könnte, besser zurechtzukommen. Der Sohn erinnert sich an einen kleinen Tisch, der auf dem Dachboden steht. Erinnerungen werden ausgetauscht, wo der früher gestanden hat und wie es dazu gekommen ist, dass jetzt dieser große Tisch hier steht und den Zugang in die Küche versperrt. Diese Erinnerungsarbeit ist wichtig und braucht natürlich auch Zeit. Aber sie macht deutlich, dass Dinge auch früher schon verändert wurden, weil sie nicht mehr gepasst haben. Jetzt ist Zeit für eine weitere neue Veränderung und das wird von allen verstanden. Der Entschluss, den Tisch auszutauschen, einen Sessel zu entfernen, ein paar Kleinmöbel auf den Dachboden zu stellen, um Platz zu machen für die Rollator nutzende Mutter, ist nun schnell gefasst.

Abbildung 1: Familienrat bei Kaffee und Kuchen

Quelle: Eigenes Foto (Einwilligungen der abgebildeten Personen für die Nutzung des Fotos liegen vor)

Grenzen und Chancen des Verfahrens

Nicht immer gelingt es, die im Hintergrund wesentlichen Ressentiments ans Licht zu bringen. Gelingt es aber im Familienrat, die vorhandenen persönlichen Positionen sichtbar werden zu lassen, eröffnet sich auch die Chance, konstruktiv damit umzugehen. In den Vorgesprächen wurde deutlich, dass innerhalb der Familie zwei extreme Positionen vorhanden sind: der Ehemann, der den Umzug der Gepflegten ins Heim favorisiert, um wieder mehr Zeit mit seiner Ehefrau verbringen zu können, die Ehefrau, die eine gute Tochter sein und partout keine Hilfe annehmen will und sich deshalb um jede Chance bringt, auch ihr Eheleben in den Blick zu nehmen. Ihr Dilemma: Wie kann ich eine gute Tochter sein und die Mutter zuhause betreuen? Und wie kann ich gleichzeitig meine Ehe sichern und außerdem verhindern, dass meine Töchter in diesen Strudel gezogen werden.

Die Positionen wurden in den Vorgesprächen deutlich und auch das Dilemma war allen bewusst. Im Familienrat ist es gelungen, all diese Positionen zu thematisieren und Lösungsoptionen aufzuzeigen: Hilfe der Töchter wird in Ausnahmesituationen angenommen, die Mutter bleibt zuhause wohnen, der Ehemann bekommt Unterstützung, technisches Monitoring ermöglicht auch Abwesenheit von Zuhause, externe Hilfen werden in Betracht gezogen, wenn es um Kurzurlaube geht und dafür ein*e Demenzbegleiter*in gesucht werden soll.

Gute Ratschläge und Widerstand

Drei Frauen reden ununterbrochen auf die Zielperson ein: »Wenn der Pflegedienst da ist, kannst du doch gleich aufstehen und deine Hörgeräte reintun. Dann hörst du, wenn ich oder die Enkel anrufen.« »Verlege doch deinen Arzttermin, dann kannst du ins Quartierbüro zum Vortrag gehen.« »Du kannst doch auch mal etwas allein machen.«

Das Bemühen aller Beteiligten, die Zielperson zu mehr Eigeninitiative zu motivieren, war offensichtlich. Zu akzeptieren, dass ein Schläfchen bis zum Mittagessen, wenn der Pflegedienst wieder gegangen ist, sehr schön ist und gern gemacht wird, fällt allen schwer. Alle gutgemeinten Du-Botschaften treffen auf taube Ohren. Was bedeutet das für unsere Arbeit? Die Tochter scheint sich um den Vater zu sorgen. Dennoch gelingt es ihr nicht, den Vater als gleichwertiges Gegenüber, dessen Meinung zählt, zu betrachten. In kurzer Zeit entspinnt sich ein Gespräch über und nicht mit dem Vater. Die drei Frauen bekräftigen sich in ihrer Einschätzung, dass es dem Vater an Willen und Motivation mangele, um aus seinem emotionalen Tief des Alleinseins herauszukommen. Wir wissen, was er braucht, aber er hört uns nicht zu. Wir drehen uns im Kreis. Damit wird ein Stück weit der Rückzug eingeleitet und gerechtfertigt.

Als Moderator habe ich mehrmals versucht, das Handeln der Zielperson positiv zu bewerten; gegen die Phalanx der drei Frauen war aber eine andere Bewertung schwer durchzusetzen. Den Moderator*innen kommt hier eine besondere und besonders wichtige Rolle zu: Sie müssen einerseits dafür Sorge tragen, dass die Zielperson in den Diskurs eingebunden bleibt und es nicht zu einer Meinungsbildung über die Zielperson kommt. Andererseits gilt es, die Beteiligten des Familienrates nicht zu verärgern, damit diese den Ärger nicht zum Anlass nehmen, um sich von dem Geschehen zu verabschieden. Mein Vorschlag, um den Konflikt zu entschärfen, lautete, den Prozess weiter gemeinsam aufmerksam zu verfolgen und in einem halben Jahr neu zu überlegen, welche Initiativen zur Aktivierung mit dem Vater gefunden werden können.

Im Funkloch – Technik aus der Kinderabteilung

Man möchte es nicht glauben, aber noch immer gibt es in Oberfranken Orte, die nicht über ein ausreichend funktionierendes Mobilfunknetz verfügen. Dazu gehört Öttingshausen bei Bad Rodach, Landkreis Coburg. Die Zielperson wäre gern sicher unterwegs, nicht weit, nur ein paar hundert Meter im Rollstuhl, hinaus zu ihrem Lieblingsplatz. Heimlich folgt ihm seine Frau, in Sorge, es könnte etwas passieren – für beide eine untragbare Situation. Der Familienrat, mit einem über Skype zugeschalteten Sohn, der in Hamburg lebt, fand auch hierfür eine Lösung. Wie wäre denn ein Walkie-Talkie?

Gibt es so etwas noch? Ja, denn mittlerweile nutzen manche Eltern diese Technik, um mobil ihre Babyüberwachung zu organisieren: Technik aus der Kinderabteilung, um sicher im Umkreis von acht Kilometern unterwegs zu sein. Lieber hätten wir die Zielperson mit einem mobilen Notruf ausgestattet, aber im Funkloch muss man sich anderweitig behelfen.

Abbildung 2: Walkie-Talkie

Quelle: Eigenes Foto

Beratung als fortlaufender Prozess

Wir müssen uns bewusst machen und ständig im Hinterkopf behalten, dass wir nur für eine kurze Zeit teilhaben am familiären Geschehen. Im Vorgespräch im Ort Bobengrün zeichnete sich eine höchst komplexe Situation ab. Der getrennt lebende Sohn ist wieder ins Haus der Eltern gezogen. Dort leben ein dementer Vater und eine gehbehinderte Mutter auf engstem Raum. Der Familienrat arbeitet vor allem intensiv an einer organisatorischen Lösung: Wo kann der Sohn ungestört wohnen? Wie können wir den dementen Vater besser unterstützen? Und ist es denkbar, dass Vater und Mutter gemeinsam in der engen Räumlichkeit einer fränkischen Ess-Wohnküche auch noch zu zweit schlafen?

Beeindruckend war auf jeden Fall der Wille, eine Lösung zu finden. Ein Konzept für die Umgestaltung wurde erarbeitet. Zwei Tage nach dem Familienrat erreichte uns die Nachricht, dass der Vater wegen eines Schlaganfalls in die Klinik eingeliefert wurde und dort zwei Tage später verstorben ist. Durch den Tod wurde vieles – hinsichtlich der beschriebenen Situation – »einfacher«.

Alle neuen Lösungen waren zudem von der Erfahrung getragen, es auch mit und für den Vater versucht zu haben. Der ernsthafte Versuch, eine schier ausweglose Situation zu bewältigen, hat die Familie gestärkt. Die nun auf die Bedürfnisse der Mutter zugeschnittenen Lösungen ruhen auf einem festen Fundament gestärkten Vertrauens zueinander.

Abbildung 3: Zielperson (Bobengrün) unterschreibt die getroffene Vereinbarung

Quelle: Eigenes Foto (Einwilligung der abgebildeten Person für die Nutzung des Fotos liegt vor)

Wie schafft man Vertrauen?

Unser methodischer Ansatz fällt nicht mit der Tür ins Haus und konfrontiert nicht mit einer Beratung durch Expert*innen. Behutsam nehmen wir uns, nach dem telefonischen Erstkontakt, Zeit für ein erstes persönliches Gespräch. Darin informieren wir über das Projekt, die beteiligten Partner*innen, die Motivation des Ministeriums und hören uns dann die Gründe an, die zum Interesse an einer Mitwirkung geführt haben. Wir klären auf und informieren, überreichen Beschreibungen und Erklärungen und lassen den Protagonist*innen Zeit, sich zu entscheiden. Auch die im Anschluss geführten Gespräche mit den Mitgliedern des Netzwerks zielen darauf ab, Vertrauen zu schaffen: Wir informieren über den Ablauf, über das Projekt, über die Möglichkeiten der Unterstützung und wir hören zu und suchen den Dialog. Die Tatsache, dass wir zwar viel Erfahrung in diesem Feld mitbringen, aber keine Lösungen fertig parat präsentieren, macht neugierig, aber schürt auch Zweifel. Wird es etwas bringen? Ein wichtiger Aspekt ist sicher, dass wir nichts verkaufen wollen. Wir sind keine Vertriebler*innen mit elegantem und überzeugendem »Marketing-Sprech«. Wir beraten kostenfrei, unabhängig, nehmen uns Zeit, hören zu und stellen es dem Gegenüber frei, jederzeit folgenlos die Zusammenarbeit einzustellen.

Abbildung 4: Typisch für den Familienrat: Schwarzwälder Kirschtorte, wenn gewünscht

Quelle: Eigenes Foto (Einwilligungen der abgebildeten Personen für die Nutzung des Fotos liegen vor)

Was unterscheidet den Familienrat von anderen Beratungsmodellen?

Nachfolgendes Beispiel macht es deutlich: Am Ende des Familienrates steht unter anderem fest, dass das Öffnen der Haustür durch die im Rollstuhl sitzende Zielperson nicht zu schaffen ist. Der Weg ins Freie ist versperrt. Eine elektrische Türöffnung, wie sie bereits im Nebenhaus eingebaut ist, wäre eine Lösung. Wir ziehen eine Expertin für barrierefreien Wohnungsumbau zu Rate, da die Eigentumsverhältnisse in der Wohnanlage kompliziert sind. Im Rahmen dieses Ortstermins bittet die Expertin um die Erlaubnis, sich die gesamte Wohnung der Zielperson anschauen zu dürfen. Prompt macht die Expertin auf eine Vielzahl von weiteren einschränkenden Barrieren aufmerksam: Der Türanschlag der Badezimmertür ist verkehrt, da die Tür nach innen aufgeht; die Zugänglichkeit zur Küche ist problematisch; eine Schwelle an der Terrassentür ist zu hoch und verhindert den Zugang zum Balkon – alles Dinge, die im Rahmen des Familienrates nicht zur Sprache gekommen sind. Mit der Expertin kamen nun neue und durchaus objektiv wichtige Probleme auf den Tisch.

Werden durch die kompetente Sicht einer*s Expert*in die Schwäche unserer Methodik und die Defizite einer Betroffenenkompetenz deutlich und somit das Beratungssetting infrage gestellt? Unser Vorgehen stellt nun nicht die wünschenswerte Gestaltung der näheren Umgebung in den Vordergrund, sondern die Probleme und unüberwindlichen Hindernisse im konkreten Alltag der Zielperson. Die Menschen, die zum Netzwerk (»family group«) gehören, haben dabei geholfen, diese Probleme zu identifizieren und mit uns nach Lösungsstrategien zu suchen. Der Weg ins Bad wird mit Geschicklichkeit bewältigt, auch wenn es objektiv betrachtet nicht einfach ist und durch den Türanschlag erschwert wird. Man kann aber auch die Bewältigung dieses Weges als Erfolg verstehen, als Ausdruck von Kompetenz und Geschicklichkeit, diese Barriere zu überwinden. Der Stolz, sagen zu können »Ich habe das geschafft.«, trägt sicher auch zu einem guten Lebensgefühl bei. Damit soll deutlich gemacht werden, dass nicht das Expert*innenwissen das Problem ist, sondern dass der Kontext, wann dieses Wissen gefordert ist, entscheidend ist. Dinge, die wir beherrschen, müssen wir nicht ändern; Änderungen sind nötig, wenn die Dinge uns beherrschen.

Abbildung 5: Wichtige Aspekte wurden gesammelt, gewichtet und münden in eine Zielvereinbarung

Quelle: Eigenes Foto

Kostenübernahme

Wer bezahlt? Seit Anfang des Jahres 2018 gibt es einen neugefassten Anspruch auf Kostenübernahme bei einer das Wohnumfeld verbessernden Maßnahme. Bis zu 4.000 Euro können Pflegekassen zur Sicherstellung der Pflege und zu einer selbstständigen Lebensführung gewähren. Die Pflegekassen sprechen von einer »Kann-Leistung«. Die bisherigen Erfahrungen zeigen, dass smarte Technologien, die nicht fest verbaut sind und nicht in einem Hilfsmittelkatalog gelistet sind, nur schwer hierüber zu finanzieren sind. Im Laufe des Projekts wurden mehrere Kostenübernahmen bewilligt. Einfach ist es, wenn auch die*der zuständige Pflegeberater*in der Pflegekasse vor Ort die geplanten Maßnahmen erläutert bekommt und diese*r selbst den Antrag zur Bewilligung formuliert. Aus der positiven Entwicklung der Kostenübernahme lässt sich aber nicht schließen, dass jetzt generell eine bessere Akzeptanz von smarten Assistenzlösungen gegeben ist und der Einbau endlich ein attraktives Geschäftsfeld des Handwerks wird. Festzustellen ist zunächst, dass die das Wohnumfeld verbessernden Maßnahmen an eine Eingradung geknüpft sind – ohne Pflegegrad kein Geld. Damit sind alle, die präventiv vorsorgen wollen, noch ohne Aussicht auf Förderung und damit auch keine potenziellen Kunden für das Handwerk.

Erschwerend kommt hinzu, dass die individuelle Bedürftigkeit festgestellt werden muss, was einen bürokratischen Prozess aus Beratung, Angebotsformulierung, Eingabe bei der Pflegekasse, Bewilligung/Ablehnung, eventuellem Widerspruch und Gewährung darstellt. Für die Handwerker*innen bedeutet das einen großen zeitlichen Aufwand, ein hohes Risiko des Scheiterns und eine verhältnismäßig schmale Renditeerwartung. Am Ende des Prozesses, für den auch noch besondere Beratungskompetenzen nötig sind, steht nicht ein bewilligter Badumbau in Höhe von 20.000 Euro, sondern unter Umständen eine Maßnahme über lediglich 2.000 Euro.

Um AAL-Lösungen für ein selbstständiges Wohnen im Alter für Kund*innen wie auch für das Handwerk attraktiv zu machen, haben wir dem Ministerium vorgeschlagen, einen AAL-Beratungsgutschein auf den Weg zu bringen. Mit der Eingradung sollen Pflegebedürftige diesen Beratungsgutschein erhalten, den sie bei hierfür qualifizierten Stellen einlösen können. Diese beraten die Familien und erhalten dann, unabhängig vom Erfolg der Beratung, ihren Aufwand entgolten, indem sie den Gutschein mit einem Beratungsbericht bei der zuständigen Behörde einreichen. Die*der Handwerker*in kommt erst ins Spiel, wenn die Bewilligung vorliegt und sie*er die Maßnahmen zu den benannten Konditionen erbringen kann und will. Der Beratungsgutschein hat darüber hinaus den Vorteil, dass nicht flächendeckend Beratungskapazitäten vorgehalten werden müssen, sondern diese sich dort weiterentwickeln, wo die Nachfrage entsprechend gewachsen ist. Ist darüber hinaus geregelt, dass Teile dieses Beratungsentgelts aus dem Budget für das Wohnumfeld verbessernde Maßnahmen refinanziert sind und der Rest Teil der Beratungsverpflichtung der Pflegekassen ist, wäre der Weg smarter Technologien zu den Pflegebedürftigen ein Stück geebnet. Wenn Angehörige mithilfe smarter Technologien und guter Beratung länger als Unterstützer*innen der häuslichen Pflege gewonnen werden können, ohne aus Angst vor den Unsicherheiten, krank zu werden, ist volkswirtschaftlich gesprochen mehr als eine Win-win-Situation für die öffentliche Hand und die Sozialversicherungssysteme erreicht.

Abbildung 6: Mobiles Tablet und Videokamera integriert mit Türöffnung

Quelle: Eigenes Foto (Einwilligung der abgebildeten Person für die Nutzung des Fotos liegt vor)

Technische Anwendungen im Projekt 9x Ofra

Nicht immer kann man davon ausgehen, dass die vorhandenen finanziellen Mittel, die das SGB XI bereitstellt, bekannt sind oder umfänglich ausgeschöpft werden. Sicher ist, dass moderne Kommunikationshilfen, automatische Krisenerkennung und Aktivitätsmonitoring in Verbindung mit einer Nachricht auf dem eigenen Smartphone nicht bekannt sind. In einigen Familien waren smarte Features bekannt, zumindest hatte man gehört, dass es eine elektrische Rollladensteuerung gibt, die im Laufe des Tages selbstständig öffnet und schließt. Überschätzt werden hier allerdings Kosten, Einbauaufwand oder Bedienbarkeit. Der Transfer von smarten Werbebotschaften auf die eigene Versorgungsherausforderung und die eigene Situation gelingt in der Regel aber nicht.

Ein auf die konkrete Wohnsituation angepasstes Aktivitätsmonitoring ist ein wichtiges Moment zur Entlastung der pflegenden Angehörigen. Bewegungsmelder, Tür- und Fenstersensoren oder intelligente Licht- und Stromschaltungen werden logisch so verknüpft, dass Risiken und Gefahren erkannt werden und eine Rufweiterleitung gestartet wird. Dies kann bedeuten, dass ein internes Signal (Gong) die anderen Bewohner*innen des Hauses informiert oder eine SMS die Gefahr auf ein Smartphone sendet, so dass weitere Schritte initiiert werden können. Daneben wurden mehrere smarte Komponenten verbaut, die den Alltag der Zielperson wesentlich erleichtern (Rollo, Fernsteuerung, Heizungssteuerung, videounterstützte Türöffnung). Erleichterung der Kommunikation (indoor und outdoor) mit der Option der Ortung mittels GPS. Diese technische Hilfe (im Projekt kam das französische Produkt ARKEA in Verbindung mit der Notrufzentrale des BRK München zum Einsatz) ist für fitte mobile Zielpersonen wie auch für die Kommunikation mit dementen Personen sinnvoll und praktikabel. Eine Ortung wird durch eine an die Uhr verschickte SMS mit dem Inhalt »Position« gestartet und sofort erscheint auf Google-Maps der aktuelle Standort. Damit können Notfälle von der Notrufzentrale punktgenau geortet werden und der Rettungswagen kann entsprechend gezielt und schnell anfahren. Demente Personen können in Krisenfällen angerufen werden. Die Uhr nimmt automatisch den Anruf entgegen und ein Gespräch wird möglich. In Verbindung mit dem Aktivitätsmonitoring ist vorstellbar, dass Bezugspersonen informiert werden und bis zum Eintreffen vor Ort mittels der »ARKEA-Uhr« mit der Zielperson in telefonischem Kontakt sind und bleiben. Es gibt bereits verschiedene Hersteller*innen derartiger Komponenten. Das Problem ist aber die Erarbeitung der kritischen Abläufe und die entsprechende Programmierung.

Auch hier zeigt sich, dass die Arbeit im Familienrat diesen Weg in der Regel schon gut vorbereitet hat. Mit den Antworten auf die Fragen »Welche Sorgen und Probleme erleben Sie aktuell und konkret?« und »Was müsste denn möglich sein, damit diese Sorgen weniger werden?« liegt im Prinzip schon ein einfaches Lastenheft für die Ausarbeitung der technischen (oder organisatorischen) Lösung vor. Die Technikkomponenten sind in der Regel durch komplexe Programmierung miteinander verknüpft und können so helfen, kritische Situationen zu erkennen und Bezugspersonen rechtzeitig zu informieren. Ein Beispiel: Der Sohn im Ort Bobengrün kann über den Fernzugriff auf die Wohnung seiner Mutter erkennen, ob abends alle Türen geschlossen sind und auch das Licht im Bad gelöscht ist. Bleibt die Mutter länger als vereinbart im Bad, wird ein interner Gong aktiviert und eine SMS auf sein Smartphone verschickt. Wenn die demente Frau S. in Stegaurach das Bett verlässt, erhält der Sohn eine SMS und kann über die »ARKEA-Uhr« mit seiner Mutter telefonieren, sie beruhigen und sich auf den Weg nach Hause machen. Technik dient hier zum einen dazu, das Leben zu erleichtern: Frau D. aus Memmelsdorf schwärmt davon, dass sie endlich sehen kann, wer vor der Tür steht, und Frau S. aus Bobengrün findet es ganz toll, dass automatisch das Licht angeht, wenn sie ihre Füße aus dem Bett hebt. Zum anderen entlasten die programmierten Funktionen die Angehörigen, die sich nun wieder trauen, auszugehen oder Freund*innen zu besuchen.

Abbildung 7: Ohne Führerschein, aber dennoch mobil

Quelle: Eigenes Foto (Einwilligungen der abgebildeten Personen für die Nutzung des Fotos liegen vor)

Fazit und Ausblick

Zusammenfassend kann man feststellen:

- Die Entscheidung für das selbstständige Leben in der eigenen Häuslichkeit wird stark von der Familie bzw. dem Familiennetzwerk bestimmt.
- Ein Beratungsprozess, der alle relevanten Personen einbindet, beeinflusst die Entscheidung für zuhause positiv.

- Selbst gefundene Lösungen helfen besser als von Expert*innen angebotenen Maßnahmen.
- Technische Assistenzlösungen, die die benannten Probleme aufgreifen und individuell unterstützen, werden positiv bewertet.

Es ist uns gelungen, die Arbeit mit den Familien so zu gestalten, dass

- sie ihre eigenen Ressourcen einbringen konnten,
- eine Identifikation mit der Lösung möglich war,
- eine Übernahme von Verantwortung für die Umsetzung erfolgte.

Die vielen Gespräche, die wir während der Wanderausstellung, die seit April 2019 im Rahmen unseres Projekts gezeigt wird, mit Bürgermeister*innen, Kreisrät*innen und Stadträt*innen, Seniorenbeauftragten und vielen anderen Interessierten geführt haben, bestätigen, dass unser Thema bei den Menschen angekommen ist. Angesichts der akut wachsenden Engpässe im Bereich der professionellen Altenpflege ist eine Stärkung familiärer Ressourcen unabdingbar. In Bamberg werden in 15 Jahren ca. 600 Pflegekräfte fehlen und möglicherweise bis zu 2.500 Senior*innen keine geeignete professionelle Unterstützung finden können. Ein Paket aus guter Beratung zur Stärkung und Ermutigung des Familiennetzwerks, angereichert mit modernster Assistenztechnologie und fachlich unterstützt von ambulanten Diensten, weist den Weg in die Zukunft und kann dazu beitragen, die Folgen des demografischen Wandels zu mildern und der kommunalen Verpflichtung zur Daseinsvorsorge gerecht zu werden.

Autor*innen-Verzeichnis

Melina Colonna, Marketing Managerin. Melina Colonna ist medizinische Fachangestellte sowie Kauffrau im Gesundheitswesen. Während ihrer mehrjährigen Tätigkeit in einer hausärztlich-internistischen Gemeinschaftspraxis in München begann sie ein nebenberufliches Bachelor-Studium an der FOM Hochschule für Oekonomie und Management im Bereich Gesundheits- und Sozialmanagement. Im Laufe ihres Studiums wechselte sie zur BARMER als Assistenz der Landesgeschäftsführung und übernahm auch temporär die Tätigkeit als Referentin für Gesundheitspolitik. Seit Januar 2023 ist sie Marketing-Managerin in der VONJAN Technology GmbH.

Lisa Daufratshofer ist als wissenschaftliche Mitarbeiterin in der Stabsstelle Digitale Vernetzung der Pflege am Universitätsklinikum Augsburg tätig. Innerhalb des Projekts CARE REGIO ist sie für das Teilprojekt »PflegeWiki« verantwortlich. Lisa Daufratshofer ist examinierte Gesundheits- und Krankenpflegerin und arbeitete auf einer interdisziplinären Privatstation am Klinikum Ostallgäu-Kaufbeuren. Parallel dazu absolvierte sie die Studiengänge Pflegemanagement (B.A.) sowie anschließend Management von Sozial- und Gesundheitsbetrieben (M.A.) an der Katholischen Stiftungshochschule in München. Im Rahmen ihrer Tätigkeit bei der AOK Bayern war Lisa Daufratshofer in einem Forschungsprojekt in Bezug auf emotionale Belastungen bei pflegenden Angehörigen beschäftigt.
E-Mail: lisa.daufratshofer@uk-augsburg.de

Dr. Simone Eckert ist Geschäftsstellenleiterin der Gesundheitsregion^{plus} Stadt und Landkreis Regensburg. Simone Eckert studierte an der Technischen Universität München Ökotrophologie. In ihrer Promotion beschäftigte sie sich mit nachhaltigem Konsum im Kontext einer aktivierenden Verbraucher*in-

nenpolitik und dem Konsument*innenverhalten. An der Hochschule für angewandte Wissenschaften Weihenstephan-Triesdorf liest sie im Rahmen eines Lehrauftrags das Fach Konsument*innenverhalten. Sie ist seit vielen Jahren als Projektmanagerin in verschiedenen staatlichen Einrichtungen tätig. In ihren Arbeiten beschäftigt sie sich vorrangig mit Themen im Gesundheits- und Ernährungsbereich sowie der Konsumenten*innenintegration bei Entwicklungen und Innovationen.
E-Mail: Simone.Eckert@landratsamt-Regensburg.de,
Oec.troph.Eckert@gmx.de
https://www.gesundheitsregionplus-regensburg.de/

Karolin Eder, B.A., ist Mitarbeiterin im Projekt *DeinHaus 4.0* an der Technischen Hochschule Deggendorf. Nach ihrem Studium der Betriebswirtschaftslehre mit Schwerpunkt Dienstleistungsmanagement hat sie ihren Fokus auf die Gesundheitsökonomie gelegt und ist seither für verschiedene Gesundheitseinrichtungen und -projekte tätig. Im Forschungsprojekt *DeinHaus 4.0* wird insbesondere der Nutzen und die Akzeptanz von AAL-Lösungen bei pflege- und hilfsbedürftigen Menschen erforscht.

Sonja Engelhardt, M.Sc., ist wissenschaftliche Mitarbeiterin im Projekt *DeinHaus 4.0 Oberbayern*. Zentral befasst sie sich im Teilprojekt Technologieimplementierung mit technischen Unterstützungslösungen, welche bei einer Integration in die Wohnumgebung zum selbstbestimmten Leben im Alter oder bei Pflege- und Betreuungsbedarf beitragen können.
E-Mail: sonja.engelhardt@th-rosenheim.de

Dr. Thomas Ewert leitet im Bayerischen Landesamt für Gesundheit und Lebensmittelsicherheit den Sachbereich Bayerische Gesundheitsagentur, Gesundheitsversorgung sowie den Sachbereich Versorgungsforschung und Innovation, Koordinierungsstelle E-Health. Er ist Reviewer für unterschiedliche wissenschaftliche Zeitschriften, in die universitäre Lehre eingebunden und in verschiedenen Fachgesellschaften aktiv. Darüber hinaus ist Dr. Ewert in wissenschaftlichen Projekten tätig. Nach der Tätigkeit an der TU München baute er den Bereich Rehawissenschaften und Rehaökonomie in der Klinik und Poliklinik für Physikalische Medizin und Rehabilitation (Klinikum der Universität München) auf und leitete diesen. 2012 erfolgte der Wechsel an das Bayerische Landesamt für Gesundheit und Lebensmittelsicherheit zunächst als Leitung des Sachbereichs Gesundheitsökonomie, Gesundheitswissen-

schaften, Gesundheitsrecht. Ein Schwerpunkt der aktuellen Arbeit stellt die Koordinierungsstelle E-Health dar. Diese befasst sich mit aktuellen Themen in diesem Bereich und wirkt auch in einem Projekt der Europäischen Union für die Nutzung digitaler Techniken in der Gesundheitsversorgung mit.
E-Mail: Thomas.Ewert@lgl.bayern.de
https://www.lgl.bayern.de/gesundheit/gesundheitsversorgung/index.htm

Prof. Dr.-Ing. Petra Friedrich ist Professorin an der Hochschule für angewandte Wissenschaften in Kempten und vertritt neben den Grundlagen der Elektrotechnik das Forschungs- und Lehrgebiet Ambient Assisted Living (AAL). Ihr wissenschaftlicher Fokus umfasst die Bereiche Health Care, Assistive Systeme sowie die Digitalisierung und Technik in der Pflege. Sie leitet den Care Technology Hub und das AAL Living Lab an der Hochschule Kempten. Des Weiteren ist sie Sprecherin des Forschungsschwerpunkts Soziale Innovationen und wiss. Ko-Leitung von AgeTeCK, dem Age Technology Center Kempten. Darüber hinaus hat sie die Gesamtleitung des Verbundprojekts CARE REGIO inne.
E-Mail: petra.friedrich@hs-kempten.de
https://care-regio.de/

Dominik Fuchs, M.A., ist wissenschaftlicher Mitarbeiter an der Hochschule Kempten im Projekt CARE REGIO. Er hat Musiktherapie an der Fachhochschule Heidelberg studiert und arbeitet in Kempten an Fragestellungen technik-gestützter Therapie und Pflege.

Prof. Dr. Constanze Giese hat seit 2001 die Professur für Ethik und Anthropologie an der Fakultät für Gesundheit und Pflege der Katholischen Stiftungshochschule München (KSH) inne. Sie ist Vorsitzende der interdisziplinären Ethikkommission für Forschung an der KSH und forscht zu ethischen Fragen der pflegerischen Versorgung, Professionsentwicklung und zur beruflichen und hochschulischen Pflegebildung sowie zu Fragen des Einsatzes digitaler Technologien in pflegerischen Versorgungssettings. Constanze Giese hat eine Ausbildung zur Krankenschwester (heute: Pflegefachfrau) an der Berufsfachschule für Krankenpflege am BKH Haar (heute: kbo-Berufsfachschule für Pflege und Krankenpflegehilfe) absolviert, berufliche Stationen waren im Bereich Intensivpflege und Akutpsychiatrie. Sie studierte Katholische Theologie (sie ist also Diplom-Theologin) an der Ludwig Maximilians-Universität in München und in Jerusalem (Theologisches Studienjahr der Fakultät San An-

selmo, Rom) und hat im Fach Moraltheologie promoviert. Sie ist u.a. Mitglied des Ethikbeirates der Hilfe im Alter HiA gGmbH, des Ethikrates katholischer Träger von Gesundheits- und Sozialeinrichtungen im Bistum Trier und des Programmbeirates des SZ-Gesundheitsforums.
E-Mail: constanze.giese@ksh-m.de
https://www.ksh-muenchen.de/hochschule/professorinnen-lehrbeauftragte/detail/constanze-giese/

Alexandra Glufke, M.A., ist derzeit Projektkoordinatorin des Projekts *DeinHaus 4.0 Niederbayern* und Leiterin des F&E-Bereichs an der Fakultät Angewandte Gesundheitswissenschaften. Sie schloss 2012 an der Universität Regensburg ihren Master in (Allgemeiner und Vergleichender) Medienwissenschaft ab und absolvierte während ihres gleichnamigen Bachelorstudiengangs ein Volontariat in Mediengestaltung (Digital und Print). Seit 2011 ist Alexandra Glufke als wissenschaftliche Mitarbeiterin an der Technischen Hochschule Deggendorf (THD) in verschiedenen Forschungsprojekten, hauptsächlich mit den Schwerpunkten Usability, User Experience und Akzeptanzforschung, tätig. 2013 ließ sich Alexandra Glufke vom deutschen Berufsverband der Usability und User Experience Professionals zertifizieren und absolvierte den Zertifikatslehrgang Usability & UX Professional an der THD. Seitdem ist sie nebenberuflich als Dozentin in diesem Weiterbildungsstudiengang tätig.
E-Mail: alexandra.glufke@th-deg.de
https://www.th-deg.de/de/Alexandra-Glufke-Fakult%C3%A4t%20Angewandte%20Gesundheitswissenschaften-Wissenschaftliche%20Mitarbeiter:innen-1905

Andrea Greisberger, M.Sc., ist Physiotherapeutin und in der Lehre und Forschung am Bachelorstudiengang Physiotherapie an der FH Campus Wien tätig. Ihre bisherigen beruflichen Stationen sind hauptsächlich in der ambulanten und stationären Neurorehabilitation zu finden. Ihr Forschungsinteresse liegt in der Implementierung und Weiterentwicklung der evidenzbasierten Praxis, vorwiegend in der ambulanten Versorgung von Personen mit neurologischen Erkrankungen.
E-Mail: andrea.greisberger@fh-campuswien.ac.at
https://www.fh-campuswien.ac.at/studium-weiterbildung/studien-und-lehrgangsangebot/physiotherapie.html

Prof. Dr. phil. habil. Sonja Haug, Dipl.-Soz., ist Professorin für Empirische Sozialforschung an der Ostbayerischen Technischen Hochschule (OTH) Regensburg und Ko-Leiterin des Instituts für Sozialforschung und Technikfolgenabschätzung (IST). Sie hat Soziologie, Psychologie und Wissenschaftstheorie an der Universität Mannheim studiert, dort auch promoviert und an der Universität Mainz habilitiert. Nach dem Studium war sie wissenschaftliche Mitarbeiterin an der Universität Stuttgart, am Mannheimer Zentrum für Europäische Sozialforschung (MZES), an der Universität Leipzig, am Bundesinstitut für Bevölkerungsforschung (BiB) und leitete eine Forschungsgruppe im Bundesamt für Migration und Flüchtlinge (BAMF). Ihre Forschungsthemen umfassen Demografie, Migration, Familie, altersgerechtes Wohnen, Gesundheit sowie soziale Aspekte von Gesundheits- und Energietechnik.
E-Mail: sonja.haug@oth-regensburg.de
https://www.oth-regensburg.de/professoren-profilseiten/professoren-s/prof-dr-habil-sonja-haug.html

Leopold Kardas, M.A., ist wissenschaftlicher Mitarbeiter im Projekt *DeinHaus 4.0 Oberbayern*. Er befasst sich dort schwerpunktmäßig mit den für die Technisierung und Digitalisierung der Sozial- und Gesundheitsberufe notwendigen Kompetenzen und deren Vermittlung.
E-Mail: leopold.kardas@th-rosenheim.de

Andrea Kastl, M.A., ist wissenschaftliche Mitarbeiterin im Projekt *DeinHaus 4.0 Oberbayern*. Sie ist für das Teilprojekt Bedarfs- und Bedürfnisanalyse verantwortlich und befasst sich dementsprechend mit der Erhebung der Bedarfe und Bedürfnisse der Zielgruppen sowie weiterer wichtiger Stakeholder*innen.
E-Mail: andrea.kastl@th-rosenheim.de

Marlene Klemm ist seit 2018 Leiterin des Pflegepraxiszentrums Nürnberg. Nach einem sozialen Jahr in einer Behinderteneinrichtung absolvierte sie ein Studium an der Friedrich-Alexander-Universität Erlangen-Nürnberg, an der Universidad Belgrano, Buenos Aires, Argentinien, sowie an der Universidad de Extremadura, Cáceres, Spanien, mit dem Abschluss Diplom-Sozialwirtin. Nach ihrem Studium arbeitete sie zunächst im Bereich Customer Retention bei O_2 und im Bereich Human Ressources bei adidas. Anschließend war sie beim Forum MedTech Pharma e.V. und in der Bayern Innovativ GmbH u.a. als Projektmanagerin für die Themenfelder »neurodegenerative Erkrankungen«

und »Pflegeinnovationen« zuständig. Ihr Forschungsinteresse liegt insbesondere auf der Mensch-Technik-Interaktion sowie der Verknüpfung von Praxis, Forschung und Wirtschaft.
E-Mail: marlene.klemm@ppz-nuernberg.de
https://www.ppz-nuernberg.de/

Carissa Klupper, B.Sc., MHPE, ist freiberufliche Physiotherapeutin und war bis vor kurzem Researcher an der FH Campus Wien. Nach wie vor ist sie in die Lehre des Masterstudiengangs Health Assisting Engineering eingebunden. In ihrer Arbeit als Researcher beschäftigte sich Carissa Klupper vor allem mit qualitativer, partizipativer Forschung an der Schnittstelle von Gesundheit und Technik.
E-Mail: carissa.klupper@edu.fh-campuswien.ac.at
https://www.fh-campuswien.ac.at/studium-weiterbildung/studien-und-lehrgangsangebot/health-assisting-engineering.html

Dipl.-Ing. Cordula Kuhlmann ist Leiterin der Regionalentwicklung des Landkreises Bad Kissingen und Geschäftsführerin der neu gegründeten gemeinnützigen Gesellschaft Zentrum für Pflege, Sozialberufe und Ehrenamt – Barbara Stamm Akademie. Außerdem ist sie Gastdozentin der Hochschule Weihenstephan-Triesdorf und stellvertretende Aufsichtsratsvorsitzende der Genossenschaft Naturenergie Fuchsstadt IG. Darüber hinaus ist Frau Kuhlmann Preisträgerin der Auszeichnung »Innovativstes Regionalmanagement Bayerns« des Bayerischen Wirtschaftsministeriums. Cordula Kuhlmann hat Landschafts- und Freiraumplanung mit Schwerpunkt Regionalplanung an der Universität Hannover studiert. Nach der Leitung von Großprojekten bei interdisziplinären Planungsbüros und freiberuflicher Tätigkeit als Referentin und Auftragnehmerin im Regionalmanagement war sie vor Übernahme des Aufbaus der Regionalentwicklung des Landkreises Bad Kissingen bei der Regierung von Unterfranken für die ländliche Entwicklung zuständig. Weitere Stationen waren die wissenschaftliche Erstellung einer GIS-simulationsbasierten Entwicklungsstudie für das Sölktal in Österreich. Frau Kuhlmann beschäftigt sich schon viele Jahre auf Grundlage wissenschaftlicher Evaluierungen mit der demografischen Entwicklung ländlicher Gebiete auch im europäischen Kontext sowie mit der Konzeption und Umsetzung innovativer Lösungsmodelle und Anpassungsstrategien und übt die Projektleitung für *DeinHaus 4.0 Unterfranken* aus.
E-Mail: cordula.kuhlmann@kg.de
https://www.landkreis-badkissingen.de/index.html

Prof. Dr. biol. hum. Horst Kunhardt ist Informatiker und Humanbiologe und seit 2004 Professor an der Technischen Hochschule Deggendorf (THD) für die Lehrgebiete Betriebliche Anwendungssysteme und Gesundheitsmanagement. Seit 2010 leitet er das Institut für Cross-border Healthcare Management am Gesundheitscampus der THD in Bad Kötzting, das sich mit Fragen der grenzüberschreitenden Gesundheitsversorgung befasst. Seit 2015 ist Prof. Kunhardt Vizepräsident für Gesundheitswissenschaften an der TH Deggendorf und leitet den European Campus Rottal-Inn für englischsprachige Studiengänge am Standort Pfarrkirchen.
2017 wurde Prof. Dr. Kunhardt in die Europäische Akademie für Wissenschaft und Kunst mit Sitz in Salzburg aufgenommen. Im Bereich der Forschung ist Prof. Kunhardt Projektleiter für das Kompetenzzentrum für die Aus- und Weiterbildung von ausländischen Pflegekräften und Gesundheitsberufen in Bad Kötzting im Grenzraum Bayern-Tschechien und ist zusammen mit weiteren Projektpartner*innen für die wissenschaftliche Evaluation eines grenzüberschreitenden Rettungszentrums in der Grenzregion Bayern-Tschechien zuständig. Prof. Dr. Kunhardt hat eine langjährige Berufserfahrung als IT-Leiter und Qualitätskoordinator im klinischen Bereich und umfangreiche Erfahrungen im Bereich Gesundheitsmanagement sowie bei der Qualifikation von Gesundheitsberufen. Prof. Dr. Kunhardt verfügt über langjährige Erfahrungen im Bereich Qualitätsmanagement sowie E-Health und Telemedizin. Seine Forschungs- und Tätigkeitsschwerpunkte liegen auf den Gebieten Klinikinformationssysteme, Gesundheitsnetzwerke, IT-Sicherheit, Gesundheits- und Medizintourismus sowie Compliance- und Risikomanagement.
E-Mail: horst.kunhardt@th-deg.de

Prof. Dr. Juliane Leinweber ist Diplom-Logopädin und seit Herbst 2019 an der Hochschule für angewandte Wissenschaft und Kunst (HAWK) Hildesheim/Holzminden/Göttingen am Gesundheitscampus Göttingen Professorin für Therapiewissenschaften an der Fakultät Ingenieurwissenschaften und Technik. Nach Tätigkeit als wissenschaftliche Mitarbeiterin im Fachgebiet Sprache und Kommunikation an der TU Dortmund und im Studienbereich Logopädie an der Hochschule für Gesundheit in Bochum war sie zuletzt Professorin für Logopädie im Fachbereich Informatik der Hochschule Trier. Ihre Forschungsschwerpunkte liegen im Bereich der Neuen Technologien in der Logopädie/Sprachtherapie mit Veröffentlichungen auf den Interessengebieten Videotherapie, Technologieakzeptanz, Nutzer*inneneinbindung

und Evaluation sowie evidenzbasierte, ethisch orientierte Strategien digitaler Gesundheitsanwendungen.
E-Mail: juliane.leinweber@hawk.de

Prof. Dr. Katharina Lüftl ist Professorin für Pflegewissenschaft, insbesondere Pflegepraxis und Didaktik, und Leiterin des Studiengangs »Pflegewissenschaft B.Sc.« an der Technischen Hochschule Rosenheim. Sie lehrt und forscht dort insbesondere zu Themen der Praxisentwicklung und -anleitung sowie zu Edukation und Beratung in der Pflege.
E-Mail: katharina.lueftl@th-rosenheim.de

Elisabeth Veronica Mess, M.A., ist wissenschaftliche Mitarbeiterin des HSA_ias – Institut für Agile Software Entwicklung an der Technischen Hochschule in Augsburg, mit dem Schwerpunkt auf User-Centred Systems. Sie ist weiterhin Mitglied in der Allianz der deutschen Designer (AGD) und des Berufsverbands der Deutschen Usability und User Experience Professionals (German UPA). Dort unterstützt sie im Arbeitskreis Usability in der Medizintechnik.
Elisabeth Mess hat eine Ausbildung in Kommunikationsdesign absolviert, sowie den Bachelor in Grafik-Design im Ausland und den Master in Design- und Kommunikationsstrategie an der Technischen Hochschule in Augsburg. Momentan leitet sie ein Forschungsteam, welches sich um die Digitalisierung des Pflegeüberleitungsberichts kümmert und promoviert zum Thema User-Centred Data Design. In ihrer wissenschaftlichen Arbeit an der Technischen Hochschule Augsburg beschäftigt sich Frau Mess vor allem mit den Aufgaben des Software-Product-Managements, der Anwendung von nutzerzentrierten Methoden und dem interdisziplinären Austausch zwischen Design, Informatik und Ethik.
E-Mail: elisabethveronica.mess@hs-augsburg.de
https://www.hs-augsburg.de/Informatik/Elisabeth-Mess.html

Elisabeth Meyer: Ausbildung zur Logopädin. Anschließend Bachelor- und Masterstudium der Lehr- und Forschungslogopädie in Aachen. Seit 2012 wissenschaftliche Mitarbeiterin an der Hochschule für Gesundheit in Bochum. Mitentwicklung der App DiaTrain. Regelmäßige Fortbildungstätigkeit zum Thema »Digitale Aphasietherapie«.
E-Mail: elisabeth.meyer@hs-gesundheit.de

Steffen Netzband ist wissenschaftlicher Mitarbeiter am Lehrstuhl für IT-Infrastrukturen für die Translationale Medizinische Forschung von Prof. Dr. Kramer an der Universität Augsburg. Er hat Wirtschaftsinformatik und informationsorientierte Betriebswirtschaftslehre an der Universität Augsburg und der Macquarie University in Sydney studiert. Vor seiner Mitarbeit im Verbundprojekt CARE REGIO war er für die Unternehmensberatung Ernst & Young im Bereich der IT-Beratung tätig. Sein Forschungsschwerpunkt liegt auf der Modellierung, Speicherung und dem Austausch von gesundheitsbezogenen Daten.
E-Mail: steffen.netzband@informatik.uni-augsburg.de

Carola Nick, Diplom-Pflegewirtin (FH), ist wissenschaftliche Mitarbeiterin im Forschungsprojekt *DeinHaus 4.0 Oberbayern* der Technischen Hochschule Rosenheim. Sie forscht im Teilprojekt »Transfer durch Beratung« zum Thema Patienten- und Familienedukation mit Schwerpunkt Wohnberatung.
E-Mail: carola.nick@th-rosenheim.de

Jacqueline Preutenborbeck ist seit 2018 als Projektmanagerin im Pflegepraxiszentrum Nürnberg tätig. Sie absolvierte ihr Studium an der Hochschule Coburg als Diplom-Sozialpädagogin (FH). Anschließend arbeitete sie in der Klinik Fränkische Schweiz in Ebermannstadt und wechselte 2002 zum Klinikum Coburg. Ihre Schwerpunkte lagen hier in den Bereichen der Akutmedizin, Geriatrischen Rehabilitation und Palliativstation. 2014 verlagerte sie ihren Lebensmittelpunkt nach Nürnberg und arbeitete bei der Lebenshilfe Nürnberger Land als Leitung der TENE bevor sie beim NürnbergStift ihre Tätigkeit aufnahm. Ihr Forschungs- und Interessengebiet liegt auf dem Feld der Integrierten Forschung, welche eine ganzheitliche Forschungsperspektive auf die Mensch-Technik-Interaktion impliziert.
E-Mail: jacqueline.wuerdig@ppz-nuernberg.de
https://www.ppz-nuernberg.de/

Yvonne Rauner, ist wissenschaftliche Mitarbeiterin im Projekt *DeinHaus 4.0 Oberbayern*. Im Teilprojekt »Post-Reha« beschäftigt sie sich mit poststationären Versorgungsprozessen und hat ein poststationäres Rehabilitationskonzept entwickelt.
E-Mail: yvonne.rauner@th-rosenheim.de

Lena Rettinger, B.Sc., M.Sc., ist Ergotherapeutin und in der Lehre und Forschung am interdisziplinären Masterstudiengang Health Assisting Engineering an der FH Campus Wien tätig. Nach einigen Jahren in der ergotherapeutischen Praxis mit Kindern mit Entwicklungsschwierigkeiten erweiterte sie ihre Kompetenz im Bereich des Einsatzes von Technologien in den Therapieberufen. Ihre Schwerpunkte liegen in der nutzer*innenzentrierten Entwicklung und Erforschung von Gesundheitstechnologien, partizipativen Forschungsansätzen, Telemedizin und Telehealth sowie Technologieakzeptanz.
E-Mail: lena.rettinger@fh-campuswien.ac.at
https://www.fh-campuswien.ac.at/studium-weiterbildung/studien-und-lehrgangsangebot/health-assisting-engineering.html

Dr. Martina Rimmele ist wissenschaftliche Mitarbeiterin im Sachbereich Versorgungsforschung und Innovation, Koordinierungsstelle E-Health des Bayerischen Landesamtes für Gesundheit und Lebensmittelsicherheit. Sie erlangte ihren Dr. rer. nat. in Mikrobiologie an der Universität Konstanz und erarbeitete RNA-Technologien für die medizinische Forschung als Postdoc an der Harvard Medical School und dem NYU Medical Center. Von 1998 bis 2008 leitete sie die Abteilung Aptamere der RiNA Netzwerk RNA Technologien in Berlin. Zwischen 2008 bis 2015 war sie Medical Manager und Team lead Medical Marketing bei der Bionorica SE. Ab 2016 zog es sie wieder in die Wissenschaft, als Senior Researcher Nutrition Medicine and Oncology am Universitätsklinikum Erlangen und danach bis 2020 als Projektkoordinatorin des TIGER-Projekts (»Transsektorales Interventionsprogramm zur Verbesserung der Geriatrischen Versorgung in Regensburg«), eines Versorgungsforschungsprojekts am Institut für Biomedizin des Alterns an der Friedrich-Alexander-Universität Erlangen-Nürnberg. Versorgungsforschung in einer europäischen Joint Action (Implementation of Digitally Enabled integrated person-centred CARE –JADECARE) stellt auch einen Schwerpunkt in der aktuellen Tätigkeit von Martina Rimmele dar.
E-Mail: Martina.Rimmele@lgl.bayern.de
https://www.lgl.bayern.de/gesundheit/gesundheitsversorgung/e_health/index.htm

Stefanie Schmid, M.Sc., ist seit Dezember 2018 an der Hochschule Kempten angestellt und arbeitet von Beginn an im Projekt CARE REGIO. Dort übernimmt sie den Aufgabenbereich des Gesamtprojektmanagements des Verbunds. Sie ist examinierte Gesundheits- und Krankenpflegerin und hat nach der Ausbildung und während ihres Studiums Berufserfahrung im ambulanten Pflegedienst und im Senior*innenheim gesammelt. Ihren Bachelor in Pflegemanagement hat sie an der Katholischen Stiftungsfachhochschule in München und ihren Master in Gesundheitswissenschaften an der Westsächsischen Hochschule in Zwickau erworben. Nach ihrem Studium hat sie als Referentin für Altenhilfe und Pflege bei der Samariterstiftung in Nürtingen gearbeitet.
E-Mail: stefanie.schmid@hs-kempten.de

Nadine Seifert hat ihre Ausbildung zur Gesundheits- und Krankenpflegerin 2014 an der Berufsfachschule für Pflege am Klinikum Kulmbach der Schwesternschaft Nürnberg vom BRK e.V. absolviert, dafür hat sie den Bayerischen Staatspreis erhalten. Sie studierte Pflegepädagogik (B.A.) und angewandte Versorgungsforschung (M.Sc.) an der Katholischen Stiftungshochschule München. Ihr besonderes Interesse liegt in der Unterstützung und Entlastung Pflegender durch digitale Systeme. Im Projekt CARE REGIO ist sie im Rahmen von Teilprojekt 6 für die wissenschaftliche Begleitung und die Einhaltung von ethischen, rechtlichen und sozialen Implikationen zuständig.
E-Mail: nadine.seifert@hnu.de

Prof. Dr. Claudia Wöhler ist promovierte Diplom-Volkswirtin und seit Januar 2023 Vorstandsvorsitzende des Medizinischen Dienstes in Bayern. Im Anschluss an ihr Studium und ihre Promotion an der FU Berlin hat sie verschiedene Funktionen in der Privatwirtschaft ausgeübt. Nach ihren Tätigkeiten bei der Allianz Lebensversicherung und dem Bundesverband der Deutschen Industrie war sie zunächst Büroleiterin und anschließend Geschäftsführerin und Leiterin der Abteilung Gesellschafts- und Sozialpolitik bei der Vereinigung der Bayerischen Wirtschaft e.V. (vbw) und den bayerischen Metall- und Elektroarbeitgeberverbänden (vbm und bayme). In dieser Zeit übte sie auch die Aufgaben in diversen Gremien der sozialen Selbstverwaltung aus. Sie war beispielsweise alternierende Vorsitzende des Verwaltungsrates der AOK Bayern, des MDK Bayern, des Vorstandes der Deutschen Rentenversicherung Bayern Süd und Mitglied im Verwaltungsrat des GKV-Spitzenverbands und des Aufsichtsrates des AOK-Bundesverbands. Es folgten mehrere Jahre als selbstständige Beraterin für die Gesundheits- und Sozialwirtschaft sowie die Landesgeschäftsführung der BARMER in Bayern und eine Professur an der FOM Hochschule für Oekonomie und Management in München. Sie ist Buchautorin (Verbandsmanagement mit Zukunft, Gabler, 2015) und nebenberufliche Dozentin für Gesundheitswirtschaft an der FOM.

Prof. Dr. Johannes Zacher ist wissenschaftlicher Leiter des Bayerischen Zentrums Pflege Digital, das an der Hochschule Kempten angesiedelt ist. Dort hat er auch eine Professur für Führung sozialer Einrichtungen und vertritt den Schwerpunkt Versorgung im Alter. Johannes Zacher ist Diplom-Sozialpädagoge und Diplom-Kaufmann. Er hat zur Wirtschaftlichkeit in der Pflege promoviert. Johannes Zacher verfügt über langjährige Erfahrung in der Geschäftsführung von Trägern sozialer Einrichtungen. In seiner Hochschultätigkeit engagiert er sich für die Verknüpfung technischer und sozialwissenschaftlicher Forschung und Lehre mit dem Fokus der nachhaltigen Weiterentwicklung der pflegerischen Versorgungsstrukturen. Sein wissenschaftlicher Schwerpunkt liegt auf den damit im Zusammenhang stehenden Finanzierungsfragen.
https://www.hs-kempten.de/bzpd-bayerisches-zentrum-pflege-digital

Anton Zahneisen, geboren am 17. Oktober 1951, ist Diplom-Soziologe und wohnt seit zehn Jahren im Wohnlabor Smarthouse SOPHIA, ein Experimentierfeld zur Erprobung smarter Assistenzlösungen für ein selbstständiges Leben im Alter. Bis 2001 Leiter einer Nürnberger Bildungseinrichtung, von 2002 bis 2004 freiberuflich als Berater in der Sozialwirtschaft, ab 2005 Geschäftsführer verschiedener Tochterunternehmen der Joseph-Stiftung Bamberg und Projektleiter zahlreicher Forschungsprojekte. Seit 2017 Projektleiter 9x selbstbestimmt Wohnen in Oberfranken, gefördert vom Bayerischen Staatsministerium für Gesundheit und Pflege; stellvertretender Vorsitzender des Bamberger Seniorenbeirates.
E-Mail: azahneisen@gmail.com

Prof. Dr. Jürgen Zerth hat seit Herbst 2022 die Professur für Management in Einrichtungen des Sozial- und Gesundheitswesens an der Katholischen Universität Eichstätt-Ingolstadt inne. Von 2012 bis zum Sommersemester 2022 war er Professor für Gesundheitsökonomie und Leiter des Forschungsinstituts IDC der Wilhelm Löhe Hochschule für angewandte Wissenschaften/SRH Wilhelm Löhe Hochschule in Fürth und von 2015 bis 2022 auch Vizepräsident

für Forschung. Von 2010 bis 2012 leitete er das Forschungsinstitut der Diakonie Neuendettelsau (jetzt Diakoneo) und war von 2000 bis 2010 einer der Geschäftsführer der Forschungsstelle für Sozialrecht und Gesundheitsökonomie an der Universität Bayreuth. Jürgen Zerth hat Volkswirtschaftslehre mit den Schwerpunkten Gesundheits- und Sozialpolitik an den Universitäten in Bamberg und Bayreuth studiert, an der Universität in Bayreuth dann promoviert und habilitiert. In den letzten zehn Jahren beschäftigte sich Jürgen Zerth schwerpunktmäßig mit der sozialwissenschaftlichen und gesundheitsökonomischen Begleitung und Bewertung von technischen und organisationsbezogenen Innovationen im Gesundheitswesen und insbesondere in der Pflege, etwa in der Zusammenarbeit mit dem Pflegepraxiszentrum Nürnberg und eingebettet im BMBF-Cluster »Zukunft der Pflege«. Ein Schwerpunkt liegt darüber hinaus in der Auseinandersetzung mit sozialwirtschaftlichen Geschäftsmodellen und der institutionenökonomischen Übersetzung dieser in ein Gesundheits- und Sozialsystem.
E-Mail: juergen.zerth@ku.de
https://www.ku.de/fsa/mitarbeitende/hauptamtliche/prof-dr-juergen-zerth